铁路工务自轮运转特种设备司机专业知识学习指南

《铁路工务自轮运转特种设备司机专业知识学习指南》编委会　编

中国铁道出版社有限公司

2024年·北　京

内 容 简 介

本书针对铁路工务自轮运转特种设备司机所需具备的专业素养进行编写，全面总结了自轮运转特种设备司机应知应会的重点、难点知识。全书共三篇，分别为通用知识、大型养路机械专业知识和轨道作业车专业知识，每篇又分五～十章不等。全书共有900余题目，经过科学的梳理整合，利用“提问、解析、答案”的呈现方式，为读者提供丰富的学习资料。

本书可供自轮运转特种设备司机在生产中有针对性地查漏补缺，亦可为报考自轮运转特种设备司机考试人员提供“简、明、快”的高效学习资料。

图书在版编目(CIP)数据

铁路工务自轮运转特种设备司机专业知识学习指南/《铁路工务自轮运转特种设备司机专业知识学习指南》编委会编. —北京：中国铁道出版社有限公司，2024.5
ISBN 978-7-113-31181-0

Ⅰ.①铁… Ⅱ.①铁… Ⅲ.①铁路工程-道路养护车-驾驶员-指南 Ⅳ.①U216.61-62

中国国家版本馆CIP数据核字(2024)第082324号

书　　名：铁路工务自轮运转特种设备司机专业知识学习指南
作　　者：《铁路工务自轮运转特种设备司机专业知识学习指南》编委会

责任编辑：赵昱萌　　**编辑部电话**：(010)51873626
封面设计：郑春鹏
责任校对：刘　畅
责任印制：樊启鹏

出版发行：中国铁道出版社有限公司(100054，北京市西城区右安门西街8号)
网　　址：http://www.tdpress.com
印　　刷：天津嘉恒印务有限公司
版　　次：2024年5月第1版　2024年5月第1次印刷
开　　本：710 mm×1 000 mm 1/16　**印张**：18.25　**字数**：331千
书　　号：ISBN 978-7-113-31181-0
定　　价：73.00元

编　委　会

主　　任：许盛刚
副 主 任：李　铁　赵继华
主　　编：晁俊才　刘　斌　王明国
编写人员：张　历　孙智勇　龙建中　王　鹍
卓向君　孙海雷　马志军　王旭东
李　强　魏　宁　曹义军　张　芳
刘汗普　薛红兵　安兰福　刘　玮
胡春雷　王　恺　王鹏飞　沈　超
司腾飞　刘立奇
审定人员：孙　强　张佳新　乔　志　郜喜武
曹金泉

前　言

为提高铁路工务系统自轮运转特种设备司机业务素质，满足自轮运转特种设备驾驶资格理论考试培训及日常专业知识培训需要，北京局集团公司职工培训部、工务部共同组织编写了本书。

本书在结合《铁路机车车辆驾驶人员资格理论考试大纲》的基础上，深入挖掘自轮运转特种设备司机所需掌握的重点、难点知识，经过梳理整合，利用“提问、解析、答案”的呈现方式，为学习者提供清晰明确的学习资料，可供自轮运转特种设备司机在生产生活中有针对性地查漏补缺，亦可为报考自轮运转特种设备司机人员提供“简、明、快”的高效学习资料。

本书共分为三篇。第一篇为通用知识，包含机械基础、电工电子技术、行车安全装备、运行操纵及应急处置五章。第二篇为大型养路机械专业知识，包含大型养路机械概述、动力传动系统、走行系统、车钩缓冲装置、制动系统、液压系统、电气系统、检测系统、气动系统、检查保养十章。第三篇为轨道作业车专业知识，包含轨道作业车概述、动力传动系统、走行系统、车钩缓冲装置、制动系统、电气系统、检查保养七章。

本书由晁俊才、刘斌、王明国担任主编。第一篇、第二篇由张历、孙智勇、龙建中、王鹍、卓向君、孙海雷、马志军、王旭东、李强、魏宁、曹义军、张芳、刘汗普编写。第三篇由薛红兵、安兰福、刘玮、胡春雷、王恺、王鹏飞、沈超、司腾飞、刘立奇编写。全书经孙强、张佳新、乔志、郜喜武、曹金泉等集体审定。

由于编写时间仓促,书中难免有疏漏和不当之处,在此恳请各位读者提出宝贵意见。

编委会

2024 年 1 月

目　　录

第一篇　通用知识

铁路工务自轮运转特种设备主要包含大型养路机械、轨道作业车两大类。本篇利用实题演练的方式，将铁路工务自轮运转特种设备司机需掌握的通用知识呈现，内容涵盖机械基础、电工电子技术、行车安全装备、运行操纵、应急处置五大部分。

第一章　机械基础

1.【题目】

选择题：

（　　）是构成机械的最小单元，也是制造机械时的最小单元。

A. 机器　　B. 零件　　C. 构件

【解析】 考查机械的组成。

零件是不可拆的最小制造单元，机械零件根据使用的范围又分通用零件和专用零件两类，凡在各种机器中普遍使用的零件称为通用零件，只在某些机器中使用的零件称为专用零件。

【答案】 B

2.【题目】

选择题：

（1）常用的传动方式有（　　）、液压传动、气压传动、电传动。

A. 原动机传动　　B. 机械传动　　C. 蜗杆传动

（2）液压传动是利用（　　）作为工作介质，利用液体压力传递运动和动力的一种传动方式。

A. 液体　　B. 压缩空气　　C. 机械

【解析】 考查传动原理。

传动是机器中原动机输出的运动和动力传递给工作机构的中间环节，主要应用机械传动、液压传动、气压传动和电传动等四种传动方式。

【答案】 （1）B；（2）A

3.【题目】

选择题：

(1)零件在(　　)长期作用下将产生疲劳破坏。

A. 静应力　　　　B. 剪应力　　　　C. 交变应力

(2)金属材料的机械性能指标主要有(　　)、塑性、硬度、冲击韧性和疲劳强度等。

A. 强度　　　　B. 耐腐蚀性　　　　C. 抗氧化性

【解析】 考查金属材料的机械性能。

金属材料受外力作用时，表现出的各种特性和抵抗外力的能力，称为金属材料的机械性能，金属材料的机械性能指标主要有强度、塑性、硬度、冲击韧性和疲劳强度等。

【答案】 (1)C;(2)A

4.【题目】

判断题：

空心圆截面比实心圆截面的抗扭性能好。(　　)

【解析】 考查材料的受力分析。

由于横截面上的扭矩主要由靠近圆轴表面的那部分材料承受，靠近中心部分的材料几乎没有发挥承载作用。若把中心部分的材料移到边缘，使其成为空心轴，不仅应力提高而且半径增加，能提供更大的扭矩，就能有效提高轴的承载能力。

【答案】 √

5.【题目】

选择题：

(1)钢的热处理主要有：退火、(　　)、淬火、回火、表面热处理等五种基本方法。

A. 正火　　　　B. 冷却　　　　C. 等温

判断题：

(2)由于铁有同素异晶转变，钢在加热和冷却过程中，内部发生组织和结构的变化，加热温度、保温时间和冷却速度的不同，将使钢产生不同的组织转变，使钢的性能发生变化。(　　)

【解析】 考查钢的热处理。

钢的热处理是指将钢在固态下采用不同的加热、保温和冷却，以改变其内部组织，从而获得所需性能的一种工艺方法。热处理可分为退火、正火、淬火、回火、表面热处理五种基本方法。

【答案】 (1)A;(2)√

6.【题目】

选择题：

铰链四杆机构的基本形式有(　　)、双摇杆机构、双曲柄机构。

A. 曲柄摇杆机构　　B. 平面凸轮　　C. 曲柄滑块

【解析】 考查平面四杆机构的基本类型。

铰链四杆机构的基本形式有三种：曲柄摇杆机构、双摇杆机构、双曲柄机构。曲柄摇杆机构：一般曲柄为原动件，做等速转动，连杆和摇杆为从动件分别做平面运动和往复摆动。双摇杆机构：两连架杆均为摇杆的四杆机构。双曲柄机构：两连架杆均为曲柄的四杆机构。

【答案】 A

7.【题目】

选择题：

(1)在带传动(减速传动)中，带的应力最大值出现在(　　)。

A. 进入大带轮处　　B. 离开大带轮处　　C. 进入小带轮处

判断题：

(2)为了避免带打滑，将带轮上与带接触的表面加工得粗糙些以增大摩擦力。(　　)

(3)带传动的弹性滑动可以避免。(　　)

【解析】 考查带传动的特点。

带具有弹性，紧边拉力大，应变大，松边拉力小，应变小。带由从紧边侧进入主动轮到从松边侧离开主动轮有个收缩过程，而带由进入从动轮到离开从动轮有个伸长过程。这两个过程使带在带轮上产生弹性滑动，弹性滑动不能避免。由于带传动工作时存在弹性滑动，粗糙表面将加速带的疲劳破坏。

【答案】 (1)C;(2)×;(3)×

8.【题目】

选择题：

链传动是借助链和链轮间的(　　)来传递动力和运动的。

A. 摩擦　　B. 粘接　　C. 啮合

【解析】 考查链传动的特点。

链传动是以链条作为中间挠性传动件，通过链节与链轮齿的不断啮合和脱开而传递运动和动力的，属于啮合传动。

【答案】 C

9.【题目】

选择题：

齿轮传动的失效形式有（　　）、轮齿点蚀、齿面磨损、齿面胶合及齿面塑形等几种形式。

A. 传动冲击　　B. 传动噪声　　C. 轮齿折断

【解析】 考查齿轮传动的特点。

齿轮传动是通过轮齿来传递运动和动力的，齿轮传动的失效主要在轮齿上，主要失效形式有轮齿折断、轮齿点蚀、齿面磨损、齿面胶合及齿面塑形等几种形式。

【答案】 C

10.【题目】

选择题：

蜗杆传动适用于（　　）传动。

A. 相交轴　　B. 平行轴　　C. 交错轴

【解析】 考查蜗杆传动的特点。

蜗杆传动由蜗杆和蜗轮组成，常用于传递空间两垂直交错轴间的运动和动力。

【答案】 C

11.【题目】

选择题：

普通螺纹的公称直径是（　　）。

A. 螺纹的中径　　B. 螺纹的小径　　C. 螺纹的大径

【解析】 考查螺纹定义。

螺纹包括五个要素：牙距、公称直径、线数、螺距（或导程）、旋向。螺纹有大径（d、D）、小径（d_1、D_1），普通螺纹的公称直径就是大径。

【答案】 C

12.【题目】

判断题：

检查并维持螺栓的预紧力是设备维护人员经常性的工作。(　　)

【解析】 考查螺栓连接的常识。

螺栓连接时，除松螺栓连接外都要预紧。预紧力的作用是防止螺栓连接松动脱落，并增强被连接件工作时的牢固性和紧密性，防止受载后被连接件之间发生位移或出现间隙。

【答案】 √

13.【题目】

判断题：

花键连接只能传递较小的扭矩。(　　)

【解析】 考查花键连接的特点。

花键连接由内、外花键结合而成，工作时依靠键齿的侧面传递扭矩，与平键连接相比，花键连接承载能力强，同时由于齿槽较浅，对轴的强度削弱轻，并且具有良好的定心精度和导向性能，因此适用于载荷较大和对定心精度要求较高的静连接与动连接。

【答案】 ×

14.【题目】

选择题：

传动轴主要用于承受(　　)。

A. 扭矩　　B. 弯矩　　C. 扭矩和弯矩

【解析】 考查传动轴受力分析。

轴是直接支持传动零件(如齿轮、带轮、链轮等)和其他轴上零件以传递运动和动力的重要零件。按轴所受载荷，可分为心轴、传动轴和转轴三类，其中，传动轴主要用于传递扭矩。

【答案】 A

15.【题目】

选择题：

在各种类型轴承中，(　　)不能承受轴向载荷。

A. 调心球轴承　　B. 圆锥滚子轴承　　C. 圆柱滚子轴承

【解析】 考查各种轴承的特点。

选择滚动轴承时，首先确定所选滚动轴承的类型：在相同外廓尺寸条件下，滚子轴承比球轴承承载能力和抗冲击能力大，故载荷大、有振动和冲击时应选用滚子轴承；受纯径向载荷时，可选用深沟球轴承、圆柱滚子轴承及滚针轴承；受纯轴向载荷时，选推力轴承；同时承受径向载荷与轴向载荷时，一般选用角接触球轴承及圆锥滚子轴承。

【答案】 C

16.【题目】

选择题：

下列密封方法，其中（　　）属于接触式密封。

A. 毡圈式密封　　B. 间隙式密封　　C. 迷宫式密封

【解析】 考查密封的类型。

密封的目的是防止灰尘、水分和异物侵入轴承内，并阻止润滑剂的流失。常用的密封方式有接触式和非接触式密封。接触式密封靠毡圈或唇形密封圈等弹性材料与轴紧密接触来实现密封，非接触式密封一般采用油沟密封、迷宫密封和甩油密封等方式密封。

【答案】 A

17.【题目】

判断题：

用联轴器时无须拆卸就能使两轴分离。（　　）

【解析】 考查联轴器的特点。

联轴器与离合器是连接两根轴、使之一同转动并传递动力的部件。联轴器只有在机器停车后，用拆卸的方法才能使两轴的连接部分分离。离合器可在机器运动时，操纵两轴接合或分离。

【答案】 ×

18.【题目】

选择题：

一对相啮合齿轮的连续传动条件：一对齿轮必须满足正确啮合条件，而且重合度 ε（　　）。

A. >1　　B. =1　　C. <1

【解析】 考查齿轮正确啮合条件和连续传动条件。

一对齿轮正确啮合的条件：

(1)直齿轮：模数相等，压力角相等。

(2)斜齿轮：法面模数相等、法面压力角相等或端面模数相等、端面压力角相等；此外，平行轴斜齿轮传动还应螺旋角大小相等，方向相反。

(3)蜗杆传动：蜗杆的轴面压力角与蜗轮的端面压力角相等，当两轴线垂直时，涡轮与蜗杆的螺旋角应大小相等，旋向一致。

连续传动的条件：实际啮合线长度与基节长度之比为重合度，重合度理论需大于1。

【答案】 A

19.【题目】

选择题：

常用的螺纹防松方法有(　　)、机械防松、粘合剂、破坏螺纹副防松等。

A. 预紧　　B. 加载　　C. 摩擦防松

【解析】 考查常见螺纹防松方法。

螺纹连接防松的关键在于防止螺纹副的相对转动，常用的螺纹防松方法有摩擦防松(对顶螺母、弹簧垫圈、自锁螺母)、机械防松(穿入开口销、止动垫圈、串联钢丝)、粘合剂、破坏螺纹副防松等。

【答案】 C

20.【题目】

选择题：

(1)液压传动不宜用于(　　)的场合。

A. 实现控制　　B. 定传动比　　C. 大型机械

(2)在液压系统中，压力通过液体传到连通器中的任意点，各个方向的压力都(　　)。

A. 相等　　B. 不相等　　C. 不确定

(3)液压系统由动力部分、(　　)、控制部分、辅助部分组成。

A. 执行部分　　B. 操纵台　　C. 指示灯

【解析】 考查液压传动的特点。

液压传动是利用液体作为工作介质，利用液体压力传递运动和动力的一种传动方式。液压系统由动力部分、执行部分、控制部分、辅助部分组成，液压系统可看成密闭容器及静止液体，当一处受到压力作用时，压力通过液体传到连通器中的任意点，各个方向的压力都相等。

【答案】 (1)B;(2)A;(3)A

21.【题目】

选择题:

决定尺寸公差带大小的是(　　)。

A. 公差等级　　B. 基本尺寸　　C. 实际偏差

【解析】 考查零件的公差配合。

机械零件具有互换性,同一规格的零件几何参数控制在允许范围内,标准公差决定公差带的大小,基本偏差决定公差带的位置。

【答案】 A

22.【题目】

选择题:

配合精度要求高的零件,其表面粗糙度数值应(　　)。

A. 较大　　B. 较小　　C. 为零

【解析】 考查零件的表面粗糙度。

配合精度要求高的配合表面(如小间隙配合的配合表面)、受重载荷作用的过盈配合表面粗糙度参数值应小些。

【答案】 B

23.【题目】

选择题:

一面视图一般不能完全确定物体的形状和大小,因此,为了将物体的形状和大小表达清楚,工程上采用(　　)。

A. 主视图　　B. 俯视图　　C. 三视图

【解析】 考查机械制图基础。

一面视图一般不能完全确定物体的形状和大小,因此,为了将物体的形状和大小表达清楚,工程上采用三视图。主视图反映物体的上、下和左、右;俯视图反映物体的左、右和前、后;左视图反映物体的上、下和前、后。

【答案】 C

24.【题目】

判断题:

在三面投影体系中正立投影面,简称正(平)面,用字母 W 表示;水平投影面,

简称水平面，用字母 V 表示；侧平投影面，简称侧(平)面，用字母 H 表示。(　　)

【解析】 考查机械制图基础。

在三面投影体系中正立投影面，简称正(平)面，用字母 V 表示；水平投影面，简称水平面，用字母 H 表示；侧平投影面，简称侧(平)面，用字母 W 表示。

【答案】 ×

25.【题目】

判断题：

选择主视图的投射方向要能清楚地表达主要形体的形状特征。(　　)

【解析】 考查机械制图基础。本题表述正确。

【答案】 √

26.【题目】

选择题：

(1)在下列平面四杆机构中，(　　)存在死点位置。

A. 双曲柄机构　　B. 对心曲柄滑块机构　　C. 曲柄摇杆机构

判断题：

(2)为了使平面四杆机构顺利通过死点，一般采用机构错位排列或利用惯性的方法通过死点。(　　)

【解析】 考查平面四杆机构的特性。

曲柄摇杆机构存在死点位置。当摇杆为主动件位于两个极位时，连杆和曲柄在一个直线上，连杆作用于曲柄的力通过了曲柄回转中心，因而不能对曲柄产生力矩，则曲柄不能转动。机构这两个极限位置叫死点。同时，从动件曲柄离开死点位置，其转动方向也是不确定的。为了使平面四杆机构顺利通过死点，一般采用机构错位排列或利用惯性的方法通过死点。

【答案】 (1)C；(2)√

27.【题目】

判断题：

制动器一般是利用惯性力迫使机器迅速停止运转或减低机器运转速度的机械装置。(　　)

【解析】 考查制动器工作原理。

制动器一般是利用摩擦力来迫使机器迅速停止运转或减低机器运转速度的机械装置。按制动零件的结构特征，制动器可分为抱块式、内涨式、带式等。

【答案】 ×

28.【题目】

判断题：

轴承装配时，不能留有游隙。(　　)

【解析】 考查轴系结构特点。

轴承装配一般要留有适当的游隙，以补偿轴的热变形，确保轴承的正常运转；有些轴承(如6类轴承)的游隙在制造时已确定；有些轴承(如3类、7类轴承)装配时可通过移动轴承套圈位置来调整轴承游隙。

【答案】 ×

29.【题目】

选择题：

下列哪种型号的滚动轴承，必须成对使用。(　　)

A. 深沟球轴承　　B. 圆锥滚子轴承　　C. 圆柱滚子轴承

【解析】 考查轴承结构特点。

圆锥滚子轴承在使用过程中，其承受的径向力会产生轴向分力，因此成对使用。

【答案】 B

30.【题目】

选择题：

柴油机曲轴连杆机构的零件，特别是主轴承和连杆轴承，承受较大的载荷，相对运动速度很大，因此采用(　　)润滑。

A. 飞溅　　B. 油浸　　C. 压力

【解析】 考查滑动轴承特性。

为了把润滑油导入曲轴、连杆瓦摩擦面，柴油机曲柄连杆机构采用压力润滑，使轴颈和轴瓦的摩擦面上建立起必要的润滑油膜，降低摩擦阻力，减小磨损。

【答案】 C

31.【题目】

判断题：

在多级齿轮减速器中，高速轴的直径总比低速轴的直径大。(　　)

【解析】 考查轴系结构特点。

高速轴的转速大，在传递同一功率时，转速大扭矩小，故高速轴的直径总比低速轴的直径小。

【答案】 ×

32.【题目】

选择题：

(1)能补偿两轴的相对位移以及可以缓和冲击、吸收振动的联轴器是(　　)。

A. 凸缘联轴器　　B. 齿式联轴器　　C. 弹性柱销联轴器

(2)凸缘联轴器是一种(　　)联轴器。

A. 固定式刚性联轴器　B. 可移式刚性联轴器　C. 弹性联轴器

【解析】 考查联轴器的分类及特点。

当转速较高或工作载荷不平稳时，轴将发生冲击振动，为缓和吸振，在联轴器内设置弹性元件，弹性联轴器也可补偿两轴的偏移。凸缘联轴器由两个半联轴器及联结螺栓组成，凸缘联轴器结构简单，刚性好，对中精确，能传递较大的扭矩，但不能补偿两轴线可能出现的轴向偏载和角偏移，而且没有吸振、缓冲作用，故多用于转速较低、载荷平稳、两轴线对中性较好的场合。

【答案】 (1)C;(2)A

33.【题目】

选择题：

在轴承座支承螺母的端面加工成凸台和沉头座，其目的是(　　)。

A. 易拧紧　　B. 避免偏心载荷　　C. 增大接触面

【解析】 考查箱体结构。

轴承座安装螺栓处做出凸台和沉头座，以使轴承座孔两侧联结螺栓尽量靠近轴承座孔中心，避免偏心载荷。

【答案】 B

34.【题目】

简答题：

带传动打滑的原因是什么？

【解析】 考查带传动打滑的原因。

由于张紧不足、摩擦面有润滑油、过载而松弛等原因，带在带轮上打滑而不能传递动力。

【答案】 见解析。

35.【题目】

简答题：

花键连接与平键连接相比有哪些优缺点？

【解析】 考查花键连接与平键连接相比的特点。

花键连接与平键连接相比，键齿较多，侧面接触面积大，对轴的削弱较轻，承载能力大，对中性能和导向性能好；但制造较复杂，成本较高。

【答案】 见解析。

36.【题目】

简答题：

疲劳破坏有哪些特点？

【解析】 考查疲劳破坏的特点。

构件在交变应力作用下产生破坏，破坏应力值远低于静应力值；断口分为光滑区和粗糙区；疲劳破坏为脆性断裂。

【答案】 见解析。

37.【题目】

简答题：

液压油泵运转时，噪声过大的原因是什么？

【解析】 考查液压油泵运转时噪声过大的原因。

(1)联轴器不同心或松动；

(2)吸油压力大或吸油管路进入空气；

(3)油液黏度过高或工作温度过低；

(4)内部零件损坏。

【答案】 见解析。

38.【题目】

简答题：

一对相啮合齿轮的正确啮合条件是什么？

【解析】 考查一对相啮合齿轮的正确啮合条件。

正确啮合条件：两齿轮的模数必须相等，两齿轮的压力角必须相等。

【答案】 见解析。

39.【题目】

简答题：

一对相啮合齿轮的连续传动条件是什么？

【解析】 考查一对相啮合齿轮的连续传动条件。

连续传动的条件：一对齿轮必须满足正确啮合条件，而且重合度$\varepsilon>1$。

【答案】 见解析。

40.【题目】

简答题：

与直齿圆柱齿轮比较，斜齿圆柱齿轮的啮合和传动特点是什么？

【解析】 考查与直齿圆柱齿轮比较，斜齿圆柱齿轮的啮合和传动特点。

与直齿轮传动相比，斜齿轮具有重合度大，逐渐进入和退出啮合的特点，最小齿数较少。因此，传动平稳，振动和噪声小，承载能力较强，适用于高速和大功率传动。

【答案】 见解析。

41.【题目】

简答题：

何为齿面疲劳点蚀，它是如何形成的？

【解析】 考查齿面疲劳点蚀的形成原因。

齿轮传动时，齿面承受很高交变的接触应力，在齿面上产生微小疲劳裂纹，裂缝中渗入润滑油，再经轮齿碾压，封闭在裂缝中的油压增大，加速疲劳裂缝的扩展，使齿面表层小片金属剥落形成小坑，称为疲劳点蚀。

【答案】 见解析。

第二章　电工电子技术

1.【题目】

选择题：

电流的单位是(　　)。

A. 欧姆(Ω)　　　　B. 伏特(V)　　　　C. 安培(A)

【解析】 考查电流的基础知识。

电流的单位是安培(A)。计量微小电流时，以毫安(mA)或微安(μA)为单位。

$1\ mA=10^{-3}\ A$，$1\ \mu A=10^{-6}\ A$。

【答案】 C

2.【题目】

选择题：

通常流过电阻 R 的电流 I 与电阻两端的电压 U，成（　　）关系。

A. 反比　　B. 正比　　C. 相等

【解析】 考查欧姆定律。欧姆定律的公式为 $U=IR$。

【答案】 B

3.【题目】

选择题：

额定电压用（　　）表示。

A. U_{max}　　B. U_n　　C. U_{min}

【解析】 考查电气设备的额定值。

额定值是电气设备在给定的工作条件下，正常运行而规定的正常容许值。额定电压、额定电流、额定功率分别用 U_n、I_n、P_n 表示。

【答案】 B

4.【题目】

选择题：

判断半导体二极管引脚的极性时，其中有色带标记的为（　　）。

A. 正极　　B. 负极　　C. 控制级

【解析】 考查半导体二极管引脚正负极的判断。

【答案】 B

5.【题目】

选择题：

电路中，为了防止（　　）所引起的严重后果，通常在电路中接入熔断器。

A. 开路　　B. 回路　　C. 短路

【解析】 考查电源短路的知识。

短路通常是一种严重事故，应该尽量预防。接入熔断器，当电路发生短路时，可以迅速将故障电路自动切除。

【答案】 C

6.【题目】

选择题：

电路中，(　　)条或以上的支路相连接的点称为节点。

A. 两　　　　B. 三　　　　C. 四

【解析】 考查电路的基本知识。

电路中，一个或几个首尾相连的无分支的电路称为支路，由三条或三条以上的支路相连接的点称为节点。

【答案】 B

7.【题目】

选择题：

理想电路中，在任一瞬时，一个节点上电流的代数和(　　)。

A. 大于零　　　　B. 小于零　　　　C. 等于零

【解析】 考查基尔霍夫电流定律。

在任一瞬时，流入某一节点的电流之和等于由该节点流出的电流之和。

【答案】 C

8.【题目】

判断题：

串联电阻上电压的分配与电阻成反比。(　　)

【解析】 考查电阻的串联知识。

电阻串联时，这些电阻中流过同一电流。由欧姆定律可知，电阻上的电压与该电阻的电阻值成正比。

【答案】 ×

9.【题目】

判断题：

并联电阻上，电流的分配与电阻成反比。(　　)

【解析】 考查电阻的并联知识。

并联电阻连接在两个公共的节点之间，两节点间电压相同。由欧姆定律可知，并联电阻上，电流的分配与电阻成反比。

【答案】 √

10.【题目】

判断题：

电路中，各点的电位值是绝对的。（　）

【解析】 考查电路中电位计算的知识。

电路中，各点的电位值，因所设参考点的不同而有异，所以是相对的。

【答案】 ×

11.【题目】

填空题：

三极管，通常称为晶体管，是最重要的一种半导体器件。它的（　　）作用和开关作用促使电子技术飞跃发展。

【解析】 考查三极管的知识。

晶体管的电流放大作用，表现在其工作在放大区时，I_C 与 I_B 的比值，也就是放大倍数 β。

【答案】 电流放大

12.【题目】

选择题：

下面哪种电气元件是耗能元件？（　　）

A. 电感元件　　B. 电容元件　　C. 电阻元件

【解析】 考查三种元件的特征。

电感元件能实现电能与磁能的相互转换，电容元件可以充放电。

【答案】 C

13.【题目】

选择题：

我国的电力标准频率为（　　）Hz。

A. 100　　B. 60　　C. 50

【解析】 考查交流电路频率的知识。

每秒内变化的次数称为频率。我国采用 50 Hz 作为电力标准频率，这种频率在工业上应用广泛，习惯上也称为工频。

【答案】 C

14.【题目】

选择题：

一般所讲的交流电压 380 V 或 220 V，都是指它的（　　）。

A. 最大值　　B. 有效值　　C. 瞬时值

【解析】 考查正弦交流电路有效值的知识。

正弦电流、电压、电动势的大小往往不是用它们的幅值，而是常用有效值来计量的。有效值是从电流的热效应来规定的。

【答案】 B

15.【题目】

判断题：

电容元件有隔断直流的作用。（　　）

【解析】 考查电容元件的特性。

电容的容抗与频率成反比，对直流所呈现的容抗趋向无穷大，可视作开路。因此，电容元件有隔断直流的作用。

【答案】 √

16.【题目】

选择题：

一般来说，对于人体，（　　）的电压为安全电压。

A. 110 V　　B. 48 V　　C. 36 V

【解析】 考查人体安全电压及电流。

通过人体的电流在 0.05 A 以上时，就有生命危险。一般说，接触 36 V 以下的电压时，通过人体的电流不至于超过 0.05 A。如果在潮湿的场所，安全电压还要规定得低一些。

【答案】 C

17.【题目】

判断题：

测量电流时，应将电流表串联在电路中。（　　）

【解析】 考查电流测量的知识。

电流表的内阻很小，如果不慎将电流表并联在电路的两端，则电流表将被烧毁。

【答案】 √

18.【题目】

选择题：

使用数字万用表时，黑色表笔插入“(　　)”插孔。

A. COM　　B. V · Ω　　C. mA

【解析】 考查数字万用表使用的基础知识。

使用数字万用表时，将黑色测试笔插入“COM”插孔。红色测试笔有如下三种插法：测量电压和电阻时插入“V · Ω”插孔，测量小于 200 mA 的电流时插入“mA”插孔，测量大于 200 mA 的电流时插入“10 A”插孔。

【答案】 A

19.【题目】

判断题：

二极管具有双向导电特性。(　　)

【解析】 考查二极管元件的导电特性。

二极管本质上是一个 PN 结，即在一块 P 型(N 型)半导体的局部，再掺入浓度较大的杂质，使其变为 N 型(P 型)半导体，在其交界面形成一个特殊的薄层，称为 PN 结。PN 结是各种半导体器件的共同基础，PN 结具有单向导电性。

【答案】 ×

20.【题目】

判断题：

在一定条件下，稳压二极管的反向击穿是可逆的。(　　)。

【解析】 考查稳压二极管的工作特性。

稳压二极管工作于反向击穿区，此时电流虽然在很大范围内变化，但两端电压变化很小。利用这一特性，稳压二极管在电路中能起到稳压作用。当去掉反向电压之后，稳压二极管又恢复正常。但是，如果反向电流超过允许范围，稳压二极管将会发生热击穿而损坏。

【答案】 √

21.【题目】

选择题：

将一段均匀的阻值为 R 的导线，从中间对折合成一条新的导线，那么新导线的阻值为(　　)。

A. 0.25R　　B. 0.5R　　C. 2R

【解析】 考查影响电阻阻值大小的因素。

$R=\rho L/S$(ρ 表示电阻的电阻率,由其本身性质决定;L 表示电阻的长度;S 表示电阻的横截面积)。导线电阻的大小与导线长度成正比、与导线截面积成反比,与材料电阻率有关。忽略温度的影响,同样的材料和截面积,导线越长电阻越大,同样的材料和长度,截面积越小(导线越细)电阻越大。

【答案】 A

22.【题目】

选择题:

并联电路中,各支路的(　　)相等。

A. 电阻　　B. 电流　　C. 电压

【解析】 考查并联电路的特性。

并联指电路中元件的连接方式。并联电路是指在电路中,把元件并列地接到电路中的两点间,所有元件的输入端和输出端分别被连接在一起。这种情况下,各支路的电压相等。

【答案】 C

23.【题目】

选择题:

用数字万用表精确测量 60 Ω 左右的电阻阻值时,应选择(　　)挡位。

A. R×10　　B. R×100　　C. R×1k

【解析】 考查使用数字万用表的基本知识。

万用表电阻挡量程一般分为 200、2k、20k、200k、2M、20M 等几个挡位(单位为欧姆)。每一挡位表示的是该挡的最大量程。例如:2k 挡,最大可以测量 2 000 Ω 以内的阻值;200 挡,最大可以测量 200 Ω 以内的阻值。测量时,先粗略估计所测电阻阻值,可选择中间挡位 200k。再根据 200k 挡量程示数,选择合适量程(覆盖该阻值范围的最小挡),得到精确的电阻值。

【答案】 B

24.【题目】

选择题:

用数字万用表测得某晶体二极管的正反向电阻均很小或为零,说明该二极管(　　)。

A. 正常　　　　　　　B. 内部断路　　　　　　　C. 已击穿

【解析】 考查二极管的特性。

正向电阻是二极管正向导通后正、负极之间的电阻,也就是PN结的正向电阻,这个电阻很小。反向电阻是二极管处于反向偏置而未击穿时的电阻,也就是PN结的反向电阻,这个电阻很大。正、反向电阻的大小是相对而言的,反向电阻要远远大于正向电阻。测量二极管正反向阻值时,正反向阻值皆无穷大,说明二极管内部断路损坏;正反向阻值为0,说明二极管已被击穿短路。

【答案】 C

25.【题目】

选择题:

在数字电路中,应用最为广泛的计数体制是(　　)。

A. 二进制　　　　　　　B. 十进制　　　　　　　C. 十六进制

【解析】 考查进位计数制的知识。

进制也就是进位计数制,是人为定义的带进位的计数方法。十进制是逢十进一,十六进制是逢十六进一,二进制就是逢二进一。为区别于其他进制,二进制数的书写通常在数的右下方注上基数2,或在后面加B表示。

在数字电路中,之所以采用二进制进行计数,是因为二进制具有以下优点:

(1)二进制数中只有两个数码0和1,可用具有两个不同稳定状态的元器件来表示一位数码。例如,电路中某一通路电流的有无,某一节点电压的高低,晶体管的导通和截止等。

(2)二进制数运算简单,大大简化了计算中运算部件的结构。

(3)二进制天然兼容逻辑运算。

【答案】 A

26.【题目】

选择题:

在正逻辑系统中,若要求“或”门输出端为低电平,则其输入端(　　)。

A. 全为高电平　　　　　　B. 全为低电平　　　　　　C. 只要有一个低电平

【解析】 考查逻辑门的基础知识。

如果几个条件中,只要有一个条件得到满足,某事件就会发生,这种关系叫做“或”逻辑关系。具有“或”逻辑关系的电路叫做或门。或门有多个输入端,一个输出端。只要输入中有一个为高电平时(逻辑1),输出就为高电平(逻辑1);只有当所有的输入全为低电平时，输出才为低电平。

【答案】 B

27.【题目】

选择题：

PLC是指（　　）。

A. 数字逻辑电路　　B. 继电器-接触器系统　C. 可编程逻辑控制器

【解析】 考查PLC的知识。

PLC是programmable logic controller的简称，可编程逻辑控制器。它的实质是一种专用于工业控制的计算机，其硬件结构基本上与微型计算机相同，基本构成为CPU、I/O板、显示面板、内存、电源。它采用一类可编程的存储器，用于其内部存储程序，执行逻辑运算、顺序控制、定时、计数与算术操作等面向用户的指令，并通过数字或模拟式输入/输出控制各种类型的机械或生产过程。

【答案】 C

28.【题目】

填空题：

电路由电源、中间环节和（　　）三个组成部分。

【解析】 考查电路的作用和组成部分。

电路的作用是电能的传输和转换，以及信号的传递和处理。负载是取用电能的设备，可以把电能转换为光能、机械能、热能等，也可实现信号的接收和转换。

【答案】 负载

29.【题目】

判断题：

电压的方向，规定为由低电位端指向高电位端。（　　）

【解析】 考查电压的参考方向。

电压的方向，规定为由高电位端指向低电位端，即为电位降低的方向。

【答案】 ×

30.【题目】

判断题：

两个并联电阻可以用一个等效电阻来代替。等效电阻的倒数等于各个并联电阻的倒数之差。（　　）

【解析】 考查并联电阻的计算。

等效的条件是,在同一电压作用下,电流保持不变。并联电阻受到同一电压。依据欧姆定律,等效电阻的倒数等于各个并联电阻的倒数之和。

【答案】 ×

31.【题目】

填空题:

正弦量变化一次所需要的时间称为周期,每秒内变化的次数称为(　　)。

【解析】 考查正弦电路物理量的特征。

频率是周期的倒数,即 $f=1/T$。

【答案】 频率

32.【题目】

填空题:

在计算交流电路的平均功率时,还要考虑电压与电流之间的相位差 φ,即 $P=UI\cos\varphi$,其中 $\cos\varphi$ 称为电路的(　　)。

【解析】 考查正弦电路功率的知识。

功率因数取决于电路的参数。只有在电阻负载的情况下,功率因数为 1。对其他负载来说,其功率因数均介于 0 与 1 之间。

【答案】 功率因数

33.【题目】

填空题:

将发电机三相绕组的三个末端连在一起,这个连接点称为中性点,这种连接法称为(　　)联结。

【解析】 考查三相电路的知识。

三相绕组采用星形联结时,从中性点引出的导线称为中性线或零线,从绕组始端引出的三根导线称为相线,俗称火线。

【答案】 星形

34.【题目】

填空题:

通常在低压配电系统中,相电压为 220 V,(　　)为 380 V。

【解析】 考查三相电路三相电压的知识。

当发电机的绕组连成星形时，线电压为相电压的$\sqrt{3}$倍。

【答案】　线电压

35.【题目】

判断题：

电流互感器是根据变压器的原理制成的，利用电流互感器可以把大电流变换为小电流。(　　)

【解析】　考查变压器的知识。

电流互感器主要用来扩大测量电流的量程。此外，使用电流互感器可以使测量仪表与高压电路隔开，以保证人身与设备的安全。测流钳是电流互感器的一种变形。

【答案】　√

36.【题目】

填空题：

在交流电磁铁中，为了减小铁损，它的铁芯由钢片叠成。而在直流电磁铁中，铁芯用(　　)制成。

【解析】　考查电磁铁的知识。

交流电磁铁工作时，线圈通入的是交流电流，在铁芯中产生的是交变磁通，交变磁通会在铁芯中产生涡流损耗。为了减小涡流损耗，铁芯由片间涂有绝缘材料的硅钢片叠压而成。直流电磁铁工作时，稳定状态下直流电磁铁中磁通恒定，铁芯不产生损耗，只有线圈产生热量。因此，直流电磁铁的铁芯一般使用整块软钢(或工程纯铁)制成。

【答案】　整块软钢

37.【题目】

填空题：

电动机转动的基本原理是通有(　　)的导体在磁场中受力而产生扭矩。

【解析】　考查电动机的工作原理。

磁场对电流的作用力通常称为安培力。垂直于磁场的一段通电导线，在磁场中某处受到的安培力的大小F与电流强度I和导线长度L的乘积成正比。安培力的重要意义在于，一方面它进一步指出了电与磁的相互联系；另一方面是它的应用价值，电动机的工作原理就是基于安培力。

【答案】　电流

38.【题目】

判断题：

将电动机同三相电源连接的三根导线中的任意两根的一端对调位置，电动机不会反转。（　　）

【解析】 考查电动机的工作原理。

因为三相异步电动机的旋转方向是由旋转磁场的方向决定的，把三相异步电动机电源中任意两根线对调以后，旋转磁场的方向发生变化，电动机随之反向运转。

【答案】 ×

39.【题目】

选择题：

一般中小型笼形电动机的定子启动电流与额定电流的比值大约为（　　）。

A. 1～2　　B. 5～7　　C. 15～20

【解析】 考查一般中小型笼形电动机的定子启动电流与额定电流的比值。

电动机刚启动时，由于旋转磁场对静止的转子有很大的相对转速，这时转子绕组中感应出的电动势和产生的转子电流都很大。转子电流增大，定子电流必然相应增大。一般中小型笼形电动机的定子启动电流与额定电流的比值大约为5～7。

【答案】 B

40.【题目】

填空题：

变压器是利用（　　）原理变换交流电压的一种器件，其主要构件包括初级线圈、次级线圈、铁芯。

【解析】 考查变压器的工作原理及构件。

我们经常能看到变压器的身影，最常见的是在电源里作为变换电压、隔离来使用。变压器是利用电磁感应原理变换交流电压的一种器件，其主要构件包括初级线圈、次级线圈、铁芯。初、次级线圈的电压比等于初、次级线圈的匝数比，因此，想要输出不同的电压，改变线圈的匝数比即可。

【答案】 电磁感应

41.【题目】

填空题：

要正确使用电动机，就要看懂铭牌。现以Y3-132M-4型电动机为例，其中的字母 Y 表示该机型为(　　)。

【解析】 考查电动机铭牌的含义。

电动机型号是便于使用、设计、制造等部门进行业务联系和简化技术文件中产品名称、规格、型式等叙述而引用的一种代号。如 YB3-132S-4 中，Y 表示异步电动机；B 表示防爆电机；3 表示第三次改型设计；132 表示轴中心到基座底部的距离为 132 mm；S 表示基座长度为短型；4 表示电机极数为 4 极。

【答案】 异步电动机

42.【题目】

判断题：

单相异步电动机常用于家用电器，如洗衣机、电风扇等。其中电容分相式异步电动机，通过改变电容器的并联位置，可使单相异步电动机反转。(　　)

【解析】 考查单相异步电动机的知识。

在单相异步电动机中，电容与绕组串联，电流相位可超前 90°。改变电容器串联的绕组，就改变了旋转磁场的转向，从而实现电动机的反转。

【答案】 ×

43.【题目】

选择题：

按钮通常用来接通或断开控制电路。按钮结构中，原来就接通的触点称为(　　)触点。

A. 常开　　B. 动合　　C. 常闭

【解析】 考查按钮的内部结构。

将按钮帽按下时，原来断开的静触点被动触点接通；原来连通的静触点则被断开。原来就接通的触点称为常闭触点，原来就断开的触点称为常开触点。

【答案】 C

44.【题目】

选择题：

热继电器对三相异步电动机起(　　)的作用。

A. 短路保护　　B. 欠压保护　　C. 过载保护

【解析】 考查热继电器的功能。

热继电器主要用来对异步电动机进行过载保护，它的工作原理是过载电流通过热继电器后，使双金属片加热弯曲推动动作机构带动触点动作，从而将电动机控制电路断开,起到过载保护的作用。鉴于双金属片受热弯曲过程中,热量的传递需要较长的时间,因此,热继电器不能用作短路保护,而只能用作过载保护。它的符号为 FR。

【答案】 C

45.【题目】

选择题:

有一额定值为 5 W/500 Ω 的线绕电阻,在使用时其上电压(　　)。

A. 不得超过 100 V　　B. 不得超过 50 V　　C. 任意

【解析】 考查电阻的使用知识。

流过电阻的电流与电阻两端的电压成正比,这就是欧姆定律。利用 $P=UI=\frac{U^2}{R}=5\ \text{W}$ 可以计算出,该电阻上的电压不得超过 50 V。

【答案】 B

46.【题目】

选择题:

在下图中,U_{ab} 为(　　)。

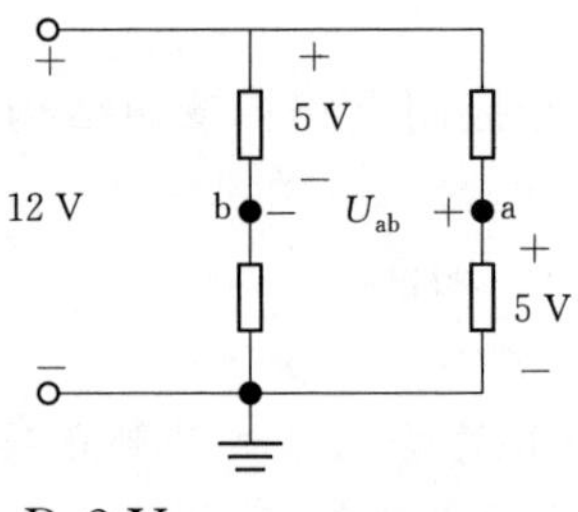

A. 0 V　　B. 2 V　　C. −2 V

【解析】 考查电位计算的知识。

a 点的电位 $U_a=5$ V,b 点的电位 $U_b=7$ V,$U_{ab}=U_a-U_b=-2$ V。

【答案】 C

47.【题目】

选择题:

下图所示电路中,当电阻 R_2 增大时,则电流 I_1(　　)。

A. 增大　　B. 减小　　C. 不变

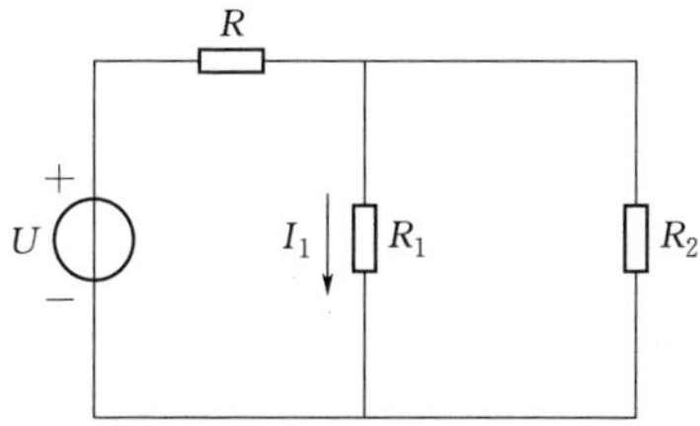

【解析】 考查电路计算的基础知识。

图示电路中，当电阻 R_2 增大时，电路的总电阻增大，则总电流减小，电阻 R 上的压降减小，电阻 R_1 的端电压升高，从而 I_1 增大。

【答案】 A

48.【题目】

选择题：

下图所示电路中，电路两端的等效电阻 R_{ab} 为(　　)。

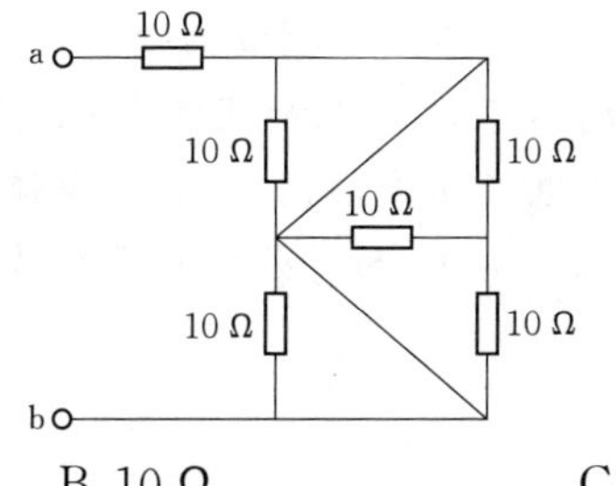

A. 30 Ω　　B. 10 Ω　　C. 20 Ω

【解析】 考查电路计算的基础知识。

在计算电路两端之间的电阻时，要通过节点分析串并联和有无短接情况。图示电路中，从 a 点引出的第一个电阻串接在电路中，其余电阻被短接，所以 a 与 b 之间的等效电阻为第一个电阻的阻值，即为 10 Ω。

【答案】 B

49.【题目】

选择题：

PLC(可编程逻辑控制器)的工作方式为(　　)。

A. 等待命令工作方式　B. 循环扫描工作方式　C. 中断工作方式

【解析】 考查 PLC 的基础知识。

PLC 运行时，主机 CPU 将用户程序按指令存入存储器的顺序逐条取出执行，直至程序结束，然后重新返回第一条指令，开始第二次循环扫描。

【答案】 B

50.【题目】

判断题：

单相用电设备不需要保护接零。(　　)

【解析】 考查安全用电方面的接地和接零的知识。

当用电设备的绝缘损坏，外壳带电时，短路电流经过保护零线，将熔断器熔断，切断电源，消除触电事故。所以单相用电设备也要保护接零。

【答案】 ×

51.【题目】

选择题：

用万用表测量交流电压，万用表的读数是交流电压的(　　)。

A. 平均值　　B. 最大值　　C. 有效值

【解析】 考查电压有效值和万用表测量的知识。

在相同的电阻上分别通入直流电流和交流电流，经过一个交流周期的时间，如果它们在电阻上所消耗的电能相等，则把该直流电流(电压)的大小作为交流电流(电压)的有效值，正弦电流(电压)的有效值等于其最大值的 0.707 倍。

【答案】 C

52.【题目】

选择题：

一个数字万用表显示器的最大指示值为 1 999 或－1 999，那么可称为(　　)万用表。

A. 三位　　B. 四位　　C. 三位半

【解析】 考查万用表显示的知识。

数字万用表显示器中，三位半是指有三位数字可以显示 0～9，最高位只能显示 1 或不显示数字，这个 1 称作半位。

【答案】 C

53.【题目】

选择题：

检查电机、电器及线路的绝缘情况和测量高值电阻，常用(　　)。

A. 万用表　　B. 钳形电流表　　C. 兆欧表

【解析】 考查兆欧表的知识。

兆欧表俗称摇表，大多采用手摇发电机供电，是用来测量大电阻和绝缘电阻的，计量单位是兆欧(MΩ)。它能发现绝缘材料是否受潮、损伤、老化，从而发现设备缺陷，避免发生触电伤亡及设备损坏等事故。

【答案】 C

54.【题目】

选择题：

下图所示电路中，二极管 D_1、D_2、D_3 的工作状态为(　　)。

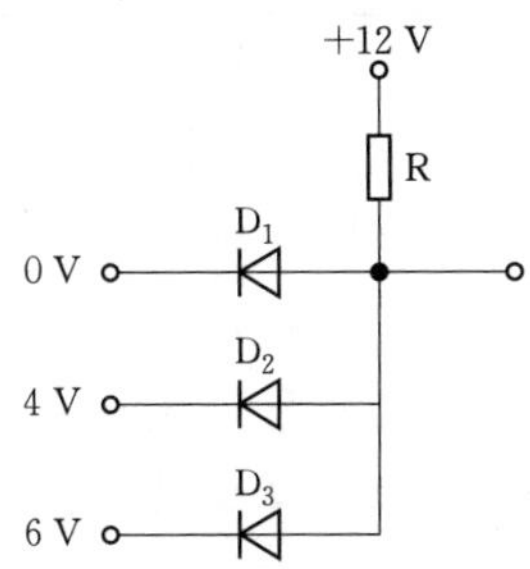

A. D_1、D_2 截止，D_3 导通　　B. D_1 导通，D_2、D_3 截止

C. D_1、D_2、D_3 均导通

【解析】 考查二极管的知识。

图示电路中，二极管 D_1 优先导通，如果 D_1 的正向压降为 0.3 V，则节点处的电压为 0.3 V，此时 D_2 和 D_3 上加的是反向电压，因而截止。在这里，D_1 起钳位作用。

【答案】 B

55.【题目】

填空题：

将放大电路输出端信号的一部分或全部通过某种电路引回输入端，称为(　　)。

【解析】 考查放大电路中反馈的概念。

任何带有反馈的放大电路都包含两个部分：基本放大电路和反馈电路。若引回的反馈信号使净输入信号减小，则为负反馈；若使净输入信号增大，则为正反馈。

【答案】 反馈

56.【题目】

填空题：

最简单的直流稳压电源是采用（　　）来稳定电压的。

【解析】 考查稳压二极管。

稳压二极管，又名齐纳二极管，是利用 PN 结反向击穿状态，其电流可在很大范围内变化而电压基本不变的原理，制成的起稳压作用的二极管。

【答案】 稳压二极管

57.【题目】

填空题：

一个整流器主要由整流变压器、整流电路和（　　）三个部分组成。

【解析】 考查整流器的组成及各部分的功能。

滤波电路一般由电抗元件组成，如在负载电阻两端并联电容器 C，或与负载串联电感器 L，以及由电容、电感组成的各种复式滤波电路。滤波电路的作用是尽可能减小脉动的直流电压中的交流成分，保留其直流成分，使输出电压纹波系数降低，波形变得比较平滑。

【答案】 滤波电路

58.【题目】

选择题：

三个电阻并联，$R_1=60\ \Omega$，$R_2=30\ \Omega$，$R_3=30\ \Omega$，当其端电压为 12 V 时，总电流 I 为（　　）。

A. 0.1 A　　B. 0.2 A　　C. 1 A

【解析】 考查并联电阻计算的知识。

并联电阻的计算公式为 $1/R=1/R_1+1/R_2+1/R_3$。代入数值后，可知 $R=12\ \Omega$，由欧姆定律 $I=U/R$，可知 $I=1$ A。

【答案】 C

59.【题目】

填空题：

多级放大电路由两个或两个以上的单级放大电路组成，级与级之间的连接方式是（　　）。

【解析】 考查多级放大电路的知识。

耦合是两个或两个以上的电路元件或网络的输入与输出之间存在紧密配合与相互影响，并通过相互作用从一侧向另一侧传输能量的现象。组成多级放大电路的每一个基本放大电路称为一级，多级放大电路有四种常见的耦合方式：直接耦合、阻容耦合、变压器耦合和光电耦合。

【答案】 耦合

60.【题目】

填空题：

把直流电变换为交流电的装置称为(　　)。

【解析】 考查逆变器的作用。

逆变器是一种将低压直流电转变为 220 V 交流电的电子设备。它由逆变桥、控制逻辑和滤波电路组成。因为我们通常是将 220 V 交流电整流变成直流电来使用，而逆变器的作用与此相反，因此而得名。

【答案】 逆变器

61.【题目】

填空题：

晶体管放大电路中，集电极电阻 R_c 的主要作用是把电流放大转换成(　　)。

【解析】 考查晶体管放大电路中，集电极电阻 R_c 的主要作用。

三极管的放大作用是电流放大，将 I_b 放大为 I_c。在 R_c 上，其压降 $V_{R_c}=I_c\times R_c$，所以 V_{R_c} 反映了与电流信号 I_c 变化相同的电压信号。如果将这个电压作为输出电压，也就是三极管将电流放大的作用转变为电压放大。一般 R_c 取值都较大，在多级放大电路，R_c 可成为下一级的信号源，电压就这样被放大了。

【答案】 电压放大

62.【题目】

填空题：

在数字电路中，能实现逻辑关系的基本门电路有三种，即与门、或门和(　　)。

【解析】 考查数字电路逻辑关系的基本电路。

凡是对脉冲通路上的脉冲起着开关作用的电子线路都叫作门电路，是基本的逻辑电路。门电路可以有一个或多个输入端，但只有一个输出端。门电路的各输入端所加的脉冲信号只有满足一定的条件时，“门”才打开，即才有脉冲信号输出。门电路的作用是实现某种因果关系-逻辑关系，所以门电路是一种逻辑电路。基本的逻辑关系有三种：与逻辑、或逻辑、非逻辑。与此相对应，基本的门电路有与门、或门、非门。

【答案】 非门

63.【题目】

简答题：

什么是脉冲宽度调制？

【解析】 考查脉冲宽度调制的定义。

脉冲宽度调制是在数字电路中达到模拟输出效果的一种手段。微处理器输出脉冲信号，当有脉冲电压时为开，无脉冲电压时为关，通过调整开和关的时间比例（脉冲宽度）来调整功率输出。

【答案】 见解析。

64.【题目】

简答题：

什么是蓄电池的极板硫化？

【解析】 考查蓄电池的极板硫化的定义。

蓄电池长期处于放电或半放电状态时，极板上会生成一种白色粗晶粒硫酸铅，正常充电时它不能转化为二氧化铅或海绵状铅，称为硫酸铅硬化，简称硫化。蓄电池极板硫化产生的硫酸铅，堵塞了极板的孔隙，使电解液渗入困难，蓄电池容量下降，而且使其导电不良，内阻增大，启动时不能供给启动机以大电流，致使发动机不能启动。

【答案】 见解析。

65.【题目】

简答题：

在继电器线圈或电磁线圈上并联二极管来消除火花放电作用的原理是什么？

【解析】 考查在继电器线圈或电磁线圈上并联二极管来消除火花放电作用的原理。

已通电的线圈在断电时，线圈产生很高的感应电动势，该电动势与电源电压极性相反。在线圈通电时，二极管截止。在线圈断电时，所产生的感应电动势使二极管导通，构成通电回路，使触点间火花放电消失，延长了触点使用寿命，减少了对其他电器的干扰。

【答案】 见解析。

66.【题目】

简答题：

什么是二极管的死区电压？硅管和锗管的死区电压典型值为多少？

【解析】 考查死区电压的知识。

即使给二极管加正向电压，也必须达到一定大小，二极管才开始导通，这个阈值叫死区电压。硅管的死区电压约 0.5 V，锗管的死区电压约 0.1 V。

【答案】 见解析。

第三章　行车安全装备

本章主要涉及工务自轮运转特种设备司机需掌握的轨道电路、行车闭塞、轨道车运行控制设备(GYK)、机车综合无线通信设备(CIR)等行车安全装备的基础知识。

1.【题目】

填空题：

铁路机车行车安全装备是指装设于机车、动车以及自轮运转特种设备上，用于直接防止列车运行事故或辅助(　　)提高操纵列车运行安全能力的装备。

【解析】 考查行车安全装备的定义。

铁路机车行车安全装备是指装设于机车、动车以及自轮运转特种设备上，用于直接防止列车运行事故或辅助司机提高操纵列车运行安全能力的装备。

【答案】 司机

2.【题目】

填空题：

轨道电路是利用铁路的(　　)作为导线，所构成的电气回路。

【解析】 考查轨道电路的定义。

轨道电路是利用铁路的两条钢轨作为导线，所构成的电气回路。

【答案】 两条钢轨

3.【题目】

填空题：

铁路(　　)设备可以保证列车运行的安全，使同方向运行的列车不至于发生追尾冲突，反方向运行的列车不至于发生迎面相撞。

【解析】 考查闭塞设备的功能。

铁路闭塞设备可以保证列车运行的安全，使同方向运行的列车不至于发生追尾冲突，反方向运行的列车不至于发生迎面相撞。

【答案】 闭塞

4.【题目】

填空题：

常用轨道电路由送电端、(　　)和受电端三部分构成。

【解析】 考查常用轨道电路的组成。

常用轨道电路由送电端、钢轨线路和受电端三部分构成。

【答案】 钢轨线路

5.【题目】

填空题：

保持列车运行有一定间隔距离的方法有两种：一种是时间间隔法，另一种是(　　)间隔法。

【解析】 考查列车行车中保持距离的两种方法。

保持列车运行有一定间隔距离的方法有两种：一种是时间间隔法，另一种是空间间隔法。

【答案】 空间

6.【题目】

填空题：

接近连续式机车信号在列车运行中主要用于(　　)闭塞区段。

【解析】 考查接近连续式机车信号的应用场景。

接近连续式机车信号在列车运行中主要用于非自动闭塞区段。

【答案】 非自动

7.【题目】

填空题：

压力传感器将制动主管内的压力转化为电信息传送到监控主机，主要用于判断(　　)的风压是否充足。

【解析】 考查轨道车运行控制设备(GYK)中压力传感器的作用。

压力传感器将制动主管内的压力转化为电信息传送到监控主机，主要用于判断制动主管的风压是否充足。

【答案】 制动主管

8.【题目】

填空题：

轨道车运行控制设备(GYK)接线盒面板上有工况、制动阀电路保险管和熄火及(　　)手柄开关。

【解析】 考查轨道车运行控制设备(GYK)接线盒面板上的部件。

轨道车运行控制设备(GYK)接线盒面板上有工况、制动阀电路保险管和熄火及隔离手柄开关。

【答案】 隔离

9.【题目】

填空题：

轨道车运行控制设备(GYK)基本数据包括线路固定限速、线路里程断链、长大下坡道、进站信号机、(　　)等资料。

【解析】 考查轨道车运行控制设备(GYK)基本数据。

轨道车运行控制设备(GYK)基本数据包括线路固定限速、线路里程断链、长大下坡道、进站信号机、车站信息等资料。

【答案】 车站信息

10.【题目】

填空题：

轨道车运行控制设备(GYK)的 DMI 具备参数输入及(　　)信息输入功能，输入方式为按键手动输入和转储器输入。

【解析】 考查轨道车运行控制设备(GYK)的 DMI 的输入功能。

轨道车运行控制设备(GYK)的 DMI 具备参数输入及揭示信息输入功能，输入方式为按键手动输入和转储器输入。

【答案】 揭示

11.【题目】

填空题：

轨道车运行控制设备(GYK)具有运行数据记录功能，实时记录日期、时间、(　　)、机车信号信息、轨道车工况、运行状态、司机操作、系统自检、揭示信息等内容。

【解析】 考查轨道车运行控制设备(GYK)的功能。

轨道车运行控制设备(GYK)具有运行数据记录功能,实时记录日期、时间、公里标、机车信号信息、轨道车工况、运行状态、司机操作、系统自检、揭示信息等内容。

【答案】 公里标

12.【题目】

填空题:

大型养路机械担当非本务牵引或在列车尾部担当补机任务时,应将轨道车运行控制设备(GYK)转为(　　)工作状态。

【解析】 考查轨道车运行控制设备(GYK)补机状态的使用时机。

大型养路机械担当非本务牵引或在列车尾部担当补机任务时,应将轨道车运行控制设备(GYK)转为补机工作状态。

【答案】 补机

13.【题目】

填空题:

轨道车运行控制设备(GYK)具有设备自检功能,可以进行(　　)、常用自检、紧急自检、试风自检、DMI键盘检查。

【解析】 考查轨道车运行控制设备(GYK)设备自检的分类。

轨道车运行控制设备(GYK)具有设备自检功能,可以进行信号自检、常用自检、紧急自检、试风自检、DMI键盘检查。

【答案】 信号自检

14.【题目】

填空题:

轨道车运行控制设备(GYK)的溜逸控制功能包括(　　)溜逸、相位溜逸和管压溜逸。

【解析】 考查轨道车运行控制设备(GYK)的溜逸控制功能。

轨道车运行控制设备(GYK)的溜逸控制功能包括空挡溜逸、相位溜逸和管压溜逸。

【答案】 空挡

15.【题目】

填空题:

轨道车运行控制设备(GYK)主控记录单元故障,应发出故障报警,当报警时间达到(　　)min,GYK 实施紧急制动。

【解析】 考查轨道车运行控制设备(GYK)主控记录单元故障的报警时间。

轨道车运行控制设备(GYK)主控记录单元故障,应发出故障报警,当报警时间达到 3 min,GYK 实施紧急制动。

【答案】 3

16.【题目】

填空题:

轨道车运行控制设备(GYK)警惕按钮用于监控报警时解除(　　)输出,一般司机用以表示确认了信号的操纵装置,以防止司机失去警惕。

【解析】 考查轨道车运行控制设备(GYK)警惕按钮的功能。

轨道车运行控制设备(GYK)警惕按钮用于监控报警时解除制动输出,一般司机用以表示确认了信号的操纵装置,以防止司机失去警惕。

【答案】 制动

17.【题目】

填空题:

轨道车运行控制设备(GYK)自动停车装置可以实现(　　)制动和紧急制动两种控制。

【解析】 考查轨道车运行控制设备(GYK)自动停车装置的两种控制方式。

轨道车运行控制设备(GYK)自动停车装置可以实现常用制动和紧急制动两种控制。

【答案】 常用

18.【题目】

填空题:

轨道车运行控制设备(GYK)进行键盘自检时应检测所有按键,最后检测(　　)键,完成键盘自检。

【解析】 考查轨道车运行控制设备(GYK)键盘自检的操作方法。

轨道车运行控制设备(GYK)进行键盘自检时应检测所有按键,最后检测确认键,完成键盘自检。

【答案】 确认

19.【题目】

填空题：

随着大型养路机械的运行，轨道车运行控制设备（GYK）的 DMI 显示主窗口公里标不断发生变化，但屏幕显示的线路长度始终为（　　）km 范围。

【解析】 考查轨道车运行控制设备（GYK）DMI 显示的线路长度范围。

轨道车运行控制设备（GYK）的 DMI 显示主窗口随着大型养路机械的运行公里标不断发生变化，但屏幕显示的线路长度始终为 4 km 范围。

【答案】 4

20.【题目】

填空题：

轨道车运行控制设备（GYK）的 DMI 主窗口左侧 1/4 处有一条垂直分隔线，左侧显示轨道车（大型养路机械）实际运行速度曲线，显示一个车列图标，图标的长度与输入的编组计长成（　　）。

【解析】 考查轨道车运行控制设备（GYK）DMI 主窗口的界面显示。

轨道车运行控制设备（GYK）的 DMI 主窗口左侧 1/4 处有一条垂直分隔线，左侧显示轨道车（大型养路机械）实际运行速度曲线，显示一个大型养路机械图标，图标的长度与输入的编组计长成正比。

【答案】 正比

21.【题目】

填空题：

轨道车运行控制设备（GYK）具有轨道电路信息接收、运行监控、（　　）、数据记录、语音记录及人机交互等功能。

【解析】 考查轨道车运行控制设备（GYK）的基本功能。

轨道车运行控制设备（GYK）具有轨道电路信息接收、运行监控、警醒、数据记录、语音记录及人机交互等功能。

【答案】 警醒

22.【题目】

填空题：

轨道车运行控制设备（GYK）的 DMI 显示主窗口，限制速度曲线以（　　）色曲线方式显示当前区段常用制动模式曲线和前方 3 km 以内的限制速度情况。

【解析】 考查轨道车运行控制设备(GYK)限制速度曲线的显示状态。

轨道车运行控制设备(GYK)的 DMI 显示主窗口,限制速度曲线以红色曲线方式显示当前区段常用制动模式曲线和前方 3 km 以内的限制速度情况。

【答案】 红

23.【题目】

填空题:

轨道车运行控制设备(GYK)在调车模式下,具有牵引、推进、(　　)3 种运行状态。

【解析】 考查轨道车运行控制设备(GYK)调车模式具有的三种功能状态。

轨道车运行控制设备(GYK)在调车模式下,具有牵引、推进、连挂 3 种运行状态。

【答案】 连挂

24.【题目】

填空题:

轨道车运行控制设备(GYK)调车模式是轨道车(大型养路机械)进行调车作业的控车模式,有 3 种状态选择,其中的牵引时限速值按(　　)km/h 设置。

【解析】 考查轨道车运行控制设备(GYK)调车模式牵引状态时限速值。

轨道车运行控制设备(GYK)调车模式是轨道车(大型养路机械)进行调车作业的控车模式,有 3 种状态选择,其中的牵引时限速值按 40 km/h 设置。

【答案】 40

25.【题目】

填空题:

当大型养路机械速度达到控制模式曲线时,GYK 对大型养路机械实施(　　)、熄火及紧急制动,可以有效防止"两冒一超"等事故的发生。

【解析】 考查轨道车运行控制设备(GYK)对大型养路机械可以实施的三种控制方式,即常用制动、熄火及紧急制动。

当大型养路机械速度达到控制模式曲线时,GYK 对大型养路机械实施常用制动、熄火及紧急制动,可以有效防止"两冒一超"等事故的发生。

【答案】 常用制动

26.【题目】

填空题:

(1)轨道车运行控制设备(GYK)目视行车模式时,如果在规定的时间内未按

(　　)键,则自动停车装置将使制动主管排风制动,实行自停,以防止事故的发生。

(2)目视行车模式用于(　　)作业,以及行车时遇停车信号或限速曲线为0时,根据需要,允许司机按规定进行人工解锁,解锁后按目视行车模式控制。

(3)轨道车运行控制设备(GYK)在目视行车模式下,每当运行150 m或经过(　　)s时,GYK发出警音。

【解析】 考查轨道车运行控制设备(GYK)目视行车模式时的操作。

轨道车运行控制设备(GYK)目视行车模式时,如果在规定的时间内未按警惕键,则自动停车装置将使制动主管排风制动,实行自停,以防止事故的发生。

轨道车运行控制设备(GYK)目视行车模式用于出入库作业,以及行车时遇停车信号或限速曲线为0时,根据需要,允许司机按规定进行人工解锁,解锁后按目视行车模式控制。

轨道车运行控制设备(GYK)在目视行车模式下,每当运行150 m或经过30 s时,GYK发出警音。

【答案】 (1)警惕;(2)出入库;(3)30

27.【题目】

填空题:

轨道车运行控制设备(GYK)具有补机状态,在大型养路机械担当补机时使用。在补机状态下,GYK只记录,不(　　)。

【解析】 考查轨道车运行控制设备(GYK)补机状态的使用场景以及控制特点。

轨道车运行控制设备(GYK)具有补机状态,在大型养路机械担当补机时使用。在补机状态下,GYK只记录,不控制。

【答案】 控制

28.【题目】

填空题:

机车综合无线通信设备(CIR)由主机、(　　)、送(受)话器、扬声器、打印终端、连接电缆、天线、射频馈线等构成。

【解析】 考查机车综合无线通信设备(CIR)的基本构成。

机车综合无线通信设备(CIR)由主机、操作显示终端、送(受)话器、扬声器、打印终端、连接电缆、天线、射频馈线等构成。

【答案】 操作显示终端

29.【题目】

选择题：

紧急制动电磁阀线圈两端加电切断(　　)放风通道，线圈两端电压为零时紧急制动，其特点是快速放风。

A. 总风缸　　B. 制动主管　　C. 均衡风缸

【解析】 考查轨道车运行控制设备(GYK)紧急制动电磁阀的工作原理。

紧急制动电磁阀通过控制制动主管与大气的通断来起到紧急制动的控制作用。

【答案】 B

30.【题目】

选择题：

大型养路机械推进作业运行时，轨道车运行控制设备(GYK)工作在(　　)模式。

A. 区间作业　　B. 调车作业　　C. 正常作业

【解析】 考查轨道车运行控制设备(GYK)在推进运行时使用的控车模式。

推进作业运行时，轨道车运行控制设备(GYK)工作在调车作业模式。

【答案】 B

31.【题目】

选择题：

(1)轨道车运行控制设备(GYK)在目视行车模式下，每当运行 150 m 或一定时间时，GYK 发出警音，按(　　)键，距离及时间计数清零。

A. 模式　　B. 警醒　　C. 警惕

【解析】 考查轨道车运行控制设备(GYK)在目视行车模式时的操作。

轨道车运行控制设备(GYK)在目视行车模式时发出警音时，司机按压警惕键，距离及时间计数清零。

【答案】 C

32.【题目】

选择题：

大型养路机械行车安全装备将大型养路机械提供的(　　)V 电源作为设备输入电源。

A. 12　　B. 24　　C. 48

【解析】 考查轨道车运行控制设备(GYK)输入电源的电压。

大型养路机械行车安全装备将大型养路机械提供的24 V电源作为设备输入电源。

【答案】 B

33.【题目】

选择题：

轨道车运行控制设备(GYK)的机车信号接收线圈的最低点距钢轨面(　　)mm。

A. 130±5　　B. 140±5　　C. 150±5

【解析】 考查轨道车运行控制设备(GYK)的机车信号接收线圈距离轨面的距离。

轨道车运行控制设备(GYK)的机车信号接收线圈的最低点距钢轨面应为(150±5)mm。

【答案】 C

34.【题目】

选择题：

轨道车运行控制设备(GYK)在正常监控模式下，当大型养路机械运行速度高于允许速度加5 km/h时，施行(　　)控制。

A. 旁路制动　　B. 常用制动　　C. 紧急制动

【解析】 考查大型养路机械行车时紧急制动的产生条件。

轨道车运行控制设备(GYK)在正常监控模式下，当大型养路机械运行速度高于允许速度加5 km/h时，施行紧急制动控制。

【答案】 C

35.【题目】

选择题：

当大型养路机械运行速度大于20 km/h时，GYK间隔120 s进行报警，要求司机按压手动警醒按钮或脚踩踏板进行应答，否则实施(　　)制动。

A. 常用　　B. 旁路　　C. 紧急

【解析】 考查行车时司机需使用警醒功能确保精神状态良好，否则轨道车运行控制设备(GYK)实施紧急制动。

当大型养路机械运行速度大于20 km/h时，轨道车运行控制设备(GYK)间隔120 s进行报警，要求司机按压手动警醒按钮或脚踩踏板进行应答，否则实施紧急制动。

【答案】 C

36.【题目】

选择题：

区间作业编组用于大型养路机械区间作业完毕进行编组的控车模式，限速值(　　)km/h。

A. 20　　B. 30　　C. 40

【解析】 考查区间作业编组模式下的限速值。

区间作业编组用于大型养路机械区间作业完毕进行编组的控车模式，限速值20 km/h。

【答案】 A

37.【题目】

选择题：

轨道车运行控制设备(GYK)的DMI屏幕状态窗口显示系统状态信息，状态有效时显示红底白字或绿底黑字，显示(　　)状态无效。

A. 白底红字　　B. 白底灰字　　C. 白底黑字

【解析】 考查轨道车运行控制设备(GYK)DMI屏幕状态窗口的无效信息显示。

轨道车运行控制设备(GYK)的DMI屏幕状态窗口显示系统状态信息，状态有效时显示红底白字或绿底黑字，显示白底灰字状态无效。

【答案】 B

38.【题目】

选择题：

轨道车运行控制设备(GYK)在正常监控模式和(　　)模式，当大型养路机械运行速度大于20 km/h时，启动警醒功能。

A. 调车　　B. 目视行车　　C. 区间作业

【解析】 考查轨道车运行控制设备(GYK)警醒功能的启动条件。

轨道车运行控制设备(GYK)在正常监控模式和区间作业模式，当大型养路机械运行速度大于20 km/h时，启动警醒功能。

【答案】 C

39.【题目】

选择题：

轨道车运行控制设备(GYK)自检功能中，其中(　　)自检时，柴油发动机熄火。

A. 常用制动　　　　B. 试风　　　　C. 紧急制动

【解析】 考查自检功能中紧急制动自检的操作影响。

轨道车运行控制设备(GYK)自检功能中,其中紧急制动自检时,柴油发动机熄火。

【答案】 C

40.【题目】

选择题:

轨道车运行控制设备(GYK)在(　　)故障时应发出故障报警,输出紧急制动命令。

A. 机车信号　　　　B. 语音记录单元　　　　C. 轴温传感器

【解析】 考查机车信号故障时 GYK 会输出紧急制动。

轨道车运行控制设备(GYK)在机车信号故障时应发出故障报警,输出紧急制动命令。

【答案】 A

41.【题目】

选择题:

轨道车运行控制设备(GYK)在大型养路机械运行距离接近规定的道口地点(　　)m 和 500 m 时,语音提示"前方道口,注意限速"。

A. 600　　　　B. 800　　　　C. 1 000

【解析】 考查运行中语音提示"前方道口,注意限速"的产生条件。

轨道车运行控制设备(GYK)在大型养路机械运行距离接近规定的道口地点 1 000 m 和 500 m 时,语音提示"前方道口,注意限速"。

【答案】 C

42.【题目】

选择题:

按照闭塞方式和地面发送设备的不同,机车信号分为(　　)和接近连续式机车信号两种类型。

A. 关联式　　　　B. 断续式　　　　C. 连续式

【解析】 考查按照闭塞设备不同机车信号的分类。

机车信号分为连续式和接近连续式机车信号两种类型。

【答案】 C

43.【题目】

选择题：

轨道车运行控制设备(GYK)实时显示制动主管风压。停车后起车，如果车辆风压低于(　　)kPa，将开启语音提示“风压不足”，提示司机风压未达到动车条件。

A. 350　　B. 450　　C. 500

【解析】 考查在风压不达标情况下GYK开启相关提示。

车辆风压低于450 kPa，将开启语音提示“风压不足”，提示司机风压未达到动车条件。

【答案】 B

44.【题目】

选择题：

轨道车运行控制设备(GYK)调车模式是大型养路机械进行调车作业的控车模式，推进时限速值为(　　)km/h。

A. 5　　B. 30　　C. 40

【解析】 考查调车模式下推进时GYK的限速值。

轨道车运行控制设备(GYK)调车模式是大型养路机械进行调车作业的控车模式，推进时限速值为30 km/h。

【答案】 B

45.【题目】

选择题：

轨道车运行控制设备(GYK)目视行车模式主要用于出入库作业，以及行车时遇停车信号或限速曲线为0时，限速值为(　　)km/h。

A. 20　　B. 30　　C. 40

【解析】 考查轨道车运行控制设备(GYK)目视行车模式的使用范围和限速值。

轨道车运行控制设备(GYK)目视行车模式主要用于出入库作业，以及行车时遇停车信号或限速曲线为0时，限速值为20 km/h。

【答案】 A

46.【题目】

选择题：

大型养路机械在区间正常运行时采用速度分级控制：根据机车信号信息，以进入闭塞分区(　　)m处为目标点，计算产生控制曲线。

A. 500　　B. 600　　C. 700

【解析】 考查轨道车运行控制设备(GYK)速度分级控制下的速度控制曲线是如何生成的。

根据机车信号信息，以进入闭塞分区700 m处为目标点，计算产生控制曲线。

【答案】 C

47.【题目】

选择题：

轨道车运行控制设备(GYK)转储设备为专用转储U盘，特殊的转储接口以及特殊加密方式，保证非法转储U盘无法与(　　)进行通信，保证文件的安全可靠。

A. 主机　　B. 接线盒　　C. DMI

【解析】 考查轨道车运行控制设备(GYK)转储设备的功能特点。

须保证非法转储U盘无法与DMI进行通信，保证文件的安全可靠。

【答案】 C

48.【题目】

判断题：

机车信号接收线圈安装在机车的顶部，便于切割磁力线。(　　)

【解析】 考查接收线圈的工作原理。

机车信号和列车监控装置的接收元件，利用电磁耦合原理，保持机车上机车信号设备与地面信号设备之间的联系，故设置在机械车两端司机室下部。

【答案】 ×

49.【题目】

判断题：

自动闭塞包括三显示、四显示和新型移频自动闭塞等类型。(　　)

【解析】 考查自动闭塞设备的分类。

自动闭塞包括三显示、四显示和新型移频自动闭塞等类型。

【答案】 √

50.【题目】

判断题：

机车综合无线通信设备(CIR)可以取代原有的450 MHz通用式机车电台。(　　)

【解析】　考查CIR设备的功能特点。

机车综合无线通信设备(CIR)可以取代原有的450 MHz通用式机车电台。

【答案】　√

51.【题目】

判断题：

在车辆运行超速时，轨道车运行控制设备(GYK)能够启动电控放风阀放风，实施制动。(　　)

【解析】　考查轨道车运行控制设备(GYK)在车辆运行超速时的制动控制。

在车辆运行超速时，轨道车运行控制设备(GYK)能够启动电控放风阀放风，实施制动。

【答案】　√

52.【题目】

判断题：

轨道车运行控制设备(GYK)在正常监控模式下，当大型养路机械运行速度高于允许速度加1 km/h时，施行紧急制动控制。(　　)

【解析】　考查紧急制动和常用制动控制特点。

运行速度高于允许速度加3 km/h时，施行常用制动控制。

运行速度高于允许速度加5 km/h时，施行紧急制动控制。

【答案】　×

53.【题目】

判断题：

轨道车运行控制设备(GYK)在机车信号故障时应发出故障报警，输出紧急制动命令。(　　)

【解析】　考查轨道车运行控制设备(GYK)在机车信号故障时的处理程序。

轨道车运行控制设备(GYK)在机车信号故障时应发出故障报警，输出紧急制动命令。

【答案】 √

54.【题目】

判断题：

紧急制动自检时制动主管压力指示大于 50 kPa 时，禁止缓解。（　　）

【解析】 考查紧急制动自检时的功能操作。

紧急制动自检时，制动主管压力指示降到 50 kPa 以下时，DMI 语音提示“自检正常”，此时按压缓解键，退出紧急自检。

【答案】 √

55.【题目】

判断题：

轨道车运行控制设备(GYK)的 5 种控制模式可以进行自动转换。（　　）

【解析】 考查轨道车运行控制设备(GYK)5 种控制模式的使用。

轨道车运行控制设备(GYK)的 5 种控制模式需要进行手动转换。

【答案】 ×

56.【题目】

判断题：

无绝缘轨道电路就是没有任何方式的绝缘。（　　）

【解析】 考查无绝缘轨道电路的工作原理。

无绝缘轨道电路要求相邻轨道电路采用不同载频，是运用电气分隔接头进行隔离的轨道电路。

【答案】 ×

57.【题目】

判断题：

轨道车运行控制设备(GYK)临时限速对应有两种输入方法：U 盘下载和手动输入。（　　）

【解析】 考查临时限速的输入方法。

轨道车运行控制设备(GYK)临时限速对应有两种输入方法：U 盘下载和手动输入。

【答案】 √

58.【题目】

判断题：

轨道车运行控制设备(GYK)的 DMI 键盘自检时只需要检查即将担当本务机的一端。(　　)

【解析】 考查轨道车运行控制设备(GYK)键盘自检的操作方法。

轨道车运行控制设备(GYK)的 DMI 键盘自检时两端均需要进行检查。

【答案】 ×

59.【题目】

判断题：

轨道车运行控制设备(GYK)语音记录功能,具备在 DMI 上监听、放音、查询等功能,且不影响正常录音。(　　)

【解析】 考查轨道车运行控制设备(GYK)语音记录功能的使用。

轨道车运行控制设备(GYK)语音记录功能,具备在 DMI 上监听、放音、查询等功能,且不影响正常录音。

【答案】 √

60.【题目】

判断题：

轨道车运行控制设备(GYK)设备自检中,按键自检不包括警醒按钮。(　　)

【解析】 考查轨道车运行控制设备(GYK)键盘自检功能的使用。

键盘自检包括警醒按钮和警惕按钮的检查。

【答案】 ×

61.【题目】

判断题：

轨道车上安装的 450 MHz 通用式机车电台能自动扫描接收每个频组中的频率。(　　)

【解析】 考查 450 MHz 通用式机车电台的功能特点。

轨道车上安装的 450 MHz 通用式机车电台能自动扫描接收每个频组中的频率。

【答案】 √

62.【题目】

判断题：

连续式机车信号机有三显示自动闭塞区段的连续式机车信号机和四显示自动闭塞区段的连续式机车信号机两种。（　　）

【解析】 考查连续式机车信号机的种类。

连续式机车信号机有三显示自动闭塞区段的连续式机车信号机和四显示自动闭塞区段的连续式机车信号机两种。

【答案】 √

63.【题目】

判断题：

大型养路机械担当非本务牵引或在列车尾部担当补机任务时，应将轨道车运行控制设备(GYK)转为本务工作状态。（　　）

【解析】 考查大型养路机械在担当本务或非本务机时轨道车运行控制设备(GYK)工作状态的选择。

大型养路机械担当非本务牵引或在列车尾部担当补机任务时，应将轨道车运行控制设备(GYK)转为补机工作状态。

【答案】 ×

64.【题目】

判断题：

机车综合无线通信设备(CIR)具有450 MHz机车电台承载的列车尾部风压、无线车次号、接车进路预告信息、调车作业通知单、列车停稳、调车请求、信息回执、调度命令等数据信息的传输功能。（　　）

【解析】 考查机车综合无线通信设备(CIR)的基本功能。

机车综合无线通信设备(CIR)具有450 MHz机车电台承载的列车尾部风压、无线车次号、接车进路预告信息、调车作业通知单、列车停稳、调车请求、信息回执、调度命令等数据信息的传输功能。

【答案】 √

65.【题目】

判断题：

连挂作业运行时，轨道车运行控制设备(GYK)工作状态应处在非正常运行

模式。( )

【解析】 考查连挂作业运行时,轨道车运行控制设备(GYK)工作状态的选择。

连挂作业运行时,轨道车运行控制设备(GYK)工作状态应处在区间作业模式。

【答案】 ×

66.【题目】

判断题:

机车综合无线通信设备(CIR)安装在机车驾驶室内,能实现450 MHz和GSM-R两种工作模式的转换,具有GPS定位功能。( )

【解析】 考查机车综合无线通信设备的安装位置和基本功能。

机车综合无线通信设备(CIR)安装在机车驾驶室内,能实现450 MHz和GSM-R两种工作模式的转换,具有GPS定位功能。

【答案】 √

67.【题目】

判断题:

轨道车运行控制设备(GYK)各个模式之间相互独立,可以同一时间存在两种控制模式有效。( )

【解析】 考查轨道车运行控制设备(GYK)不同模式的使用场景。

同一时间轨道车运行控制设备(GYK)不允许存在两种控制模式有效。

【答案】 ×

68.【题目】

判断题:

(1)轨道车运行控制设备(GYK)在目视行车时要按照机车信号控制轨道车。( )

(2)轨道车运行控制设备(GYK)在目视行车模式下,大型养路机械运行200 m或40 s以内不按警惕按键,限速变为0 km/h,输出紧急制动指令。( )

【解析】 考查轨道车运行控制设备(GYK)目视行车模式的使用。

轨道车运行控制设备(GYK)在目视行车时不按照机车信号控制轨道车。

【答案】 (1)×;(2)√

69.【题目】

简答题：

大型养路机械行车安全装备主要包括哪些设备？

【解析】 考查大型养路机械行车安全装备的主要分类。

大型养路机械行车安全装备主要包括轨道车运行控制设备(GYK)、列车无线调度通信设备以及与之配套的传感、信息输入、信息输出和连接设备等。

【答案】 见解析。

70.【题目】

简答题：

警醒报警时，在灯光、声音报警的13 s时间内，司机在大型养路机械操作端除按压警醒按钮或踩脚踏板应答，还有哪些操作能停止报警并重置报警计时器？

【解析】 考查警醒报警时切除报警信息的主要方法。

司机在大型养路机械操作端有如下操作时，能停止报警并重置报警计时器。

(1)工况手柄位变化；

(2)制动主管压力6 s内变化超过50 kPa；

(3)轨道车运行控制设备(GYK)有按键输入。

【答案】 见解析。

71.【题目】

简答题：

轨道车运行控制设备(GYK)有哪几种基本控制模式？

【解析】 考查轨道车运行控制设备(GYK)基本控制模式的种类。

轨道车运行控制设备(GYK)具有正常监控模式、调车模式、目视行车模式、区间作业模式、非正常行车模式。

【答案】 见解析。

72.【题目】

简答题：

轨道车运行控制设备(GYK)区间作业控制模式有几种状态？

【解析】 考查轨道车运行控制设备(GYK)区间作业控制模式的种类。

区间作业分为五种状态：区间作业进入、区间作业返回、区间作业防碰、区间作业编组、5 km/h连挂。

【答案】 见解析。

73.【题目】

简答题:

轨道车运行控制设备(GYK)非正常行车模式有哪几种状态?

【解析】 考查轨道车运行控制设备(GYK)非正常行车模式的种类。

非正常行车模式具有地面信号确认、路票行车、绿色许可证行车、引导进站四种非正常行车状态。

【答案】 见解析。

74.【题目】

简答题:

CIR手动复位时机及操作流程。

【解析】 考查司机运行中CIR系统出现故障时的操作流程。

(1)当系统出现故障时,比如MMI操作失效、主机通信失败等异常情况时,可以尝试将整机复位。

(2)可以连续按"复位"键6 s以上,对整机进行断电复位操作,复位起效时整机会断电1 s左右然后重新加电,MMI屏幕会先黑屏,然后重新点亮。

【答案】 见解析。

75.【题目】

简答题:

轨道车运行控制设备(GYK)开机无语音、无显示故障的处理方式。

【解析】 考查轨道车运行控制设备(GYK)开机无语音、无显示故障的处理。

(1)检查主机保险有无损坏或接触不良。

(2)检查电源线接触是否良好。

(3)检查轨道车上电压是否正常。

【答案】 见解析。

76.【题目】

简答题:

轨道车运行控制设备(GYK)无语音不能进入主界面、显示白屏故障的处理方式。

【解析】 轨道车运行控制设备(GYK)无语音不能进入主界面、显示白屏故障的处理方式:重新启动主机。

【答案】 见解析。

77.【题目】

简答题：

轨道车运行控制设备(GYK)不上码故障的处理方式。

【解析】 轨道车运行控制设备(GYK)不上码故障的处理方式：

(1)检查Ⅰ/Ⅱ端，上/下行是否选择正确。

(2)检查感应线圈接线有无断裂或接触不良。

(3)感应线圈是否损坏。

【答案】 见解析。

78.【题目】

简答题：

轨道车运行控制设备(GYK)车载信号显示与地面不一致的处理方式。

【解析】 轨道车运行控制设备(GYK)车载信号显示与地面不一致的处理方式：

(1)检查监控装置监控交路制式设置是否与线路制式一致。

(2)车载信号在交流计数制式时，地面信号双黄灯显示单黄灯属正常；侧线出站时地面信号绿灯显示双黄灯属正常，地面信号红灯显示红黄灯属正常；当越过地面红灯信号机进入无码区段时车载信号显示红灯属正常；在半自闭区段，不接收预告信号机的信号属正常。

【答案】 见解析。

79.【题目】

简答题：

轨道车运行控制设备(GYK)无轴温显示故障的检查项。

【解析】 轨道车运行控制设备(GYK)无轴温显示故障的检查项：

(1)轴温线与轴温插头、插座有无松动。

(2)轴温传感器有无断线或损坏。

(3)轴温传感器路数是否设置为0。

【答案】 见解析。

80.【题目】

简答题：

轨道车运行控制设备(GYK)无速度显示故障的检查项。

【解析】 轨道车运行控制设备(GYK)无速度显示故障的检查项。

(1)查速度传感器接线有无 15 V 电源。

(2)速度传感器接线有无断裂或松动。

(3)速度传感器与车辆轮对是否安装良好,有无损坏。

【答案】 见解析。

81.【题目】

简答题:

轨道车运行控制设备(GYK)无风压显示故障的检查项。

【解析】 轨道车运行控制设备(GYK)无风压显示故障的检查项。

(1)查看风压线插座有无 15 V 电源。

(2)风压传感器接线是否正确。

(3)风压传感器是否损坏。

(4)风压通道设置是否正确。

【答案】 见解析。

82.【题目】

简答题:

轨道车运行控制设备(GYK)无常用制动故障的检查项。

【解析】 轨道车运行控制设备(GYK)无常用制动故障的检查项:

(1)常用制动时检查保压、常用制动有无 24 V 电压输出,如无电压输出检查主机及主机外配线有无问题。

(2)保压及常用制动有电压输出时保压阀及放风阀是否动作。

【答案】 见解析。

83.【题目】

简答题:

轨道车运行控制设备(GYK)无紧急制动故障的检查项。

【解析】 轨道车运行控制设备(GYK)无紧急制动故障的检查项。

(1)紧急制动时有无紧急制动电压输出。

(2)放风阀是否损坏。

【答案】 见解析。

84.【题目】

简答题：

轨道车运行控制设备(GYK)不能转储或转储时未发现U盘的处理方式及可能原因。

【解析】 轨道车运行控制设备(GYK)不能转储或转储时未发现U盘的处理方式：

(1)重新转储时先拔下U盘，再重新插入。

(2)转储所用U盘的通用性差。

【答案】 见解析。

85.【题目】

简答题：

轨道车运行控制设备(GYK)转储的文件不能打开应如何处理？

【解析】 轨道车运行控制设备(GYK)转储的文件不能打开，可进行如下处理：

(1)检查选用的查看软件与设备转储的文件是否一致。

(2)检查选用的软件是否为最新版本。

若监控设备出现故障且不能简单处理修复时，请及时与售后服务部联系，由厂家派专业维修人员及时修复，确保监控设备正常运行。

【答案】 见解析。

第四章　运行操纵

1.【题目】

选择题：

(1)乘务员出乘前24 h内休息时间不应少于6 h，在0:00～6:00之间值乘的，出乘前12 h内待乘休息不少于4 h，出车前预留不少于(　　)h做准备工作(应急抢修除外)。

A. 1　　　　B. 2　　　　C. 3

(2)一次连续工作时间(包括出、退勤时间)不得超过(　　)h。

A. 8　　　　B. 10　　　　C. 12

【解析】 考查乘务员出乘前休息时间、准备时间以及一次连续工作时间的规定。

乘务员出乘前24 h内休息时间不应少于6 h，在0:00～6:00之间值乘的，出乘前12 h内待乘休息不少于4 h，出车前预留不少于1 h做准备工作（应急抢修除外）。一次连续工作时间（包括出、退勤时间）不得超过10 h。

【答案】 (1)A;(2)B

2.【题目】

简答题：

出乘工作票（派工单）应明确哪些内容？

【解析】 考查出乘工作票（派工单）应明确的内容。

出乘前作业，取得出乘工作票（派工单），明确车辆及编组、乘务员及分工、运行径路、封锁范围、作业范围、作业内容、解列及连挂地点、配合要求、安全措施等。

【答案】 见解析。

3.【题目】

选择题：

出乘前作业：召开安全预想会，根据担当的任务、时间、地点及气候条件等情况，研判车辆走行径路涉及的长大坡道、外轨超高（　　）mm以上区段及特殊信号机等情况存在的风险，制定针对性安全卡控措施。

A. 100　　　　B. 120　　　　C. 150

【解析】 考查出乘前作业的安全预想会内容。

出乘前作业：召开安全预想会，根据担当的任务、时间、地点及气候条件等情况，研判车辆走行径路涉及的长大坡道、外轨超高120 mm以上区段及特殊信号机等情况存在的风险，制定针对性安全卡控措施。

【答案】 B

4.【题目】

选择题：

出乘前作业：乘务员应提前（　　）到岗。严禁酒后出乘，酒精检测合格，整洁着装，佩戴标志，持证上岗。

A. 1 h　　　　B. 40 min　　　　C. 30 min

【解析】 考查乘务员出乘前作业到岗时间及上岗要求。

出乘前作业：乘务员应提前1 h到岗。严禁酒后出乘，酒精检测合格，整洁着装，佩戴标志，持证上岗。

【答案】 A

5.【题目】

简答题：

出乘作业前，检查装载加固情况应达到什么标准？

【解析】 考查出乘作业前检查装载加固情况标准。

出乘前作业：作业机构应状态良好。检查装载加固情况，应稳固，不超限、不超载、不偏载、不偏重、不集重。

【答案】 见解析。

6.【题目】

填空题：

出乘前作业：检查轨道车运行控制设备(GYK)、列车无线调度通信设备，并进行机能试验，应状态良好。核对 GYK 基本数据版本信息、(　　)正确。确认视频监控装置、轴温报警装置等显示正常。

【解析】 考查出乘前作业，检查轨道车运行控制设备(GYK)的内容。

出乘前作业：检查轨道车运行控制设备(GYK)、列车无线调度通信设备，并进行机能试验，应状态良好。核对 GYK 基本数据版本信息、运行揭示调度命令正确。确认视频监控装置、轴温报警装置等显示正常。

【答案】 运行揭示调度命令

7.【题目】

填空题：

调车作业，乘务员应熟悉(　　)、信号机位置等站场设施，执行调车作业的规定，遵守所在车站《站细》等相关要求。

【解析】 考查出库与调车作业，乘务员应熟悉的内容及遵守的要求。

出库与调车作业：乘务员应熟悉站场线路、信号机位置等站场设施，执行调车作业的规定，遵守所在车站《站细》等相关要求。

【答案】 站场线路

8.【题目】

简答题：

调车作业(包括出库作业)需要开启哪些设备？

【解析】 考查调车作业(包括出库作业)所需开启的设备。

出库与调车作业：开启视频监控装置、轴温报警装置等行车安全设备，正确输入轨道车运行控制设备(GYK)、列车无线调度通信设备参数信息。

【答案】 见解析。

9.【题目】

简答题:

出库与调车作业,何时可以撤除防溜、缓解手制动?

【解析】 考查出库与调车作业时撤除防溜的时机。

出库与调车作业:确认车辆各仪表显示正常,总风缸、列车管压力符合规定的压力值,车辆具备动车条件后采取保压制动措施,撤除防溜、缓解手制动。

【答案】 见解析。

10.【题目】

填空题:

出库与调车作业:执行后部瞭望,确认人员、机具处于(　　)。

【解析】 考查出库与调车作业,后部瞭望的确认内容。

出库与调车作业:执行后部瞭望,确认人员、机具处于安全位置。

【答案】 安全位置

11.【题目】

填空题:

出库与调车作业:动车前应进行(　　),做好呼唤应答,遵守各项限制速度。

【解析】 考查出库与调车作业,动车前应进行的试验。

出库与调车作业:动车前应进行制动机试验,做好呼唤应答,遵守各项限制速度。

【答案】 制动机试验

12.【题目】

判断题:

出库与调车作业:任一乘务员确认行车凭证、调车进路和信号正确无误,联控确认调车进路、开行方向即可。(　　)

【解析】 考查出库与调车作业,乘务员须共同确认行车凭证、进路及信号。

出库与调车作业:乘务员须共同确认行车凭证、调车进路和信号正确无误,联控确认调车进路、开行方向。

【答案】 ×

13.【题目】

填空题：

(1)出库与调车作业：多机连挂时，(　　)检查连接状态。

(2)出库与调车作业：多机连挂时，由运行方向(　　)车担当本务车，补机应服从本务车的指挥，执行有关鸣笛及应答回示的规定。

【解析】 考查出库与调车作业，多机连挂的工作要求。

出库与调车作业：多机连挂时，乘务员检查连接状态，由运行方向第一位车担当本务车，补机应服从本务车的指挥，执行有关鸣笛及应答回示的规定。

【答案】 (1)乘务员；(2)第一位

14.【题目】

填空题：

(1)出库与调车作业：设有两端司机室的，换端前应先确认制动压力符合压力值要求，换端后进行制动机(　　)再动车。

判断题：

(2)出库与调车作业：设有两端司机室的，乘务员必须在运行方向前端司机室操纵。(　　)

(3)出库与调车作业：设有两端司机室的，非操纵端与行车无关的各开关均应置于断开位并锁闭，须取出制动机手柄。(　　)

【解析】 考查设有两端司机室的自轮运转特种设备在出库与调车作业时的操纵端、非操纵端以及换端的规定。

出库与调车作业：设有两端司机室的，除调车作业推进运行外，乘务员必须在运行方向前端司机室操纵。非操纵端与行车无关的各开关均应置于断开位并锁闭，取出制动机手柄或置于规定位置。换端前应先确认制动压力符合压力值要求，换端后进行制动机简略试验再动车。

【答案】 (1)简略试验；(2)×；(3)×

15.【题目】

简答题：

调车信号开放后，乘务员应如何行车？

【解析】 考查调车信号开放后，乘务员的行车规定。

出库与调车作业：待调车信号开放，与车站进行车调联控后方可动车。运行中由近及远对调车信号、道岔、脱轨器进行确认、呼唤，非集中区段执行“要道还道”制度，信号关闭或显示不明时应立即停车。

【答案】 见解析。

16.【题目】

简答题：

发车前，乘务员检查的内容有哪些？

【解析】 考查发车前乘务员检查的内容。

发车前乘务员检查核对GYK输入参数的内容与担当任务、运行方向相符，共同确认行车凭证、发车信号显示正确，机车信号收码正常后经车机联控方可开车，在规定地点按压“开车”键。

【答案】 见解析。

17.【题目】

简答题：

运行中，车载设备(GYK、CIR等)的注意事项有哪些？

【解析】 考查运行过程中车载设备的注意事项。

正确使用轨道车运行控制设备(GYK)、列车无线调度通信设备、视频监控装置、轴温报警装置等，不得擅自关机或变相关机。地面信号制式或列车无线调度通信设备频率发生变化时，要及时调整信号上、下行位置及通信频点。

【答案】 见解析。

18.【题目】

简答题：

运行过程中，乘务员应注意哪些内容？

【解析】 考查运行过程中，乘务员应注意的事项。

乘务员应精力集中，执行“彻底瞭望、确认信号、准确呼唤、手比眼看”的十六字令，遵守各项允许及限制速度，严禁超速和臆测行车；时刻注意线路状况和牵引状态，随时检查各仪表状态，遇有异响、异味，走行制动系统等与安全有关的总成或部件异常、信号显示不明、地面信号机和机车信号显示不一致、危及行车和人身安全时，应立即采取减速或停车等必要的安全措施。

【答案】 见解析。

19.【题目】

填空题：

(1)运行接近和通过车站、鸣笛标、道口、桥梁、隧道、路堑、曲线、行人、施工作业等地点或天气不良时，乘务员应加强瞭望、按规定(　　)。

判断题：

(2)遇恶劣天气，须开启前照灯，适当减速运行。(　　)

【解析】 考查运行接近和通过车站等地点或天气不良时，乘务员的注意事项。

运行接近和通过车站、鸣笛标、道口、桥梁、隧道、路堑、曲线、行人、施工作业等地点或天气不良时，乘务员应加强瞭望、按规定鸣笛(限鸣区段执行相关要求)；遇恶劣天气，须开启前照灯，适当减速运行。

【答案】 (1)鸣笛；(2)√

20.【题目】

判断题：

(1)在长大下坡道运行时，应适时空挡运行并使用制动机，防止超速，不得关闭发动机。(　　)

(2)在长大下坡道运行时，应适时关闭发动机，但注意使用制动机，防止超速。(　　)

【解析】 考查在长大下坡道运行时的规定。

在长大下坡道运行时，应适时使用制动机，防止超速及滑行，不得关闭发动机、不得空挡运行。

【答案】 (1)×；(2)×

21.【题目】

填空题：

(1)在站内停车待避时，应进行(　　)制动。

判断题：

(2)在车站停机等待时，正、副驾驶应共同下车按规定设置防溜。(　　)

【解析】 考查在站内停车待避或停机等待时，对制动、防溜及乘务人员的规定。

在站内停车待避时，应进行保压制动；在车站停机等待时，应按规定设置防溜；正、副驾驶不得同时离车。

【答案】 (1)保压；(2)×

22.【题目】

简答题：

在车站停留时间超过 20 min 时，乘务员应检查哪些部位？

【解析】 考查在车站停留时间超过 20 min 时，乘务员应执行的检查内容。

在车站停留时间超过 20 min 时，在保证人身安全的前提下，下车重点检查走行系统、制动系统、轴箱温度、车钩连结、作业机构状态和装载加固等情况，观察各部有无漏油、漏水、漏风情况。再开车时，应按《行规》第 40 条规定进行制动机简略试验。

【答案】 见解析。

23.【题目】

填空题：

在规定地点输入 GYK“支线、侧线”号，正确选择 GYK 控制模式，及时核对校正（　　）。

【解析】 考查运行中需要对 GYK 进行的操作。

在规定地点输入 GYK“支线、侧线”号，正确选择 GYK 控制模式，及时核对校正运行位置。

【答案】 运行位置

24.【题目】

简答题：

在车站停留过夜需要采取哪些措施？

【解析】 考查站内停留过夜的规定。

在车站停留过夜时，应采取防溜措施，拧紧两端车辆的人力制动机，两端车辆用铁鞋双向止轮并加锁防盗，车组按规定设置防护，派人值守。

【答案】 见解析。

25.【题目】

判断题：

(1)使用紧急制动后，立即点击 GYK 设备的“缓解”键进行缓解。（　　）

(2)使用紧急制动后，停车后应下车检查车辆状态，排查无异常即可动车。（　　）

【解析】 考查紧急制动后乘务员应进行的工作。

使用紧急制动后，车未停稳不得缓解，停车后应下车检查车辆状态，在动车前应进行制动机简略试验。

【答案】 (1)×;(2)×

26.【题目】

简答题:

在区间被迫停车不能继续运行时,应执行什么规定?

【解析】 考查在区间被迫停车不能继续运行时,应执行的规定。

因故障或其他原因在区间被迫停车不能继续运行时,应按《铁路技术管理规程》“列车被迫停车后的处理”的规定执行。

【答案】 见解析。

27.【题目】

简答题:

电气化线路区段有哪些注意事项?

【解析】 考查电气化线路区段的注意事项。

电气化线路区段,未确认停电和办理安全措施前,不得攀登车顶及作业平台、高空作业斗等作业机构;不得冲洗车辆,不得使用作业平台、高空作业斗;装卸长大材料时,只能平移,不得高抬翻转,严禁竖立;作业人员及所用工具、随车起重机等距接触网带电部分不得小于2 m。

【答案】 见解析。

28.【题目】

填空题:

(1)自轮运转特种设备进入封锁区间的行车凭证为(　　)。

(2)本务车乘务员取得调度命令后(　　)核对,确认无误后传达到补机,写入工作(运行)日志。

【解析】 考查进入封锁区间的行车凭证及收到行车凭证后的工作内容。

自轮运转特种设备进入封锁区间的行车凭证为调度命令,本务车乘务员取得调度命令后共同核对,确认无误后传达到补机,写入工作(运行)日志。

【答案】 (1)调度命令;(2)共同

29.【题目】

简答题:

进入封锁区间作业的条件有哪些?

【解析】 考查进入封锁区间作业的条件。

发车进路准备妥当，行车凭证已交付，出站（进路）信号机已开放，与车站值班员（列车调度员）联控确认后，做好呼唤应答，进入封锁区间作业。

【答案】 见解析。

30.【题目】

简答题：

自轮运转特种设备车组在封锁区间运行的规定有哪些？

【解析】 考查自轮运转特种设备车组在封锁区间运行的规定。

在封锁区间各自运行时，须正确设置 GYK 控制模式，续行间隔不得小于 300 m，续行速度不得超过 40 km/h，遇小半径曲线地段、恶劣天气等瞭望条件不良时续行速度不得超过 20 km/h，做好随时停车准备。前后车联络通畅，途中停车时，应立即通知后续车辆。

【答案】 见解析。

31.【题目】

填空题：

（1）在封锁区间作业时，各车组须保持（　　）以上安全距离。

选择题：

（2）在封锁区间作业时，作业平台上有人时，运行速度不得超过（　　）km/h。在外轨超高大于（　　）mm 的地段作业时，严禁升降、旋转无调平或锁定功能的作业平台。

A. 10；120　　　B. 5；125　　　C. 10；110

判断题：

（3）封锁区间作业通过道口时应加强瞭望、确认好前方线路，通过有人值守的道口时，按规定进行联控，经允许后方准通过或在道口处作业。（　　）

简答题：

（4）自轮运转特种设备车组在封锁区间作业时有哪些规定？

【解析】 考查自轮运转特种设备车组在封锁区间作业的规定。

在封锁区间作业时，各车组须保持 10 m 以上安全距离。作业中（含停车时），乘务员不得擅离岗位。作业平台上有人时，运行速度不得超过 10 km/h。在外轨超高大于 120 mm 的地段作业时，严禁升降、旋转无调平或锁定功能的作业平台。施工作业中，执行指挥人员的信号、指令，不得超范围作业。在封锁区间作业停车时应实施保压制动，检查路料、工具、机械不侵限，人员处于安全位置，无行车安全隐患后方可动车。封锁区间作业通过道口时应加强瞭望、确认好前方线路，通过有人值守的道口时，按规定进行联控，经允许后方准通过或在道口处作业。

【答案】 (1)10 m；(2)A；(3)√；(4)见解析。

32.【题目】

简答题：

施工作业摘解车辆的作业程序是什么？

【解析】 考查施工作业摘解车辆的作业程序。

按计划地点摘挂车辆，摘解前对停留车辆采取防溜措施，摘解时要做到“一关前、二关后、三摘风管、四提钩”，摘钩后按指定位置停车。

【答案】 见解析。

33.【题目】

填空题：

(1)连挂时，连挂车辆、被挂车辆的司机应进行联控，被挂车辆司机应准确报告(　　)。

(2)连挂时，连挂车辆正副司机应(　　)被挂车辆停留位置，联系不彻底、被挂车辆位置不清时，严禁动车。

选择题：

(3)连挂时，按十、五、三车距离控制速度，接近被连挂的车辆 10 m 前、2 m 处两度停车，车钩及风管作用状态应良好、按规定显示信号，以不超过(　　)km/h 速度连挂，应确认车钩连挂、风管连接状态良好。

A. 5　　　　B. 3　　　　C. 10

判断题：

(4)自轮运转特种设备挂车作业时应选择在平直线路或坡度较小和曲线外轨超高较小的区段进行挂车作业。(　　)

(5)连挂作业时，被挂车辆须派专人在来车方向进行防护。(　　)

【解析】 考查自轮运转特种设备挂车作业时的注意事项。

应选择在平直线路或坡度较小和曲线外轨超高较小的区段进行挂车作业。连挂时，连挂车辆、被挂车辆的司机应进行联控，被挂车辆司机应准确报告停车位置，连挂车辆正、副司机应共同确认被挂车辆停留位置，联系不彻底、被挂车辆位置不清时，严禁动车；连挂作业时，被挂车辆须派专人在来车方向进行防护；按十、五、三车距离控制速度，接近被连挂的车辆 10 m 前、2 m 处两度停车，车钩及风管作用状态应良好、按规定显示信号，以不超过 5 km/h 速度连挂，应确认车钩连挂、风管连接状态良好。

【答案】 (1)停车位置；(2)共同确认；(3)A；(4)√；(5)√

34.【题目】

简答题：

作业结束后，动车返回的条件是什么？

【解析】 考查作业结束后动车返回的条件。

作业结束后，乘务员应确认各作业机构复位锁定良好、装载加固符合要求、作业人员处于安全位置，方可动车返回。

【答案】 见解析。

35.【题目】

填空题：

(1)作业完毕返回时，进站前须机外停车，经（　　）确认行车凭证、道岔、进路、信号显示正确后方可进站。

判断题：

(2)作业完毕返回时，按调度命令规定时间进入站内即可。（　　）

【解析】 考查作业返回进入车站的条件。

作业完毕返回时，进站前须机外停车，经车机联控确认行车凭证、道岔、进路、信号显示正确后方可进站。按调度命令规定时间到达指定位置停车。

【答案】 (1)车机联控；(2)×

36.【题目】

填空题：

到达终点站或在站停留时，与车站值班员或列车调度员联系确认（　　），按要求入库或进入停留线。

【解析】 考查入库转线的规定。

到达入库作业：到达终点站或在站停留时，与车站值班员或列车调度员联系确认转线计划，按要求入库或进入停留线。

【答案】 转线计划

37.【题目】

填空题：

入库时，乘务员（　　）线路、信号、道岔和标志，执行限速及一度停车制度，做好呼唤应答。

【解析】 考查入库时的作业规定。

到达入库作业：入库时，乘务员共同确认线路、信号、道岔和标志，执行限速及一度停车制度，做好呼唤应答。

【答案】 共同确认

38.【题目】

判断题：

(1)入库后，各开关、手柄等置于正确位置，切断电源，按规定进行检查、保养，发现故障无须处理。(　　)

(2)入库后，关好门窗，做好防溜、防护、防火、防盗工作。(　　)

【解析】 考查入库后的作业规定。

到达入库作业：入库后，各开关、手柄等置于正确位置，切断电源，按规定进行检查、保养，发现故障及时提报、处理。关好门窗，做好防溜、防护、防火、防盗工作。冬季还应做好防寒工作。

【答案】 (1)×；(2)√

39.【题目】

填空题：

到达入库作业：负责(　　)转储，上交调度命令、调车作业通知单等资料，召开收工会。

【解析】 考查入库后数据资料的上交。

到达入库作业：负责运行数据转储，上交调度命令、调车作业通知单等资料，召开收工会。

【答案】 运行数据

40.【题目】

填空题：

(1)轨道车运行控制设备(GYK)检查：检查确认两端(　　)及其安装支架紧固无松脱。检查速度传感器安装牢固，输出电缆绑扎整齐。

判断题：

(2)轨道车运行控制设备(GYK)检查：确认合格证有效，确认 GYK 当前数据版本与运行区段相适应。(　　)

(3)确认轨道车运行控制设备(GYK)在正常位铅封完好，熄火开关置于直通位。(　　)

【解析】 考查轨道车运行控制设备(GYK)检查。

检查确认两端机车信号感应器及其安装支架紧固无松脱。检查速度传感器安装牢固,输出电缆绑扎整齐。确认合格证有效,确认轨道车运行控制设备(GYK)当前数据版本与运行区段相适应。设备外观检查,确认各设备外观、安装基础及施封处所无异常。确认轨道车运行控制设备(GYK)在正常位铅封完好,熄火开关置于控制位。

【答案】 (1)机车信号感应器;(2)√;(3)×

41.【题目】

填空题:

机车综合无线通信设备(CIR)通信功能检测:在 MMI 主界面下按"(　　)"键,选择"0. 出入库检测",进入检测界面后,选择"1. 自检",检测结果应合格。

【解析】 考查机车综合无线通信设备(CIR)通信功能检测。

机车综合无线通信设备(CIR)通信功能检测:在 MMI 主界面下按"设置"键,选择"0. 出入库检测",进入检测界面后,选择"1. 自检",检测结果应合格。

【答案】 设置

42.【题目】

选择题:

CIR 设备开机后,如 MMI 处于副控状态,此时可配置按键区无显示,司机需按下"主控"键(　　)以上,手动将 MMI 切换至主控状态。

A. 3 s　　　　B. 5 s　　　　C. 1 s

【解析】 考查机车综合无线通信设备(CIR)主控切换。

CIR 设备开机后,如 MMI 处于副控状态,此时可配置按键区无显示,司机需按下"主控"键 3 s 以上,手动将 MMI 切换至主控状态。

【答案】 A

43.【题目】

判断题:

(1)同时具有接车进路和发车进路的进路信号机,列车在该信号机前停车及发出时,按照发车进路信号机进行呼唤。(　　)

(2)同时具有接车进路和发车进路的进路信号机,信号指示列车在该信号机前不停车通过该信号时,按照接车进路信号机进行呼唤。(　　)

【解析】 考查在同时具有接车进路和发车进路的进路信号机前乘务员的呼唤应答用语。

同时具有接车进路和发车进路的进路信号机,列车在该信号机前停车及发出时，按照发车进路信号机进行呼唤，信号指示列车在该信号机前不停车通过该信号时，按照接车进路信号机进行呼唤。

【答案】 (1)√；(2)√

44.【题目】

填空题：

设有出站信号机的线路所，线路所通过信号比照(　　)呼唤内容进行呼唤。

【解析】 考查设有出站信号机的线路所乘务员呼唤应答用语。

设有出站信号机的线路所，线路所通过信号比照进站信号机呼唤内容进行呼唤。

【答案】 进站信号机

45.【题目】

判断题：

(1)双线自动闭塞区段2灯位进路表示器显示，根据灯位显示确认呼唤"正、反方向好了"。(　　)

(2)双线自动闭塞区段1灯位进路表示器显示，反方向行车着灯时确认呼唤"反方向好了"，正方向行车不着灯时不呼唤。(　　)

【解析】 考查双线自动闭塞区段进路表示器前呼唤应答用语。

双线自动闭塞区段2灯位进路表示器显示，根据灯位显示确认呼唤"正、反方向好了"；双线自动闭塞区段1灯位进路表示器显示，反方向行车着灯时确认呼唤"反方向好了"，正方向行车不着灯时不呼唤；除上述之外的进路表示器，在确认进路表示器显示灯位后，呼唤"××(线、站)方向好了"。

【答案】 (1)√；(2)√

46.【题目】

简答题：

通过未标明限速值的减速地点标时，如何行驶及呼唤应答？

【解析】 考查通过未标明限速值减速地点标时的呼唤应答用语。

减速地点标未标明限速值时，按限速25 km/h运行，并进行呼唤。

【答案】 见解析。

47.【题目】

填空题：

列车运行限制速度变速点前(由高速变低速)存在运行揭示的，应对(　　)进行核对。

【解析】 考查通过有运行揭示的限速变速点(由高速变低速)时的规定。

列车运行限制速度变速点前(由高速变低速)存在运行揭示的,应对揭示命令进行核对。

【答案】 揭示命令

48.【题目】

选择题:

(1)信号确认时机,瞭望条件良好时,进站(进路)信号不少于(　　)m。

A. 800　　B. 600　　C. 100

(2)信号确认时机,瞭望条件良好时,出站、通过、接近、预告信号不少于(　　)m。

A. 800　　B. 600　　C. 100

(3)信号确认时机,瞭望条件良好时,信号表示器不少于(　　)m。

A. 800　　B. 600　　C. 100

判断题:

(4)信号确认时机应遵循"信号好了不早呼、信号未好提前呼"的原则。(　　)

【解析】 考查信号确认时机。

信号确认时机应遵循"信号好了不早呼、信号未好提前呼"的原则,瞭望条件良好时,进站(进路)信号不少于 800 m;出站、通过、接近、预告信号不少于 600 m;信号表示器不少于 100 m。

【答案】 (1)A;(2)B;(3)C;(4)√

49.【题目】

填空题:

(1)列车运行中,GYK 提示前方列车运行限制速度有变化时,司机必须在(　　),对变化的速度值及时进行确认呼唤。

判断题:

(2)列车运行中,GYK 提示前方列车运行限制速度有变化时,司机确认呼唤时,右手伸出食指和中指并拢,拳心向左,指向 GYK 显示部位。(　　)

【解析】 考查 GYK 提示前方列车运行限制速度有变化时,司机呼唤应答的规定。

列车运行中,GYK 提示前方列车运行限制速度有变化时,司机必须在变速点前,对变化的速度值及时进行确认呼唤;确认呼唤时,右手伸出食指和中指并拢,拳心向左,指向 GYK 显示部位。

【答案】 (1)变速点前;(2)√

第五章 应急处置

1.【题目】

选择题：

(　　)指用特制液压千斤顶和辅助机具从脱轨大型养路机械下部的一端中部或一端两侧顶起脱线车，使其转向架轮对或动轮的轮缘超越轨面，然后平面移动，使之达到线路上方的正确位置后落下，使其复轨的方法。

A. 顶复法　　B. 拉复法　　C. 吊复法

【解析】 考查顶复法的定义。

顶复法是指用特制液压千斤顶和辅助机具从脱轨大型养路机械下部的一端中部或一端两侧顶起脱线车，使其转向架轮对或动轮的轮缘超越轨面，然后平面移动，使之达到线路上方的正确位置后落下，使其复轨的方法。

【答案】 A

2.【题目】

选择题：

(　　)是在脱轨大型养路机械或轨道作业车复轨牵引方向一端的适当位置安放复轨器或利用线路设备的自然条件，利用本务机车、救援机车或牵引机做动力牵引，使脱轨机车车辆达到复轨的方法。

A. 顶复法　　B. 拉复法　　C. 吊复法

【解析】 考查拉复法的定义。

拉复法是在脱轨大型养路机械或轨道作业车复轨牵引方向一端的适当位置安放复轨器或利用线路设备的自然条件，利用本务机车、救援机车或牵引机做动力牵引，是脱轨机车车辆达到复轨的方法。

【答案】 B

3.【题目】

选择题：

(　　)是指使用吊车设备，采用起重原理，吊起脱轨大型养路机械复轨的方法。

A. 顶复法　　B. 拉复法　　C. 吊复法

【解析】 考查吊复法的定义。

吊复法是指使用吊车设备，采用起重原理，吊起脱轨大型养路机械复轨的方法。

【答案】 C

4.【题目】

选择题：

YFG-1000 型液压复轨器主要由（　　）、手动泵、电动泵、横移小车、横移梁组成。

A. 举升缸　　B. 液压油缸　　C. 横移缸

【解析】 考查 YFG-1000 型液压复轨器的组成。

YFG-1000 型液压复轨器主要由液压油缸、手动泵、电动泵、横移小车、横移梁组成。

【答案】 B

5.【题目】

简答题：

GCY-300Ⅱ型工务重型轨道车起重机手动应急复位流程。

【解析】 考查 GCY-300Ⅱ型工务重型轨道车起重机故障后手动应急复位流程。

需要两人配合同时推动以下两个电磁阀的手动按钮使阀芯移位：换向Ⅰ位端换向阀组中电磁换向阀 12 上电磁铁 DT1 端手动按钮，右支腿阀组中电磁换向阀 16 上电磁铁 DT2 端手动按钮。

【答案】 见解析。

6.【题目】

简答题：

GCY-300Ⅱ型工务重型轨道车换向故障后手动应急流程。

【解析】 考查 GCY-300Ⅱ型工务重型轨道车换向故障后手动应急流程。

当电气系统出现故障不能向电磁换向阀提供电源时，可通过 3 号或 4 号内六角扳手推动电磁换向阀两端的手动按钮使阀芯换向，也可以用随车工具中配的应急扳手推动按钮使阀芯移动换向，使油液通过换向阀进入作业机构的油缸或马达，保证各机构能动作。

【答案】 见解析。

7.【题目】

简答题:

YFG-300 型复轨器的主要组成。

【解析】 考查 YFG-300 型复轨器的主要组成。

YFG-300 型液压复轨器由钛合金液压油缸、手动泵站、横移梁、横移小车、扣件梁、高压油管、顶帽、索具、底座等组成。

【答案】 见解析。

8.【题目】

简答题:

YFG-300 型复轨器应急阀的使用流程。

【解析】 考查 YFG-300 型复轨器应急阀的使用流程。

应急阀是液压油缸上的一个重要附件,应急阀的作用是在顶升油缸将车辆顶举后,液压系统出现故障时,使顶升油缸活塞回程。应急阀有两种应急方式。第一应急阀将顶升油缸内的液压油回收进油箱,第二应急阀将顶升油缸内的液压油有序地排在油桶里。两种应急阀都能将顶起的车辆在可控的情况下缓慢放下。

第一应急阀使用方法:用液压油管一端连接第一应急阀快速接头,另一端连接泵站,将泵站换向阀手柄旋至"降"位,缓慢拧松第一应急阀控制螺栓,液压油回油到泵站油箱,直至车轮回位到地面或钢轨。

第二应急阀使用方法:将油桶放在第二应急阀泄油孔下方,用 5 mm 内六角扳手缓慢拧松顶丝螺栓,液压油流入油桶中,直至车轮回位到地面或钢轨。

【答案】 见解析。

9.【题目】

填空题:

(1)突发事件发生后,应急处置过程中出现新情况时,(　　)应及时进行补充汇报。

判断题:

(2)突发事件发生后,现场负责人应待事件解决后再行汇报。(　　)

简答题:

(3)突发事件发生后,现场负责人需要汇报哪些内容?

【解析】 考查突发事件发生后现场负责人的汇报内容。

突发事件发生后,现场负责人应立即汇报。汇报主要包括以下内容:

①事件发生的时间、地点及简要经过；

②有无人员伤亡，伤亡人员的数量、单位、救助等情况；

③现场线路设备、机械设备及其他设备、设施的损毁情况；

④事件发生后采取的应急措施、对可能产生不良后果的初步判断及信息扩散情况；

⑤应急处置过程中出现新情况时，应及时进行补充汇报。

【答案】 (1)现场负责人；(2)×；(3)见解析。

10.【题目】

选择题：

轨道车脱轨后起复时，应立即明确现场起复指挥人，严格实行“(　　)”的原则。

A. 单一指挥　　B. 统一指挥　　C. 逐级负责

【解析】 考查救援的技术组织原则。

轨道车脱轨后起复时，应立即明确现场起复指挥人，严格实行“单一指挥”的原则。

【答案】 A

11.【题目】

简答题：

大型养路机械起复作业主要方法有哪些？

【解析】 考查大型养路机械起复作业主要方法。

大型养路机械起复作业主要采用的方法有顶复法、拉复法及吊复法。

【答案】 见解析。

12.【题目】

填空题：

拉复法：将牵引机具安装在脱轨车辆的脱轨反方向位置，导轨器安装在车轮(　　)的一侧，拉复必须在脱线车轮的反方向进行拉复复位。

【解析】 考查拉复法的注意事项。

拉复法：将牵引机具安装在脱轨车辆的脱轨反方向位置，导轨器安装在车轮靠近钢轨的一侧，拉复必须在脱线车轮的反方向进行拉复复位。

【答案】 靠近钢轨

13.【题目】

填空题：

(1)顶复时，横移梁(底座)梁下必须(　　)，同时保持水平(用垫板找平)。

(2)顶复作业时，横移梁、横移小车、液压油缸、顶帽与车体顶位力的重心必须保持(　　)。

判断题：

(3)使用过程中，顶升油缸行程全部伸出后可继续顶升。(　　)

【解析】 考查顶复设备安装铺设的注意事项。

顶复时，横移梁(底座)梁下必须垫实，同时保持水平(用垫板找平)。横移梁、横移小车、液压油缸、顶帽与车体顶位力的重心必须保持垂直。使用过程中，严禁顶升油缸行程全部伸出后继续顶升。

【答案】 (1)垫实；(2)垂直；(3)×

14.【题目】

填空题：

(1)起复索具捆绑应(　　)，每个点的松紧度应相同。

判断题：

(2)起复索具捆绑应紧固，不可留有空隙。(　　)

【解析】 考查起复索具捆绑度。

起复索具捆绑应松紧适度，每个点的松紧度应相同。

【答案】 (1)松紧适度；(2)×

15.【题目】

填空题：

救援前，在事故车的前后、左右邻线做好(　　)工作。

【解析】 考查救援时防护设置。

救援前，在事故车的前后、左右邻线做好防护工作。

【答案】 防护

16.【题目】

填空题：

救援前，检查事故车与钢轨、线路等物体是否有卡、阻碍影响(　　)的情况，如有请排除。

【解析】 考查救援前对事故车的检查内容。

救援前,检查事故车与钢轨、线路等物体是否有卡、阻碍影响救援作业的情况,如有请排除。

【答案】 救援作业

17.【题目】

填空题:

(1)依据事故现场,如车体倾斜角度大于5°需先(　　)。

选择题:

(2)依据事故现场,如车体倾斜角度(　　)需先扶正。

A. 大于5°　　B. 小于5°　　C. 大于7°

【解析】 考查车体倾斜的处理方法。

依据事故现场,如车体倾斜角度大于5°需先扶正。

【答案】 (1)扶正;(2)A

18.【题目】

填空题:

依据事故现场,每组铁鞋对打在(　　)的车轮下方,防止溜车。

【解析】 考查脱轨大型养路机械铁鞋设置位置。

依据事故现场,每组铁鞋对打在未脱线的车轮下方,防止溜车。

【答案】 未脱线

19.【题目】

选择题:

依据车型结构,优先选择车体的(　　)为顶位,其安全性能高。

A. 中梁　　B. 横梁　　C. 牵引梁

【解析】 考查顶复法时顶位选择。

依据车型结构,优先选择车体的中梁为顶位,其安全性能高。

【答案】 A

20.【题目】

填空题:

(1)拉复牵引机具主要由(　　)、牵引油缸、牵引绳、套钩、索节、牵引连接环、导轨器、高压胶管等组成。

简答题:

(2)拉复牵引机具由哪些部分组成?

【解析】 考查拉复牵引机具的组成。

拉复牵引机具主要由电动泵站、牵引油缸、牵引绳、套钩、索节、牵引连接环、导轨器、高压胶管等组成。

【答案】 (1)电动泵站;(2)见解析。

第二篇　大型养路机械专业知识

大型养路机械主要是指养护、维修、整修铁路线路的机械设备，是集机械、电气、液压、气动、计算机及控制系统等专业技术于一体的自动化技术设备，其系统集成性强，对运用人员专业技术要求高。本篇利用实题演练的方式，将大型养路机械司机需掌握的专业知识呈现，内容涵盖大型养路机械概述、动力传动系统、走行系统、车钩缓冲装置、制动系统、液压系统、电气系统、检测系统、气动系统、检查保养十个部分。

第一章　大型养路机械概述

1.【题目】

选择题：

下列选项中，不属于捣固车作用的是(　　)。

A. 起拨道抄平作业　　B. 捣固作业　　C. 道砟清筛作业

【解析】 考查捣固车的用途。

捣固车用在铁路线路的新线建设、既有线的大修清筛、线路维修施工中，对有砟轨道进行拨道、起道抄平、道砟捣固及道床肩部道砟的夯实作业，提高道床石砟的密实度，增加轨道的稳定性，使轨道方向、左右水平和前后高低均达到线路原设计或相关规则的要求。

【答案】 C

2.【题目】

判断题：

捣固车在运营线进行作业时，必须封锁线路。(　　)

【解析】 考查捣固车的作业要求。

捣固车必须在封锁线路的条件下进行作业。捣固车在运行状态下与其他机械连挂进入封闭区间，到达作业地点后，机组解体，由运行状态转换为作业状态后开始工作。

【答案】 √

3.【题目】

填空题：

(1)捣固车的作业走行方式分为(　　)和连续式。

(2)捣固车按同时捣固轨枕数分为单枕捣固车、双枕捣固车和(　　)捣固车。

【解析】 考查捣固车的分类。

捣固车的分类如下：

(1)按同时捣固轨枕数分为：单枕捣固车、双枕捣固车、三枕捣固车。

(2)按作业对象分为：线路捣固车、道岔捣固车。

(3)按作业走行方式分为：步进式捣固车、连续式捣固车。

【答案】 (1)步进式；(2)三枕

4.【题目】

填空题：

(1)DC-32K 捣固车利用车上的(　　)系统，可对作业前、后线路的轨道几何参数进行测量。

(2)DC-32K 捣固车是大型养路机械中大修、维修机组的主型设备，它有(　　)把捣镐。

选择题：

(3)DC-32K 捣固车是大型养路机械中大修、维修机组的主型设备，该设备为(　　)捣固车。

A. 单枕　　B. 双枕　　C. 三枕

(4)DC-32K 捣固车的作业走行方式为(　　)。

A. 步进式　　B. 连续式　　C. 定点式

【解析】 考查 DC-32K 捣固车的结构特点。

DC-32K 捣固车是集机、电、液、气为一体的双枕捣固车，走行方式为步进式，共有 32 把捣镐，是大修、维修机组的主型设备。

DC-32K 捣固车采用了大量的先进技术，包括电液伺服控制技术、自动测量技术、计算机控制技术、激光准直技术等，结构先进，功能齐全。

利用车上的测量系统，可对作业前、后线路的轨道几何参数进行测量和记录，并通过控制系统按设定的轨道几何参数进行作业。

【答案】 (1)测量；(2)32；(3)B；(4)A

5.【题目】

选择题：

（1）DC-32K 捣固车最大允许连挂速度为（　　）km/h。

A. 80　　B. 100　　C. 120

判断题：

（2）DC-32K 捣固车的作业效率为 1.0～1.3 km/h。（　　）

（3）DC-32K 捣固车最大双向自行速度为 100 km/h。（　　）

【解析】 考查 DC-32K 捣固车的主要参数。

DC-32K 主要参数如下。

（1）车轮：ϕ840 mm；

（2）车钩中心线至轨面：（880±10）mm；

（3）最大双向自行速度：80 km/h；

（4）最大允许连挂速度：100 km/h；

（5）作业效率：1.0～1.3 km/h；

（6）最小运行半径：100 m；

（7）最小作业半径：120 m；

（8）柴油发动机功率：235 kW。

【答案】 （1）B；（2）√；（3）×

6.【题目】

填空题：

（1）DCL-32K 连续式双枕捣固车（　　）小车具有独立的走行驱动和制动装置，可实现相对主车向前、向后的走行和制动。

判断题：

（2）DCL-32K 连续式双枕捣固车的作业方式为连续式。（　　）

（3）DCL-32K 连续式双枕捣固车的工作小车是通过悬臂梁与主车连接的。（　　）

【解析】 考查 DCL-32K 连续式双枕捣固车结构特点。

DCL-32K 连续式双枕捣固车的主要结构：捣固装置、夯实装置、起拨道装置等主要机构安装在车体下部的一台工作小车上，工作小车具有独立的走行驱动和制动装置，可实现相对主车向前、向后的走行和制动。

工作小车悬臂梁是工作小车与主车的连接构件，与悬挂在主车横梁上的带滚轮可横向移动的箱体形成滑动连接，这种滑动连接允许工作小车相对主车纵向运动以及横向移动。

【答案】 (1)工作;(2)√;(3)√

7.【题目】

填空题:

(1)道床应保持饱满、均匀和整齐,并应根据道床不洁程度有计划地进行(　　),保持道床弹性和排水良好。

选择题:

(2)(　　)将脏污的道砟从轨枕下挖出,进行清筛后,将清洁道砟回填至道床,将筛出的土清除到线路外。

A. 捣固车　　　　B. 道砟清筛机　　　　C. 配砟整形车

【解析】 考查道砟清筛机的用途。

铁路道路在运营过程中,会发生变形、磨耗、破损、腐蚀、脏污及老化,影响道床弹性和排水。因此要对其进行养护、维修,使其处于正常可靠的工作状态,保障行车安全。对碎石道床而言,当其不洁度(按重量计)超过规定程度,应该进行清筛。

道砟清筛机在封锁线路条件下,对铁路线路道床中的道砟进行清筛作业。作业时,其将脏污的道砟从轨枕下挖出,进行清筛后,再将清洁道砟回填至道床,将筛出的污土清除到线路外。

【答案】 (1)清筛;(2)B

8.【题目】

判断题:

QS-650K 全断面道砟清筛机可在不拆除轨排的情况下,通过挖掘链运动将轨排下的道砟挖出。(　　)

【解析】 考查 QS-650K 全断面道砟清筛机结构特点。

QS-650K 全断面道砟清筛机可在不拆除轨排的情况下,通过挖掘连运动将轨排下的道砟挖出,振动筛对挖出的道砟进行筛分,污土由污土输送带抛到该机前方线路的两侧或物料运输车内,清洁道砟可直接回填到道心内,也可由回填输送带回填到钢轨两侧的道床内。

【答案】 √

9.【题目】

判断题：

QS-650K 全断面道砟清筛机的作业效率为 0.2～2.5 km/h。(　　)

【解析】 考查 QS-650K 全断面道砟清筛机主要参数。

(1)车轮：ϕ840 mm；

(2)车钩中心线至轨面：(880±10)mm；

(3)最大双向自行速度：80 km/h；

(4)最大允许连挂速度：100 km/h；

(5)作业效率：0.2～2.5 km/h；

(6)最小运行半径：100 m；

(7)最小作业半径：180 m；

(8)柴油发动机功率：348 kW。

【答案】 √

10.【题目】

填空题：

WD-320 动力稳定车作业时，由柴油发动机带动的液压马达同时驱动两套稳定装置的两个激振器，使激振器和轨道产生强烈的同步(　　)；与此同时，稳定装置的垂直液压缸分别给两侧钢轨施加向下的静液压力。

【解析】 考查 WD-320 动力稳定车结构特点。

WD-320 动力稳定车作业时，由柴油发动机带动的液压马达同时驱动两套稳定装置的两个激振器，使激振器和轨道产生强烈的同步水平振动；与此同时，稳定装置的垂直液压缸分别给两侧钢轨施加向下的静液压力。在水平振动力和向下静液压力的共同作用下，道砟重新组合，道床均匀下沉，线路到达稳定状态。

【答案】 水平振动

11.【题目】

选择题：

(　　)具有对道床进行配砟、整形和清扫轨枕枕面等功能。

A. 捣固车　　B. 动力稳定车　　C. 配砟整形车

【解析】 考查配砟整形车的用途。

配砟整形车一般位于作业机组之首或穿插于捣固车之后，用于补砟并对道床整理成形，同时将散落在轨枕或扣件上的道砟清扫干净，具有对道床进行配砟、整形和清扫轨面等功能。

【答案】 C

第二章　动力传动系统

1.【题目】

选择题：

大型养路机械道依茨柴油机是由（　　）机构、配气机构、冷却系统、润滑系统、燃油供给系统、电气系统等组成。

A. 双曲柄　　B. 平行四杆　　C. 曲柄连杆

【解析】 考查柴油机的组成。

曲柄连杆机构为柴油机的主要运动机构。其功用是将活塞的往复运动转变为曲轴的旋转运动，同时将作用于活塞上的力转变为曲轴对外输出的转矩，以驱动输出轴转动。曲柄连杆机构由活塞组、连杆组和曲轴、飞轮组等零部件组成。

【答案】 C

2.【题目】

选择题：

DCL-32 捣固车所使用的柴油机型号是（　　）。

A. BF8L513　　B. F12L413F　　C. BF12L513C

【解析】 考查道依茨柴油机型号命名规定。

机型代号中的 B 代表采用了增压器的柴油机，F 代表车用高速四冲程，12 为气缸数，L 代表风冷却方式，5 为结构系列代号，13 表示活塞行程 130 mm，C 代表增压柴油机的进气管道上安装有中冷器。

【答案】 C

3.【题目】

填空题：

风冷柴油机利用（　　）将柴油机受热零件所吸收的热量及时传送出去。

【解析】 考查风冷柴油机的冷却原理。

风冷柴油机完全依靠风扇产生的强大气流来冷却机体，冷空气吹过散热器，使工作过的机油带来的热量部分在空气中散掉，保证机油温度不超过 130 ℃。

【答案】 冷空气

4.【题目】

判断题：

发动机启动后，可以立即高速运转。(　　)

【解析】 考查发动机工作特点。

发动机刚启动，各部位还未充分润滑，未建立机油压力，发动机温度低，会造成机件的干磨，导致零部件早期磨损。因此，发动机启动后，应在空载中速运转5～10 min进行热机。

【答案】 ×

5.【题目】

选择题：

捣固车高速走行的传动方式为(　　)。

A. 液力传动　　B. 液压传动　　C. 机械传动

【解析】 考查液力传动的特点。

液力传动是以液体为工作介质，利用液体的动能来传递能量的流体传动，是一种非刚性传动。液力传动与依靠液体的压力能来传递能量的液压传动在原理、结构和性能上有很大差别。

【答案】 A

6.【题目】

选择题：

采用液力机械传动的捣固车，在机械传动系统中加入(　　)，大大改善了机械传动性能。

A. 减速齿轮箱　　B. 液压马达　　C. 液力变矩器

【解析】 考查液力变矩器的作用。

液力变矩器由泵轮、涡轮、导轮组成，以油液为工作介质，具有自动适应性、无级变速、减振隔振等优良特性，广泛应用于工程机械、汽车等领域。液力变矩器的作用，一是传递转速和扭矩，二是使发动机与自动变速箱成为非刚性连接，以方便变速箱自动换挡。

【答案】 C

7.【题目】

判断题：

在机车牵引情况下，捣固车的变速箱与传动轴的机械离合器必须脱开。(　　)

【解析】 考查机车牵引时的无火回送工作。

捣固车被机车拖挂高速运行时，变速箱与传动轴之间的机械离合器必须脱开，离合器手柄加锁固定，从轮对反传来的扭矩被截止，对本车的传动系统起到保护作用。

【答案】 √

8.【题目】

选择题：

捣固车液力变矩器在工作中，工作油液温度应保持在(　　)℃。

A. 50～80　　B. 80～110　　C. 105～130

【解析】 考查液力变矩器工作时油液的适合温度。

液力变矩器内部的安全阀，可以根据油液发热情况自动调节通过变矩器的油量，利用冷却风对进入散热器的油液进行散热。液力变矩器在工作中，工作油液温度应保持在 80～110 ℃，短时间内允许达到 120 ℃。

【答案】 B

9.【题目】

选择题：

运行中的捣固车进行制动时，制动风压达到(　　)时，自动切断动力换挡变速箱电磁阀的控制电路，使换挡液压离合器分离。

A. 100 kPa　　B. 250 kPa　　C. 360 kPa

【解析】 考查自动切断动力换挡变速箱电磁阀控制电路的制动风压。

电气控制系统对动力换挡变速箱进行换挡控制和安全保护。制动风压达到 250 kPa 时，自动切断动力换挡变速箱电磁阀的控制电路。因此，变速箱在任一挡工作，都无须退到空挡位就可以对车辆进行制动，简化了操作过程。

【答案】 B

10.【题目】

填空题：

大型养路机械的万向传动轴在高速重载下工作，要求新组装的万向传动轴必须经过(　　)试验，以提高转动平稳性和可靠性。

【解析】 考查新组装的万向传动轴必须经过的试验。

工程中，由于材质不均匀或毛坯缺陷、加工及装配中产生的误差，回转体在旋转时，其上每个微小质点产生的离心惯性力不能相互抵消，离心惯性力通过轴承作用到机械及其基础上，引起振动，产生噪声，加速轴承磨损，缩短了机械寿命，严重时能造成破坏性事故。为此，必须对回转体进行平衡，使其达到允许的平衡精度等级，或使因此产生的机械振动度降到允许的范围内。

传动轴是一个高转速、少支承的旋转体，传动轴的不平衡会引起转轴的横向振动，并使转轴受到不必要的动载荷，这不利于转轴正常运转。为了保证传动轴的动平衡，应经常注意平衡焊片是否脱焊。在新传动轴装车时应注意伸缩套的装配标记，应保证凸缘叉在同一个平面内。

【答案】 动平衡

11.【题目】

判断题：

捣固车的车轴齿轮箱是走行传动系统的最后一环。它的作用是将传动轴传来的动力提高转速减小扭矩，使轮对转动。(　　)

【解析】 考查齿轮传动的特点。

车轴齿轮箱为减速齿轮箱，其速比大于1，齿轮箱内部的大齿轮与车轴采用过盈配合。功率一定时，转速与转矩成反比关系。因此，车轴齿轮箱的作用是将传动轴传来的动力降低转速增加扭矩，使轮对转动。

【答案】 ×

12.【题目】

选择题：

道依茨柴油发动机起动马达的通电时间一次不要超过 20 s，如柴油机不能起动，可等待(　　)后再试。

A. 1 min　　　　B. 5 s　　　　C. 10 s

【解析】 考查蓄电池使用。

蓄电池是一种将化学能转变成电能的装置，属于直流电源。在启动发动机时，蓄电池给起动机提供强大的起动电流，不间断地使用启动机会导致蓄电池因过度放电而损坏。为防止蓄电池长时间大电流放电，道依茨柴油发动机的正确使用方法是每次启动的时间总长不超过 15 s，再次启动要间隔一定时间，不少于 1 min。在多次启动仍不着车的情况下应从控制电路、油路等其他方面找原因。

【答案】 A

13.【题目】

选择题：

捣固车使用道依茨新柴油机或大修后的柴油机，第一次更换机油应该在(　　)h左右。

A. 250　　B. 200　　C. 50

【解析】 考查发动机保养的知识。

机油，即发动机润滑油，能对发动机起到润滑减磨、辅助冷却降温、密封防漏、防锈防蚀、减振缓冲等作用。因为新发动机需要磨合，在磨合期会产生一些杂质，有较多的机械碎屑会出现在发动机内，所以第一次更换机油，需要提前一点。

【答案】 C

14.【题目】

选择题：

DCL-32 捣固车作业驱动减速箱为(　　)圆柱齿轮减速，其速比为 3.79。

A. 一级　　B. 二级　　C. 三级

【解析】 考查减速箱的内部结构。

在齿轮减速器中，当减速器由一个小齿轮带动一个大齿轮进行减速时，称为一级减速；当减速器由一个小齿轮带动一个大齿轮进行减速，同时大齿轮轴上与大齿轮同步转动的另一个小齿轮又带动另一个大齿轮进行减速时，称为二级减速器。也就是说减速器的级数由减速运动副来确定，一个减速运动副称为一级，两个减速运动副就称为两级。

【答案】 A

15.【题目】

选择题：

DCL-32 捣固车作业时，大车的连续走行是由一台液压泵和两台马达组成的可无级调速的(　　)驱动系统。

A. 开式　　B. 闭式　　C. 单循环式

【解析】 考查液压开式系统和闭式系统的区别。

开式液压系统是指液压泵从油箱吸油，通过换向阀给液压缸(或液压马达)供油以驱动工作机构，液压缸(或液压马达)的回油再经换向阀流回油箱，在泵出口处装溢流阀。这种系统结构较为简单。

在闭式系统中，液压泵的进油管直接与执行元件（液压缸或液压马达）的回油管相连，工作液体在系统的管路中进行封闭循环。闭式系统结构较为紧凑，与空气接触机会较少，空气不易渗入系统，故传动的平稳性好。

【答案】 B

16.【题目】

选择题：

发动机磨合期是指新发动机或解体检修后的发动机工作（　　）内的阶段。

A. 50 h　　B. 100 h　　C. 200 h

【解析】 考查发动机磨合期的知识。

发动机制造和修理过程中，虽然对零件的精度和光洁度有较高的要求，但在使用初期，按照规定的里程和时间进行减载、降速运行，使相互配合的零件表面进行一个阶段的磨合，以改善其表面质量和配合精度，避免零件早期磨损，延长发动机的使用寿命，这段时间称为发动机的磨合期。

【答案】 A

17.【题目】

选择题：

四冲程内燃机的一个工作循环的顺序为（　　）。

A. 膨胀—进气—压缩—排气　　B. 进气—膨胀—压缩—排气

C. 进气—压缩—膨胀—排气

【解析】 内燃机活塞在气缸内往复运动时，从气缸的一端运动到另一端的过程，叫作一个冲程。普通内燃机大多为四冲程内燃机。它分为进气冲程、压缩冲程、膨胀做功冲程和排气冲程。

【答案】 C

18.【题目】

选择题：

检查发动机的充电机和风扇皮带，在皮带中间用手指下压（　　）mm 为正常。

A. 5～10　　B. 10～15　　C. 15～20

【解析】 考查发动机皮带松紧度。

如果皮带太紧，导致拉力过大，很容易造成断裂；同时皮带过紧会导致相关的轴承磨损加剧。如果皮带过松，容易打滑造成转速不足，发电量减小，输出电压下降或风量不足，影响冷却效果。因此，应定期检查并按要求调整皮带松紧度。

【答案】 B

19.【题目】

选择题：

大型养路机械所采用的液力变矩器一般都具有(　　),因此要求多台大机连挂运行时,各车换挡要同步进行。

A. 不可透性　　B. 正透性　　C. 负透性

【解析】 考查液力变矩器的可透性。

在液力变矩器中,涡轮轴上阻力矩的变化可以透过变矩器而影响发动机,这种特性称之为可透性。可透性分为正透性和负透性。涡轮因负荷增大而转速下降时,转速比也随之下降而使发动机的负荷增大,这种特性称为正透,反之称为负透。

【答案】 B

20.【题目】

选择题：

长度可伸缩的万向传动轴由万向节和中间轴组成,中间轴靠(　　)连接。

A. 平键　　B. 半圆键　　C. 花键

【解析】 考查万向传动轴的结构。

长度可伸缩的万向传动轴用于传动部件之间的位置和距离可能发生变化的工况。其中间轴用无缝钢管焊接,并装有可伸缩的花键轴。花键传动扭矩比单键大,而且可以沿花键轴做轴向位移,具有单键不可比拟的优点。

【答案】 C

21.【题目】

判断题：

道依茨柴油机更换机油,应在冷机状态下进行。(　　)

【解析】 考查柴油机保养的知识。

机油热时黏度低,流动性好,可以迅速回流进油底壳中,放油时能放得比较干净。而柴油机内部又因为其运转的特性有一些金属磨损的杂质,以及机油中的胶质,可以通过旧机油的快速流动将这些杂质排出,而且这样放油的速度也会加快,提高了工作效率。

热车停机后 3～5 min 放油,不可以边运转边放油。

【答案】 ×

22.【题目】

填空题：

启动柴油机时，若按下启动按钮后，听到小齿轮齿圈啮合的“咔咔”声音，或者听到在蓄电池接线柱处有“啪啪”的声音，仅有启动趋势，但不转动；此后再按启动按钮，则启动机无动静，这表明有（　　）的情况。

【解析】 考查蓄电池接线柱接触不良导致无法启动发动机的表现。

蓄电池接线柱接触不良会增大线路压降，导致启动机运转无力。蓄电池的接线柱头容易腐蚀和硫化，可以用砂纸把柱头和固定的卡子打磨干净，然后涂上薄薄的一层黄油，再把它拧紧。

【答案】 接触不良

23.【题目】

填空题：

采用4WG-65Ⅱ型液力机械变速箱的大型养路机械，其速度信号取自（　　）接口。

【解析】 考查大型养路机械速度信号的取得位置。

涡轮传感器装在变速箱上，它由齿轮、磁铁芯和线圈组成。当齿轮转动时，由于通过线圈的磁通量发生变化，在线圈内产生感应电动势，此电动势的变化频率与转速成正比。

【答案】 涡轮传感器

24.【题目】

填空题：

液力变矩器的工作原理可以简单理解为离心水泵和水涡轮的组合，所不同的是，取消了两者之间的连接管道，增加了一个（　　）。

【解析】 考查液力变矩器的组成。

液力变矩器由泵轮、涡轮、导轮组成。液力变矩器的导轮对液体具有导流作用，可以控制液体的流动方向，从而使涡轮输出转矩不同于泵轮输入转矩，起到变矩作用。

【答案】 导轮

25.【题目】

选择题：

柴油机过冷，燃烧温度低，柴油机冒（　　）。

A. 黑烟　　　　B. 蓝烟　　　　C. 白烟

【解析】 考查柴油机温度过低的排烟表现。

柴油机温度过低,部分柴油未燃烧便变成油蒸气,从排气管中随废气排出,冒白烟。冬季冷车刚启动时,排气管冒大量白烟,但运转一段时间后随着发动机温度的升高白烟逐渐消失,而后正常,则说明是发动机温度过低,无须排除故障。

【答案】 C

26.【题目】

选择题:

柴油机空气滤清器脏污,易导致柴油机冒(　　)。

A. 黑烟　　B. 蓝烟　　C. 白烟

【解析】 考查柴油机空气滤清器脏污的排烟表现。

若空气滤清器脏污,造成空气通过时的阻力增加,使进入气缸的空气量不足,气缸内的燃油混合不合适(一般是混合气过浓),导致燃烧不完全,此时柴油机就可能出现动力不足且排气冒黑烟的故障现象。

【答案】 A

27.【题目】

选择题:

柴油机活塞、活塞环和气缸套磨损,易导致柴油机冒(　　)。

A. 黑烟　　B. 蓝烟　　C. 白烟

【解析】 考查活塞、活塞环和气缸套磨损时,柴油机排烟表现。

活塞、活塞环和气缸套磨损,机油会顺气缸壁窜入燃烧室,一部分发生燃烧,从排气管排出而冒蓝烟;这不仅造成机油的浪费,更主要的是活塞、活塞环、气门等容易积炭,加快零件的磨损。

【答案】 B

28.【题目】

选择题:

能补偿两轴的相对位移以及可以缓和冲击、吸收振动的联轴器是(　　)。

A. 凸缘联轴器　　B. 齿式联轴器　　C. 弹性柱销联轴器

【解析】 考查联轴器的种类及特点。

弹性柱销联轴器是利用若干非金属弹性材料制成的柱销,置于两半联轴器凸缘孔中,通过柱销实现两半联轴器联结。弹性元件(柱销)的材料一般选用尼龙,有微量补偿两轴线偏移能力,允许较大的轴向串动,具有缓冲、减振、耐磨等性能。

【答案】 C

29.【题目】

选择题：

发动机启动电机连接导线必须有足够的截面积，一般在(　　)左右。

A. 30 mm^2　　B. 50 mm^2　　C. 70 mm^2

【解析】 考查金属导线载流量的知识。

依据启动电机功率计算启动电流，电流越大，线越粗。导线线径一般与材质、导线中通过的最大电流、导线的长度、允许的电压降相关。

【答案】 C

30.【题目】

填空题：

柴油机按进气方式可分为自然吸入式(非增压式)和(　　)(增压式)。

【解析】 考查柴油机分类的知识。

柴油机按工作循环可分为四冲程和二冲程柴油机，按冷却方式可分为水冷和风冷柴油机，按进气方式可分为增压和非增压柴油机。用柴油机排出的废气来驱动涡轮，带动在同一轴上的另一涡轮来压缩进气，提高气缸的充气量，这一方法称为废气涡轮增压。

【答案】 强制吸入式

31.【题目】

填空题：

道依茨风冷柴油机(　　)的作用，是限制润滑系统的最高油压，防止润滑系统产生过高压力。

【解析】 考查柴油机润滑系统各部件的作用。

柴油机限压阀的作用是在机油压力过高时泄压，以维持主油道内的正常油压。机油限压阀是一个球阀(或柱塞)并用弹簧锁紧，主油压超过规定值时，球阀克服弹簧压力而被顶开，一部分机油流回泵内进行小循环，而起到卸压作用。

【答案】 机油限压阀

32.【题目】

填空题：

柴油机中喷油器将高压油泵来的燃油以(　　)形态喷入燃烧室，使燃油在燃烧室与空气形成良好的混合气。

【解析】 考查柴油机的燃油燃烧原理。

燃油的燃烧必须在油气和空气的混合状态下进行，其燃烧速度取决于油滴的蒸发速度以及油气与空气的混合速度。油滴的蒸发速度与直径大小和温度有关，直径越小，温度越高，蒸发越快；另一方面直径越小，与空气接触总表面积越大，越有利于混合和燃烧的进行。所以，燃油在燃烧前必须进行雾化，以便充分燃烧。

【答案】 雾状

33.【题目】

填空题：

道依茨风冷柴油机冷却风扇的传动采用了(　　)，可以根据发动机热状态自动调节转速。

【解析】 考查道依茨柴油机冷却风扇的结构和部件功能。

冷却风扇转速随着发动机排气温度的变化自动进行调节，使发动机保持适当的温度。风扇的传动采用了液力耦合器，可以根据发动机热状态自动调节转速，在小负荷时，减小驱动风扇消耗的功率，提高柴油机的经济性。

【答案】 液力耦合器

34.【题目】

填空题：

若柴油机机油油位太高，使曲轴对机油做功；或者机油油位太低，使机油循环加快，将导致机油(　　)。

【解析】 考查柴油机机油量对机器的影响。

当机油低于下限时，使发动机润滑不足，油温升高，加剧发动机磨损，严重的会发生拉缸等故障。机油过多，易造成发动机负荷增加，还会造成烧机油的现象。所以日常检查保养中，要确认机油的油位在机油尺的上下限范围内，超出上限或低于下限都是不妥的。

【答案】 油温升高

35.【题目】

填空题：

导轮固定不动，只有一个涡轮和一种变矩工况的变矩器，称为(　　)变矩器。

【解析】 考查变矩器分类的知识。

液力变矩器的相数是指液力变矩器可能有的工作状态的数目，液力变矩器的级数是指导轮与泵轮之间的涡轮数。

【答案】 单级单相

36.【题目】

填空题：

发动机活塞上、下运行时，活塞离曲轴中心最大距离的位置称为（　　）。

【解析】 考查发动机常用术语。

活塞在气缸里做往复直线运动时，当活塞向上运动到最高位置，即活塞顶部距离曲轴旋转中心最远的极限位置，称为上止点。而下止点是指活塞向下运动的最低位置。这两个位置都是发动机运转过程中的关键位置，因为它们的位置决定了发动机的活塞运动范围和转动轨迹，可以影响发动机的性能和效率。

【答案】 上止点

37.【题目】

填空题：

在发动机的上、下止点，活塞的运动方向将发生改变，这时的活塞速度等于（　　）。

【解析】 考查发动机曲柄连杆机构运动的知识。

物体运动状态的改变包括运动方向的改变和运动速度的改变。活塞达到上止点时速度为零，加速度为最大值。活塞到达上止点前速度不断减小，加速度不断增大；活塞到达上止点后速度不断增大，加速度不断减小。

【答案】 零

38.【题目】

填空题：

清筛机的（　　）是将输入轴的动力分配给多个驱动装置的传动箱。

【解析】 考查清筛机发动机动力传动的知识。

分动箱就是将发动机的动力进行分配的装置，可以将动力输出到后轴，或者同时输出到前/后轴。

【答案】 分动齿轮箱

39.【题目】

填空题：

道依茨 1015 柴油发动机气缸的序号从（　　）算起，左手侧为 A 列，右手侧为

B列，并依次排列序号。

【解析】 考查道依茨柴油机气缸的结构知识。

站在发动机气缸飞轮端，面向飞轮定义发动机左右侧，左手侧为A列，右手侧为B列，飞轮端算起，由近及远依次排列序号。

【答案】 飞轮端

40.【题目】

填空题：

QS-650K清筛机初启动时，由于此时主风缸内没有气压，助力气缸不能工作，只能靠司机的(　　)使主离合器脱开，黄色指示灯亮。

【解析】 考查QS-650K清筛机初启动时的主离合器脱开操作。

清筛机发动机启动时，主离合器必须在脱离状态，这样可以大大降低齿轮箱所带来扭矩，保护启动电机及发动机。主离合器的离合由主离合器脚踏开关或助力气缸来控制。在主风缸没有压力情况下，可通过踩踏主离合器脚踏开关，操纵油缸活塞，使离合器呈分离状态。

【答案】 脚踏力

41.【题目】

填空题：

QS-650K清筛机车轴齿轮箱换挡时，采用液压操纵的多片式(　　)。

【解析】 考查清筛机车轴齿轮箱功能和结构知识。

摩擦离合器是应用最广的一类离合器，它基本上由主动部分、从动部分、压紧机构和操纵机构四部分组成。主、从动部分和压紧机构是保证离合器处于接合状态并能传递动力的基本结构，而离合器的操纵机构主要是使离合器分离的装置。清筛机走行分为高速走行和作业走行，这些动作切换依靠液压马达-泵组件与AG(低速)、FG(高速)离合器构成的离合器驱动机构实现。

【答案】 摩擦离合器

42.【题目】

选择题：

GMC-96B的下列设备中，作业时不参与实际工作的是(　　)。

A. 分动箱　　　　B. Ⅱ端减速箱　　　　C. 液力传动箱

【解析】 考查GMC-96B钢轨打磨车低恒速作业时动力传递路线。

GMC-96B钢轨打磨车低恒速作业时，动力传递路线为：Ⅱ端柴油机→万向轴→液力传动箱输入轴(此时传动箱不工作)→分动箱→作业走行液压泵→作业走行液压马达→减速箱(处于合齿状态)→万向轴→液力传动箱输入轴(此时传动箱不工作)→万向轴→车轴齿轮箱→轮对。在上述过程中,液力传动箱并未实际参与工作。

【答案】 C

43.【题目】

选择题:

GMC-96B 钢轨打磨车 L520 液力传动箱油温达到(　　)℃后会自动卸载。

A. 100　　B. 110　　C. 130

【解析】 考查 GMC-96B 钢轨打磨车的液力传动箱超温自动卸载。

这是一种安全保护措施,保证动力传动系统可靠运行。一旦传动箱的油温出现不正常现象,报警电路便使相应的报警灯亮,最终自动卸载或使柴油机回怠速。

【答案】 C

44.【题目】

选择题:

(1)GMC-96B 的 CAT3500 系列发动机运转时,冷却液温度高于(　　)℃并延续 5 s,就会发出警报。

A. 97　　B. 102　　C. 107

【解析】 考查 GMC-96B 的 CAT3500 系列发动机冷却液超温警报表现。

这是在发动机 ECM(电子控制模块)中通过编程设定的参数,用于提示操作人员并保护发动机。冷却液温度高于 102 ℃并延续 5 s,就会发出警报;要消除警报,冷却液温度必须低于 97 ℃。如果冷却液温度高于 107 ℃超过 5 s,发动机就会停机。

【答案】 B

45.【题目】

选择题:

GMC-96B 的 CAT3500 系列发动机的主显示模块有(　　)种不同的工作模式。

A. 4　　B. 5　　C. 6

【解析】 考查 GMC-96B 的 CAT3500 系列发动机的主显示模块的工作模式。

每一种工作模式提供有关发动机工作的信息。主显示模块共有正常、数字读出、服务、极值读出、单位、线速代号等6种模式。

【答案】 C

46.【题目】

选择题：

GTC-80钢轨探伤车的康明斯QSM11-C400发动机的额定功率为(　　)kW。

A. 235　　　　B. 298　　　　C. 340

【解析】 考查发动机型号含义的基础知识。

QSM11-C400中，QSM代表电控的M系列发动机，11表示发动机排量为11 L，400表示在额定转速2 100 r/min下的额定功率为400马力。1马力=0.735 kW，400马力约折合294 kW。

【答案】 B

47.【题目】

选择题：

W396型闭锁锁闭式液力变矩器的涡轮转速与泵轮转速接近(　　)时，锁闭离合器接合，泵轮与涡轮被机械地连接在一起。

A. 1∶1　　　　B. 1∶2　　　　C. 1∶3

【解析】 考查W396型闭锁锁闭式液力变矩器的工作原理。

当涡轮转速与泵轮转速接近时，由装在变速箱内的转速传感器发出电信号，闭锁阀动作，闭锁离合器接合，则涡轮与泵轮被机械地连接在一起，此时变成了结合状态下工作的摩擦离合器，其传动效率接近1。

【答案】 A

48.【题目】

选择题：

W396型闭锁锁闭式液力变矩器由发动机传动轴直接驱动，带动油液运动的是(　　)。

A. 涡轮　　　　B. 泵轮　　　　C. 导轮

【解析】 考查液力变矩器的结构知识。

液力变矩器由泵轮、导轮、涡轮、罩轮、动力输入轴、动力输出轴及壳体等组成。泵轮和罩轮由螺栓连接在一起，罩轮再与动力输入轴连接，由传动轴直接驱动，带动油液运动。

【答案】 B

49.【题目】

选择题：

一台柴油机，功率为 370 kW，经济油耗为 230 g/(h·kW)，其工作 3 h 的理论耗油量为(　　)。

A. 160 kg　　B. 220 kg　　C. 255 kg

【解析】 考查柴油机理论耗油量的计算。

柴油发动机单位小时理论耗油量＝机组功率×油耗/(h·kW)，单位为 g。题中的耗油量为(370×230×3)/1 000 kg＝255 kg。

【答案】 C

50.【题目】

选择题：

一级齿轮传动中，主传动轴转速 $A=2\,100$ r/min，主动齿轮齿数 $Z_1=14$，从动齿轮齿数 $Z_2=56$，从动轴的转速为(　　)。

A. 485 r/min　　B. 525 r/min　　C. 575 r/min

【解析】 考查齿轮传动的知识。

两啮合齿轮的转速同齿数成反比。还可以这样理解，两齿轮啮合后，它们分度圆上的线速度是相同的，也就是说它们各自的齿数与转速的乘积是相同的，即大齿轮的齿数×大齿轮的转速＝小齿轮的齿数×小齿轮的转速。

【答案】 B

51.【题目】

简答题：

按下发动机启动按钮时，只听到发动机发出“卡嗒”一下响声，启动机却不转。产生这种故障的原因是什么？

【解析】 考查启动发动机异常的故障原因。

产生这种故障的原因：虽然吸引电磁铁的线圈能吸引衔铁，但不能使控制继电器的触头闭合，导致启动电机主电路没有接通。这是由于电磁线圈短路或接触不良、电磁力太小、铁芯表面太脏等原因；修理后换用的弹簧太硬，也可能产生上述故障。

【答案】 见解析。

52.【题目】

简答题：

为什么捣固车高速走行时在任何一挡都无须退挡，就可以对车辆施加制动？

【解析】 考查捣固车高速走行时动力换挡变速箱的工作原理。

捣固车运行中进行制动，当制动风压达到 0.25 MPa 时，动力换挡变速箱电气控制系统会自动切断电磁阀控制电路，使换挡液压离合器分离。因此，动力换挡变速箱在任何一挡工作，都无须退到空挡就可以对车辆施加制动，从而简化了操作过程。

【答案】 见解析。

53.【题目】

简答题：

什么是多桥传动的寄生功率？

【解析】 考查多桥传动的寄生功率。

多桥传动的车辆在运行中，两驱动轮相对的距离不发生变化，直线运行时，某一时间内两个轮对通过的距离相等，这时各个轮对之间运动是协调的。而实际上，许多因素会破坏这种协调运动，如各车轮的直径不等，结果有的车轮被迫做一定量的滑移或空转，造成无益的功率损耗。这种无益的功率损耗称为多桥传动的寄生功率。

【答案】 见解析。

54.【题目】

简答题：

试述发动机冷却液节温器的作用。

【解析】 考查发动机冷却液节温器的作用。

节温器是控制冷却液流动路径的阀门。它是一种自动调温装置，通常含有感温组件，通过膨胀或冷缩来开启、关掉冷却液的流动。根据冷却水温度的高低自动调节进入散热器的水量，改变水的循环范围，以调节冷却系统的散热能力，将发动机冷却液温度控制在合适的范围。节温器必须保持良好的技术状态，否则会严重影响发动机的正常工作。

【答案】 见解析。

55.【题目】

简答题：

道依茨风冷柴油机主要有哪些优点？

【解析】 考查道依茨风冷柴油机的优点。

(1)标准化、系列化、通用化程度高；

(2)结构简单，维修方便；

(3)使用寿命长，可靠性好，故障少；

(4)噪声小；

(5)冷启动性能好；

(6)经济性能好；

(7)适应性强。

【答案】 见解析。

56.【题目】

简答题：

大型养路机械安装传动轴时，有哪些要求？

【解析】 考查安装传动轴的要求。

(1)保证传动轴两端的两个十字万向节叉处于同一个平面内；

(2)传动轴水平安装时，花键轴与动力输入端相连；传动轴带角度安装时，防尘套或花键套在高端，防止油水进入；

(3)新组装的传动轴应进行动平衡试验，套管上焊接的平衡块不能缺失；组装伸缩节时，注意对准平衡记号；

(4)传动轴两端的法兰连接，需使用符合强度要求的螺栓和防松螺母。

【答案】 见解析。

57.【题目】

简答题：

GMC-96B 液力传动箱换向故障可能的原因有哪些？（列举 4 条即可）

【解析】 考查 GMC-96B 液力传动箱换向故障原因。

(1)电路反馈错误；

(2)没有压缩空气或空气压力不足；

(3)电磁阀故障；

(4)换向限制阀故障；

(5)换向操纵机构活塞密封损坏;

(6)盘车机构损坏。

【答案】 见解析。

58.【题目】

简答题:

内燃机的燃油供给系的功用是什么?

【解析】 考查内燃机的燃油供给系的功用。

按照柴油机工作过程的要求,定时、定量、顺序向各缸燃烧室内供油,并使燃油雾化良好,与空气形成均匀的可燃性混合物,以实现柴油机在功率、扭矩、排污、启动及怠速方面的要求。

【答案】 见解析。

59.【题目】

简答题:

发动机长时间怠速有何缺点?

【解析】 考查发动机长时间在怠速的缺点。

发动机长时间在怠速的情况下,因燃油雾化不良,造成燃烧不完全,容易导致积炭,废气的有害有毒成分也会增加;同时转速很低时,散热损失增大,发动机的耗油量增加;另外,长时间怠速使润滑油稀释,发动机各运动副零件得不到良好的润滑而造成磨损加剧。

【答案】 见解析。

60.【题目】

简答题:

发动机喷油提前器的作用是什么?

【解析】 考查发动机喷油提前器的作用。

喷油提前器的作用是使喷油角度随发动机转速上升而提前,保证高速时点火不至于延迟,燃烧完全;低速时提前角减小,可改善启动性能和低速稳定性。

【答案】 见解析。

61.【题目】

简答题:

柴油发动机PT燃油系统的基本原理和作用是什么?

【解析】　考查柴油发动机PT燃油系统的基本原理和作用。

P表示pressure，是发动机PT燃油系统的燃油泵输出的燃油压力。T表示time，是发动机PT燃油系统的喷油器准许燃油流入的有效时间。PT也就是压力和时间的缩写。

流体的体积与流体压力、流过的时间以及液流的管道截面尺寸成正比。因此，发动机PT燃油系统以燃油泵输出的燃油压力、喷油器进油时间两个要素来控制供油量，这就是发动机PT燃油系统的基本原理。

发动机PT燃油系统的作用是按照发动机的工况需求，将雾化后的柴油定量、定时、按时根据标定好的喷油程序喷入发动机气缸中。

【答案】　见解析。

62.【题目】

简答题：

为什么发动机曲轴箱必须通风?

【解析】　考查发动机曲轴箱通风的原因。

在发动机工作时，有一部分可燃混合气和废气经活塞环漏到曲轴箱内，这会使机油变稀，影响润滑性能，而且废气中的部分物质发生反应后，会腐蚀零件；同时还会造成曲轴箱内压力升高，使油封受损、机油流失。因此，发动机曲轴箱必须通风，使混合气和废气排出。

【答案】　见解析。

63.【题目】

判断题：

我国将柴油机的机油质量分为CA、CB、CC、CD等几个等级，其质量依次降低。(　　)

【解析】　考查柴油机的机油质量等级。

柴油机的机油质量级别有：CA、CB、CC、CD、CE、CF、CF4、CG4、CH4、CI4、CJ4等，排列字母越往后则油品质量等级越高，其中C是“柴”的汉语拼音首字母。目前我国柴油机油以CF4为主。高质量等级的机油，由于添加了更多的抗氧化防腐剂、清洁分散剂和抗磨剂，具有良好的防止高温沉积和抗氧化腐蚀的能力。

【答案】　×

第三章 走行系统

1.【题目】

填空题：

(1)转向架是能相对(　　)回转的走行装置,安置在车体底架两端下方。

(2)转向架是大型养路机械的重要组成部分,直接影响(　　)。

判断题：

(3)转向架安置在车体底架两端下方,用以承载车体重量和传递走行动力。(　　)

【解析】 考查转向架的定义。

转向架是能相对车体回转、且具有独立结构的走行装置,通常安置在车体底架两端下方,用以承载车体重量和传递走行动力。转向架是大型养路机械的重要组成部分,直接影响行车安全。

【答案】 (1)车体;(2)行车安全;(3)√

2.【题目】

简答题：

大型养路机械转向架由哪几个部分组成?

【解析】 考查转向架的组成。

大型养路机械所用转向架一般由构架、弹簧减振装置、与车架连接装置、轮对轴箱装置、基础制动装置五部分组成。

【答案】 见解析。

3.【题目】

填空题：

(1)DC-32K 捣固车转向架的固定轴距是(　　)mm。

(2)DC-32K 捣固车转向架空载轴重为(　　)t。

(3)DC-32K 捣固车转向架车轮直径是(　　)mm。

(4)QS-650K 全断面道砟清筛机转向架车轮直径是(　　)mm。

【解析】 考查转向架的主要技术参数。

DC-32K 捣固车转向架的主要技术参数

<table>
<tr><td colspan="2">主要技术参数</td><td>参数值</td></tr>
<tr><td colspan="2">轮径(mm)</td><td>ϕ840</td></tr>
<tr><td colspan="2">固定轴距(mm)</td><td>1 500</td></tr>
<tr><td rowspan="2">空载轴重(t)</td><td>DC-32K 捣固车转向架</td><td>10～10.25</td></tr>
<tr><td>DC-32K 捣固车材料小车</td><td>5.5</td></tr>
</table>

QS-650K 全断面道砟清筛机转向架的主要技术参数

主要技术参数	参数值
轮径(mm)	ϕ900
固定轴距(mm)	1 830
空载轴重(t)	22

【答案】 (1)1 500;(2)10～10.25;(3)840;(4)900

4.【题目】

选择题:

(1)DC-32K 捣固车转向架构架是采用钢板拼焊成的(　　)结构。

A. 工字　　B. 框形　　C. 箱形

(2)DC-32K 捣固车转向架整个构架由两根侧梁和(　　)横梁焊成工字形。

A. 1 根　　B. 2 根　　C. 3 根

【解析】 考查 DC-32K 捣固车转向架构架的定义及结构。

DC-32K 捣固车转向架构架是采用钢板拼焊成的箱形结构,整个构架由两根侧梁和一根横梁焊成工字形。在转向架的构架横梁上有连接基础制动杠杆的吊座,以及车轴齿轮箱平衡杆的连接座等。

【答案】 (1)C;(2)A

5.【题目】

填空题:

(1)DC-32K 捣固车转向架弹簧减振装置由缓冲弹簧和(　　)两部分组成。

(2)DC-32K 捣固车转向架弹簧减振装置布置在构架与(　　)之间。

(3)DC-32K 捣固车转向架液压减振器垂直安装在转向架构架侧梁与轴箱盖之间,每台转向架设有(　　)个液压减振器。

选择题：

(4)DC-32K 捣固车转向架所采用的减振元件是(　　)和液压减振器。

A. 金属螺旋弹簧　　B. 金属橡胶弹簧　　C. 金属叠板弹簧

【解析】 考查 DC-32K 捣固车转向架弹簧减振装置的组成结构。

弹簧减振装置由缓冲弹簧和减振器两部分组成，布置在构架与轴箱之间。采用的减振元件是橡胶弹簧和液压减振器；液压减振器垂直安装在转向架构架侧梁与轴箱盖之间，每台转向架设有 4 个液压减振器。DC-32K 捣固车转向架所用的橡胶弹簧，又称作金属橡胶弹簧。

【答案】 (1)减振器；(2)轴箱；(3)4 个；(4)B

6.【题目】

填空题：

(1)新橡胶弹簧安装使用(　　)年后，要重新检查、调整轴箱下边缘至下挡板间的距离。

判断题：

(2)DC-32K 捣固车转向架采用了 V 形金属橡胶弹簧作为缓冲减振元件，安装在摇枕与构架侧梁轴箱导框之间。(　　)

(3)V 形金属橡胶弹簧对振动和冲击具有良好的缓冲、阻尼和衰减作用。(　　)

【解析】 考查 V 形金属橡胶弹簧的作用及安装维护。

DC-32K 捣固车转向架采用了 V 形金属橡胶弹簧作为缓冲减振元件，安装在轴箱与构架侧梁轴箱导框之间。

V 形金属橡胶弹簧对振动和冲击具有良好的缓冲、阻尼和衰减作用，金属板是用来传导热量的。

金属橡胶弹簧使用半年以后，橡胶逐渐开始老化，静态挠度减小。因此，新橡胶弹簧安装使用半年后，要重新检查、调整轴箱下边缘至轴箱托板的距离。

【答案】 (1)半；(2)×；(3)√

7.【题目】

填空题：

大型养路机械所用液压减振器主要由(　　)、进油阀部、缸端密封部、上下连接部几大部分组成。

【解析】 考查液压减振器的构造。

大型养路机械所用液压减振器主要由活塞部、进油阀部、缸端密封部、上下连接部几大部分组成。

【答案】 活塞部

8.【题目】

判断题：

液压减振器是一种良好的减振装置，它能够消耗振动能量，衰减振动振幅，实现减振作用。（　　）

【解析】 考查液压减振器的作用概况。

液压减振器是一种良好的减振装置，它能够消耗振动能量，衰减振动振幅，实现减振作用。而且，振动速度越高，振幅越大，减振效果越显著。

【答案】 √

9.【题目】

判断题：

DC-32K 捣固车的材料小车走行部所采用的减振元件是金属橡胶弹簧和液压减振器。（　　）

【解析】 考查 DC-32K 捣固车材料小车的减振元件。

DC-32K 捣固车的材料小车走行部所采用的减振元件是金属橡胶弹簧和液压减振器。

【答案】 √

10.【题目】

填空题：

(1)DC-32K 捣固车转向架采用中心销与旁承组合的连接装置，由一个中心销和(　　)个旁承组成。

(2)DC-32K 捣固车转向架可以绕(　　)相对车架回转。

判断题：

(3)DC-32K 捣固车转向架上装有中心销。（　　）

【解析】 考查 DC-32K 捣固车转向架与车架连接装置的组成。

DC-32K 捣固车转向架是采用中心销与旁承组合的连接装置，由一个中心销和两个旁承组成，转向架可以绕中心销相对车架回转。中心销总成由中心销轴、关节轴承、垫圈、止推凸缘盘等组成。

【答案】 (1)两；(2)中心销；(3)√

11.【题目】

填空题：

(1)DC-32K 捣固车在转向架构架的左右两侧梁中部顶面上分布有(　　)个橡胶减振平面摩擦式旁承。

(2)橡胶减振平面摩擦式旁承由(　　)摩擦板、止推盘、橡胶弹簧及弹簧座等组成。

判断题：

(3)DC-32K 捣固车转向架构架的左右侧梁上装有橡胶旁承。(　　)

【解析】 考查旁承的安装数量与组成。

在构架的侧梁中部顶面上分布有两个橡胶减振平面摩擦式旁承，旁承由尼龙摩擦板、止推盘、橡胶弹簧及弹簧座等组成。

【答案】 (1)两；(2)尼龙；(3)√

12.【题目】

填空题：

轮对分为安装有驱动齿轮的(　　)轮对和无驱动齿轮的从动轮对。

【解析】 考查轮对的分类。

根据在驱动走行时所起作用的不同，轮对分为安装有驱动齿轮的主动轮对和无驱动齿轮的从动轮对。

【答案】 主动

13.【题目】

填空题：

车轴主要由(　　)、轴身、轮座等部分组成。

【解析】 考查车轴结构组成。

车轴主要由轴颈、轴身、轮座等部分组成，主动车轴的轴身部分还有安装驱动齿轮与轴承的部分。

【答案】 轴颈

14.【题目】

填空题：

(1)车轮由踏面、(　　)、轮辋、辐板、轮毂等部分组成。

选择题：

(2)DC-32K 捣固车采用的是整体(　　)车轮。

A. 铸钢　　B. 带箍　　C. 辗钢

【解析】 考查车轮结构组成。

DC-32K 捣固车采用的是整体辗钢车轮，由踏面、轮缘、轮辋、辐板、轮毂等部分组成。

【答案】 (1)轮缘；(2)C

15.【题目】

填空题：

(1)QS-650K 全断面道砟清筛机转向架构架是采用钢板、型钢拼焊而成的(　　)结构。

判断题：

(2)QS-650K 全断面道砟清筛机转向架构架由左右侧梁、横梁、连接杆组成。(　　)

(3)QS-650K 全断面道砟清筛机转向架摇枕两端支承在摇枕弹簧上。(　　)

【解析】 考查 QS-650K 全断面道砟清筛机转向架结构和组成。

QS-650K 全断面道砟清筛机转向架构架是采用钢板、型钢拼焊而成的箱形结构，主要由左右侧梁、摇枕、连接杆组成。

摇枕两端支承在摇枕弹簧上，上平面中部安装下心盘，两端安装有旁承。摇枕两端的侧面焊有导槽与左右侧梁的导柱相配合，限定摇枕的移动范围。

摇枕侧面焊有连接基础制动装置各种杠杆的吊挂座及车轴齿轮箱扭矩拉杆的连接座(扭矩支座)，摇枕端面开有连接液压减振器上支座的螺栓孔。

【答案】 (1)箱形；(2)×；(3)√

16.【题目】

填空题：

(1)QS-650K 全断面道砟清筛机转向架采用的是金属螺旋弹簧，安置在摇枕与侧梁之间，故又称(　　)弹簧。

判断题：

(2)摇枕弹簧内、外圈的旋向相反，一为左旋，另一个为右旋，以避免内圈簧卡入外圈簧条之间失去弹性。(　　)

【解析】 考查 QS-650K 全断面道砟清筛机转向架金属螺旋弹簧的结构。

QS-650K 全断面道砟清筛机转向架的金属螺旋弹簧安置在摇枕与侧梁之间，故又称摇枕弹簧；摇枕弹簧共有两套，每套由两组双圈弹簧和两组单圈弹簧组成；双圈圆弹簧内、外圈弹簧的旋向相反，以避免内圈簧条卡入外圈簧条之间失去弹性。

【答案】 (1)摇枕;(2)√

17.【题目】

判断题:

(1)QS-650K 全断面道砟清筛机转向架采用了液压减振器作为减振元件,安装在轴箱与构架侧梁之间。(　　)

填空题:

(2)QS-650K 全断面道砟清筛机每台转向架设有(　　)个液压减振器。

(3)液压减振器使用(　　)年后,要在专用试验台上进行性能试验,不合格的液压减振器应及时修理或更换。

【解析】 考查 QS-650K 全断面道砟清筛机转向架液压减振器的安装和维护。

QS-650K 全断面道砟清筛机转向架采用了液压减振器作为减振元件,在转向架上,液压减振器垂直安装在转向架摇枕与侧梁之间,每台转向架设有两个液压减振器。

液压减振器使用 1 年后,要在专用试验台上进行性能试验,不合格的液压减振器应及时修理或更换。其试验方法和性能指标,要严格按照有关规定进行。

【答案】 (1)×;(2)两;(3)1

18.【题目】

判断题:

QS-650K 全断面道砟清筛机转向架采用心盘与旁承组合的连接装置,由一个心盘和两个旁承组成。(　　)

【解析】 考查 QS-650K 全断面道砟清筛机转向架与车架连接装置的组成。

QS-650K 全断面道砟清筛机转向架采用心盘与旁承组合的连接装置,由一个心盘和两个旁承组成。心盘设置在转向架摇枕的几何中心处,两个旁承对称均布在心盘两侧的摇枕上。心盘是转向架承载和传递走行动力的关键部件,它由心盘销、上心盘、下心盘、平键等组成。

【答案】 √

19.【题目】

填空题:

(1)DC-32K 捣固车,橡胶旁承摩擦板上表面无(　　)。

判断题:

(2)DC-32K 捣固车转向架构架上的旁承表面应经常补充润滑油脂。(　　)

简答题：

(3)简述转向架与车架连接装置检修维护要求。

【解析】 考查与车架连接装置的检查要求。

与车架连接装置的检查要求：

(1)应检查心盘应力集中部位无裂纹、烧结，相互运动部位磨损不超限。心盘润滑油供给装置应工作正常，油道无堵塞，否则须进行疏通。

(2)应定期对中心销进行探伤检查，检查关节轴承耐磨镀层磨损不超限。

(3)应检查橡胶旁承无老化和严重变形，橡胶旁承摩擦板上表面无油污。金属刚性旁承磨损不超限。

【答案】 (1)油污；(2)×；(3)见解析。

20.【题目】

填空题：

(1)DC-32K 捣固车，车轮轮缘厚度不得小于(　　)mm。

(2)QS-650K 全断面道砟清筛机，同一车辆的各车轮直径差不得大于(　　)mm。

(3)QS-650K 全断面道砟清筛机，车轮轮缘厚度不得小于(　　)mm。

【解析】 考查在日常检查保养与定期检查保养中，轮对应符合的要求。

在日常检查保养与定期检查保养中，轮对应符合下列要求：

(1)同一车轮相互垂直的直径差不得大于 0.5 mm。

(2)DC-32K 捣固车：同一轮对的两车轮直径差不得大于 2 mm；同一机械动力转向架的车轮直径差不得大于 4 mm；同一车辆的各车轮直径差不得大于 10 mm；车轮轮辋、轮缘厚度不得小于 23 mm。

(3)QS-650K 全断面道砟清筛机：同一轮对的两车轮直径差不得大于 2 mm；同一转向架的车轮直径差不得大于 10 mm；同一车辆的各车轮直径差不得大于 10 mm；车轮轮辋、轮缘厚度不得小于 23 mm。

(4)轮对内侧距离及轮位差应符合限度要求，轮对内侧距离三处测量差值不大于 3 mm。

(5)运用中的大型养路机械每年年修时须对车轴施行全轴超声波穿透探伤检查一次。

【答案】 (1)23；(2)10；(3)23

21.【题目】

简答题：

简述大型养路机械(DC-32K 捣固车、QS-650K 全断面道砟清筛机)转向架磨耗主要发生的部位。

【解析】 考查构架磨耗的主要发生部位。

构架的磨耗主要发生在制动梁吊座耳孔、支杆吊座耳孔、摇枕导槽与侧梁导柱的接触面等处。

【答案】 见解析。

22.【题目】

选择题：

(1)转向架上的金属橡胶弹簧中的橡胶容易老化、龟裂或严重变形，使用满(　　)年应进行更换。

A. 1　　　　B. 2　　　　C. 3

简答题：

(2)对金属橡胶弹簧检查有哪些要求？

(3)对液压减振器检查有哪些要求？

【解析】 考查弹簧减振装置的检查要求。

(1)金属橡胶弹簧中的橡胶老化、龟裂、严重变形或橡胶块与金属板之间粘接脱离时，或使用满 3 年的，应更换金属橡胶弹簧。

(2)检查金属螺旋圆弹簧，应无裂损、失效、腐蚀及磨耗等。凡发现弹簧有裂纹、折损、腐蚀和磨耗过限时应及时更换。

(3)检查液压减振器，应无卡滞、异常噪声、泄漏、锈蚀现象，定期在试验台上进行性能检测，发现不良时，应更换或修复。

【答案】 (1)C；(2)见解析；(3)见解析。

23.【题目】

简答题：

怎样判断轴箱过热？

【解析】 考查判断轴箱过热的方法。

检查轴箱温度可用手触或用温度检测仪，DC-32K 捣固车轴箱的最高温度超过 70 ℃、QS-650K 全断面道砟清筛机轴箱的最高温度超过 70 ℃(非提速)或轴箱温度高于环境温度 45 ℃以上时，可判断为轴箱过热。

【答案】 见解析。

第四章　车钩缓冲装置

1.【题目】

填空题：

(1)车钩缓冲装置由车钩、(　　)及其他附属零部件组成。

(2)车钩缓冲装置一般组成一个整体，钩身和缓冲器安装在车底架两端的(　　)梁内。

(3)车钩缓冲装置安装在车底架的牵引梁内，下部靠(　　)和钩尾框托板托住。

选择题：

(4)车钩和钩尾框通过(　　)连成一体。

A. 钩尾板　　B. 钩尾销　　C. 钩尾座

【解析】 考查车钩缓冲装置的结构组成。

车钩缓冲装置简称钩缓装置。它是大型养路机械的组成部分之一，用来连接各车辆并使之彼此保持一定距离，传递牵引力，缓和列车在运行中或在调车时所受到的冲击力。钩缓装置由车钩、缓冲器及其他附属零部件组成，车钩和钩尾框通过钩尾销连成一体。

钩缓装置一般组成一个整体，钩身及缓冲器安装在车底架两端的牵引梁内，其前、后从板及缓冲器卡装在牵引梁的前、后从板座之间，下部靠钩尾框托板和车钩托梁托住。

【答案】 (1)缓冲器；(2)牵引；(3)车钩托梁；(4)B

2.【题目】

简答题：

车钩缓冲装置具有哪三种功能？

【解析】 考查车钩缓冲装置的功能。

钩缓装置具有以下三种功能：

连接——使车辆与车辆之间能够连挂和摘解，并保持一定的距离。

牵引——把动车的牵引力传递给其他车辆。

缓冲——缓和与衰减运行中由于牵引力的变化和制动力前后不一致而引起的冲击与振动。

【答案】 见解析。

3.【题目】

填空题：

在车钩缓冲装置中，(　　)是用来连接车辆和传递牵引力、冲击力的。

【解析】 考查车钩的作用。

车钩用来连挂车辆和传递牵引力及冲击力，可以承受较大的作用力。

【答案】 车钩

4.【题目】

填空题：

车钩钩体可分为钩头、钩身和(　　)三部分。

【解析】 考查钩体的组成部分。

钩体可分为钩头、钩身和钩尾三部分，钩头与钩舌通过钩舌销相连接，钩舌可绕钩舌销转动。

(1)钩头——车辆摘挂时主要作用的部分。

(2)钩身——钩体用来传递牵引力和冲击力的部分。

(3)钩尾——车钩后端用于安装钩尾框的部分。

【答案】 钩尾

5.【题目】

填空题：

(1)大型养路机械通常使用(　　)作用式车钩。

(2)大型养路机械使用 13 号上作用式车钩和(　　)型车钩。

选择题：

(3)上作用式车钩是由设在钩头上部的提升机构(　　)的。

A. 关闭　　　　B. 开启　　　　C. 锁闭

判断题：

(4)根据车钩的开启方式，可将车钩分为上作用式、中作用式和下作用式 3 种。(　　)

(5)大型养路机械使用 15 号车钩。(　　)

【解析】 考查车钩的分类与选取。

按照车钩的开启方式，可将车钩分为上作用式和下作用式两种。上作用式车钩是由设在钩头上部提升机构开启的，下作用式车钩是由设在钩头下部推顶机构开启的。上作用式车钩比下作用式车钩开启灵活、轻便，所以大型养路机械通常使用上作用式车钩。

大型养路机械使用13号上作用式车钩和6G型车钩。

【答案】 (1)上;(2)6G;(3)B;(4)×;(5)×

6.【题目】

判断题:

(1)6G型车钩与13号车钩钩头内的零部件可以互换。( )

(2)6G型车钩的结构与13号车钩基本相同,不同之处在于6G型车钩的钩尾销由原来的扁销,改为圆销。( )

【解析】 考查6G型车钩与13号车钩的结构异同。

6G型车钩的结构与13号车钩基本相同,钩头内的零部件可以互换,不同之处在于6G型车钩的钩尾销由原来13号车钩的钩尾扁销改为钩尾圆销,并改变了钩体尾部及钩尾框端的结构尺寸与之相配;6G型车钩左右摆动角度较大,装用在换长较大的车辆上。

【答案】 (1)√;(2)√

7.【题目】

简答题:

13号上作用式车钩由哪些零件组成?

【解析】 考查13号上作用式车钩的组成。

13号上作用式车钩由钩体、钩舌、钩锁、钩舌推铁、钩舌销、上锁销和上锁销杆等零件组成。

【答案】 见解析。

8.【题目】

选择题:

(1)MX-1型缓冲器属于橡胶( )缓冲器。

A. 摩擦式　　B. 胶泥式　　C. 液体式

(2)ST型缓冲器为弹簧( )缓冲器。

A. 摩擦式　　B. 胶泥式　　C. 液体式

(3)MT-3型缓冲器为弹簧( )缓冲器。

A. 摩擦式　　B. 胶泥式　　C. 液体式

(4)KC15型缓冲器为弹性( )缓冲器。

A. 摩擦式　　B. 胶泥式　　C. 液体式

【解析】 考查大型养路机械使用的常见缓冲器的名称。

大型养路机械使用的缓冲器有：MX-1 型橡胶摩擦式缓冲器、MT-3 型弹簧摩擦式缓冲器、ST 型弹簧摩擦式缓冲器，以及 KC15 型弹性胶泥式缓冲器。

【答案】 (1)A；(2)A；(3)A；(4)B

9.【题目】

简答题：

简述车钩缓冲装置中缓冲器的作用。

【解析】 考查大型养路机械车钩缓冲装置中缓冲器的作用。

缓冲器是用来缓和与衰减车辆在起动、制动及连挂车钩时由于牵引力的变化或相互碰撞而引起的纵向冲击和振动，从而可减轻对车辆结构的破坏作用，提高车辆运行时的平稳性。

【答案】 见解析。

10.【题目】

简答题：

什么是车钩的三态作用？

【解析】 考查车钩的三态作用。

车钩工作时，各零部件处于不同的位置，起着不同的作用，从而使车钩具有闭锁、开锁和全开三种工作状态，称为车钩的三态作用。

【答案】 见解析。

11.【题目】

填空题：

(1)车钩的(　　)位置是一种闭而不锁的状态。

选择题：

(2)在车钩的三态作用中，(　　)位置为摘解车辆时的预备位置。

A. 闭锁　　B. 开锁　　C. 全开

【解析】 考查车钩开锁位置时的状态。

开锁位置为摘解车辆时的预备位置。由闭锁位置提起车钩提杆，通过提钩链带动上锁销旋转，同时上锁销沿着上锁销杆的蝶形孔上移，使上锁销杆向钩锁腔外转动，脱离防跳位置，并带动钩锁上移，越过钩舌尾部，直至钩锁的全开回转支点与钩锁腔内的全开作用台接触为止。由于钩锁的偏重，其腿部向后偏移，当放下车钩提杆时，钩锁腿部的开锁坐锁面就坐在钩舌推铁的锁座上，使钩锁不至落下，而呈开锁状态。

实际上，车钩的开锁位置是一种闭而不锁的状态。此时，钩舌虽未张开，但钩锁已被人为操纵提起一个高度，即解除了对钩舌的锁闭，只要车辆稍稍移动，钩舌即可向外转开，使车辆分离。

【答案】　(1)开锁；(2)B

12.【题目】

选择题：

(1)在车钩的三态作用中，(　　)位置为两车钩相互连挂时所处的位置。

A. 闭锁　　B. 开锁　　C. 全开

(2)车钩的闭锁位置为两车钩相互连挂时所处的位置，此时(　　)不能张开，呈锁闭状态。

A. 钩头　　B. 钩舌　　C. 钩锁

(3)车钩处于闭锁位置时，(　　)挡住钩舌，使钩舌不能张开，呈锁闭状态。

A. 钩锁　　B. 钩头　　C. 钩锁销

【解析】　考查车钩闭锁位置时的状态。

闭锁位置为两车钩相互连挂时所处的位置。这时钩舌尾部转入钩锁腔内，钩锁以自重落下，其后坐锁面和侧坐锁面分别坐在钩舌推铁的锁座和钩舌尾部侧面的钩锁承台上，卡在钩舌尾部侧面及钩锁腔侧壁面之间，这样便挡住了钩舌，使其不能张开，呈锁闭状态。同时，由于上锁销定位凸缘的支点作用，使上锁销带动上锁销杆向钩锁腔后壁偏转，上锁销的下部防跳台和上锁销杆上部的防跳台偏于钩头钩锁腔后壁的上防跳台下，起防跳作用。

【答案】　(1)A；(2)B；(3)A

13.【题目】

选择题：

在车钩的三态作用中，(　　)位置为车钩钩舌完全张开准备挂钩时的位置。

A. 闭锁　　B. 开锁　　C. 全开

【解析】　考查车钩全开位置时的状态。

全开位置为车钩钩舌完全张开准备挂钩时的位置。车钩处于闭锁或开锁位置时，用力提起车钩提杆，上锁销便脱离防跳台，带动钩锁迅速上升，当钩锁的全开回转支点靠住钩锁腔前壁的全开作用台时，即以该处为支点回转，钩锁的腿部向后转动，后踢足面踢动钩舌推铁的踢足推动面，使钩舌推铁以其为轴转动。同时，钩舌推铁的踢足踢动钩舌尾部侧面，使钩舌以钩舌销为轴张开，车钩呈全开状态。

【答案】 C

14.【题目】

选择题：

(1)在平直线路上，(　　)时，就能实现两个车钩的连挂。

A. 两个车钩都处于闭锁位　　B. 两个车钩都处于开锁位

C. 其中一个车钩处于全开位

判断题：

(2)在平直线路上，两个车钩都处于全开位置，两车辆能够连挂上。(　　)

(3)在平直线路上，一个车钩处于全开位置，另一个车钩处于闭锁位，两车辆能够连挂上。(　　)

(4)连挂车辆时，将两个车辆的车钩都处于闭锁状态，也可以实现连挂。(　　)

(5)连挂车辆时，使其中一个车钩呈开锁位置，另一个车钩呈闭锁状态即可。(　　)

【解析】 考查连挂时车钩的位置状态。

相互挂接的两个车钩，必须有一个处于全开位，另一个处于任意位置都可以。

【答案】 (1)C；(2)√；(3)√；(4)×；(5)×

15.【题目】

填空题：

大型养路机械连挂后，车钩应处于完全的(　　)状态，以保证车辆运行时不分离。

【解析】 考查连挂后车钩的位置状态。

根据铁路运输的需要，车辆需要频繁地摘挂。车辆连挂后，车钩应处于完全的闭锁状态以保证车辆运行时不会分离。

【答案】 闭锁

16.【题目】

填空题：

(1)车辆摘解时，两车钩中至少有一个车钩呈(　　)位置。

判断题：

(2)一个车钩处于闭锁位，另一个车钩处于开锁位，可以实现车辆的摘解。(　　)

(3)摘解车辆时，必须使两车钩都处于开锁位。(　　)

【解析】 考查摘解时车钩的位置状态。

车辆摘解时，两车钩中至少有一个车钩呈开锁位置，然后牵动任一车辆，随着车辆的移动，开锁位置的车钩钩舌绕钩舌销转动，两车钩分离。

【答案】 (1)开锁；(2)√；(3)×

17.【题目】

填空题：

(1)车辆连挂时，(　　)按规定使用手信号进行引导，司机必须严格执行信号显示要求。

(2)车钩连挂时，必须确认连挂车辆的车钩至少一个车钩呈(　　)状态。

选择题：

(3)在小半径曲线上进行车辆连挂时，如果两车钩的纵向中心线偏离较大，连挂较为困难，可将(　　)。

A. 两车钩均置于闭锁位置　　B. 两车钩均置于开锁位置

C. 两车钩均置于全开位置

简答题：

(4)试述车钩连挂安全注意事项。

【解析】 考查车钩连挂安全注意事项。

车钩连挂安全注意事项：

(1)连挂时，指挥人员按规定使用手信号进行引导，司机必须严格执行信号显示要求。

(2)必须先确认连挂车辆的车钩至少一个车钩呈全开状态。

(3)在小半径曲线上进行连挂时，如果两车钩的纵向中心线偏离较大，连挂较为困难可将两车钩均置于全开位置，同时可利用车钩钩身两侧间隙左右扳动车钩的钩头，使两车钩的中心线接近，确保连挂成功。

(4)车辆走行中禁止人员进入道心。

【答案】 (1)指挥人员；(2)全开；(3)C；(4)见解析。

18.【题目】

选择题：

在大型养路机械运用中，车钩高度调整的一般方法是在(　　)下和钩尾框托板内加调整垫。

A. 钩身磨耗板　　B. 缓冲器　　C. 钩舌

【解析】 考查车钩高度调整的办法。

大型养路机械在运用中车钩高度调整的一般方法是在钩身磨耗板下和钩尾框托板内加调整垫。

【答案】 A

19.【题目】

选择题：

(1)13 号上作用式车钩形成闭锁位置的标志是钩锁的足部从钩头下锁销孔露出,(　)充分落下。

A. 钩舌销　　B. 钩舌推铁　　C. 上锁销

判断题：

(2)13 号上作用式车钩形成闭锁位置的标志是上锁销充分落下。(　)

【解析】 考查 13 号上作用式车钩形成闭锁位置的标志。

13 号上作用式车钩形成闭锁位置的标志是钩锁的足部(锁腿下端)从钩头下锁销孔露出,上锁销充分落下。

【答案】 (1)C;(2)×

20.【题目】

判断题：

(1)摘解车钩时,确认摘解车辆无动力并做好制动(防溜)措施后,方可实施摘解作业。(　)

简答题：

(2)摘车时,除有专人负责外,还必须执行什么作业程序?

(3)试述车钩摘解安全注意事项。

【解析】 考查车钩摘解安全注意事项。

①确认摘解车辆无动力并做好制动(防溜)措施后,方可实施摘解作业。

②摘车时,应有专人负责,必须严格执行“一关前、二关后、三摘风管、四提钩”的作业程序。

③车辆走行中禁止人员进入道心。

【答案】 (1)√

(2)摘车时,应有专人负责,必须严格执行“一关前、二关后、三摘风管、四提钩”的作业程序。

(3)见解析。

21.【题目】

简答题：

当连挂中的车辆两钩连接中心线之差超过规定范围时,有什么危害?

【解析】 考查车钩高度差超限后的危害。

车辆运用一定时期后，会造成车钩高度下降，当连挂中的车辆两钩连接中心线之差超过规定范围时，高车钩的下钩耳、低车钩的上钩耳受力很大，将引起车钩的附加弯曲，加大各部分应力，更严重的有可能因车辆振动而发生脱钩事故，危及行车安全。因此，在车辆进行检修时必须将车钩高度调整到限度要求之内。

【答案】 见解析。

22.【题目】

填空题：

(1)列车中相互连挂的车钩中心水平线的高度差，不得超过(　　)mm。

选择题：

(2)大型养路机械运用中，车钩高度为(　　)mm。

A. 75　　　　B. 815～890　　　　C. 870～890

(3)车钩中心水平线至(　　)的高度称车钩高度。

A. 地面　　　　B. 轨枕顶面　　　　C. 钢轨顶面

判断题：

(4)同一大型养路机械前、后车钩中心水平线高度差不得超过 20 mm。(　　)

【解析】 考查车钩高度的定义及标准参数。

车钩高度：

(1)车钩中心水平线至钢轨顶面的高度称车钩高度。新造车辆落成后的车钩高度为(880±10)mm。

(2)运用中，车钩高度为 815～890 mm，相互连挂的两车钩中心水平线最大高度差不得超过 75 mm。因此，要经常对其进行测量和调整。

(3)同一辆车前、后车钩中心水平线高度差不得超过 10 mm。

【答案】 (1)75；(2)B；(3)C；(4)×

第五章　制动系统

1.【题目】

选择题：

(1)使机车车辆减低速度或者停止运动，以及防止机车车辆在静止状态下再行移动的措施，称为(　　)。

A. 缓解　　　　B. 充风　　　　C. 制动

(2)当动轮轮周上的切线力大于轮轨间的黏着力时,车轮将产生(　　)。

A. 空转　　　　　　B. 滑行　　　　　　C. 制动

【解析】 考查制动的基础知识。

对机车车辆而言,使其减低速度或者停止运动,以及防止机车车辆在静止状态下再行移动的措施,称为制动。为了达到制动的目的所装设的一整套机械装置是制动机。

【答案】 (1)C;(2)A

2.【题目】

选择题:

压力表指针指示的压强是压缩空气的(　　)。

A. 绝对压强　　B. 绝对压强加上大气压　　C. 绝对压强减去大气压

【解析】 考查压力表的工作原理。

以真空为零,并以此为起点计算的压强是绝对压强。由于风表在大气压力的作用下,指针指向零,故只有空气压强在大气压以上时,指针才能上升,从而指示压力。压力表指针指示的压强是压缩空气的绝对压强减去大气压。

【答案】 C

3.【题目】

选择题:

以树脂、石墨、石棉、铁粉、硫酸钡等材料为主,热压而成的闸瓦称(　　)。

A. 单闸瓦式　　　　B. 铸铁闸瓦　　　　C. 合成闸瓦

【解析】 考查闸瓦材料。

闸瓦按材质可分为铸铁闸瓦和合成闸瓦:铸铁闸瓦按材质可分为普通铸铁闸瓦、中磷铸铁闸瓦和高磷铸铁闸瓦,以树脂、石墨、石棉、铁粉、硫酸钡等材料为主热压而成的闸瓦称合成闸瓦。合成闸瓦的使用寿命长,制动时无火化或基本无火化,可防止因制动引起的列车或沿线的火灾,合成闸瓦的缺点是导热性差,易使车轮踏面热裂、剥离。

【答案】 C

4.【题目】

选择题:

车辆制动装置由人力制动机(手制动机)、空气制动机和(　　)三部分组成。

A. 闸瓦　　　　　　B. 制动缸　　　　　　C. 基础制动装置

【解析】 考查车辆制动系统组成。

车辆制动装置由人力制动机(手制动机)、空气制动机和基础制动装置三部分组成。将制动缸空气压力转换并扩大一定的倍数变成闸瓦压力的机构,称为基础制动装置。

【答案】 C

5.【题目】

选择题:

(1)车辆制动机缓解后,若制动缸活塞已缩回,但闸瓦仍抱紧车轮,原因是(　　)。

A. 活塞行程调整不当　B. 三通阀故障　C. 手制动机拧死

(2)制动缸部漏泄的主要原因是(　　)。

A. 皮碗老化、裂损　B. 皮碗变形　C. 活塞裂纹或气孔

判断题:

(3)制动缸活塞行程过大,制动力也会增大。(　　)

【解析】 考查基础制动原理。

制动缸活塞行程的长短与制动力有密切关系。当施行制动作用时,在相同的列车管减压量下,活塞行程过长时,制动力减小,延长制动距离,影响行车安全。反之,活塞行程过短时,制动缸压力就会增大,容易抱死车轮,造成车轮踏面擦伤。在列车中,各车辆的制动缸活塞行程长短相差过大时,还会使各车辆的制动力相差悬殊,从而增加列车的纵向动力作用。

【答案】 (1)C;(2)ABC;(3)×

6.【题目】

选择题:

基础制动装置由(　　)、制动传动装置、闸瓦及闸瓦间隙调节装置等几部分组成。

A. 空气压缩机　B. 制动机　C. 制动缸

【解析】 考查基础制动原理。

基础制动传动装置的用途:利用杠杆作用原理,把制动缸或人力操纵的手制动机的力,扩大适当倍数,然后向各闸瓦传递。基础制动装置由制动缸、制动传动装置、闸瓦及闸瓦间隙调节装置等几部分组成。

【答案】 C

7.【题目】

选择题：

以电路来操纵制动作用，而闸瓦压力的能源是压力空气的制动装置，称为（　　）。

A. 空气制动　　B. 电空制动　　C. 电阻制动

【解析】 考查制动装置分类。

以电路来操纵制动作用，而闸瓦压力的能源是压力空气的制动装置，称为电空制动。

制动时，将电磁铁落下与轨面保持一定间隙，靠电磁铁与钢轨间的相对速度而产生电涡流作用形成的制动力，这种制动方式称为轨道涡流制动（或线性涡流制动）。

制动时，将电磁铁靴产生磁力，吸引钢轨，靠电磁铁靴与钢轨之间的摩擦转移能量，这种制动方式称为轨道电磁制动。

制动时，使牵引电机变为发电机，把产生的电能反馈到输电网去，同时产生制动力，这种制动方式称为再生制动。

制动时，使牵引电机变为发电机，把产生的电能消耗于电阻，用于控制速度，这种制动方式称为电阻制动。

【答案】 B

8.【题目】

选择题：

列车站停超过（　　）min时，开车前应按规定进行列车制动机简略试验。

A. 20　　B. 30　　C. 40

【解析】 考查简略试验的技术标准及要求。

大型养路机械单机或机组停留超过20 min再开车时；改变司机室操纵端时；列车软管有分离情况时；进行摘、挂作业开车前；本务机自动制动机损坏，交由后续大机操纵时，须按以下程序进行简略试验。空气制动系统充满风后，用自动制动阀（大闸）施行列车管100 kPa的减压量，最后一辆机械车产生规定的制动压力（240～260 kPa）后，保压1 min，制动缸压力泄漏量不大于10 kPa，而且不得发生自然缓解。随后再实施全列缓解。

【答案】 A

9.【题目】

选择题：

机车挂运前，各大型养路机械司机必须将自动制动机手柄取出或置于指定位置，打开(　　)，将本车制动系统安全阀压力调至0.18～0.22 MPa(有半制动位的制动机将制动压力调整手柄置于半制动位)，JZ-7制动机分配阀上的常用限压阀调至0.245 MPa，以防止紧急制动(或压力过大)造成车轮损伤。

A. 紧急放风阀　　B. 无火回送阀　　C. 安全阀

【解析】 考查大型养路机械无火回送的技术要求。

机车挂运前，各机械车司机必须将自动制动机手柄取出或置于指定位置，打开无火回送阀，将本车制动系统安全阀压力调至0.18～0.22 MPa(有半制动位的制动机将制动压力调整手柄置于半制动位)，JZ-7制动机分配阀上的常用限压阀调至0.245 MPa，以防止紧急制动(或压力过大)造成车轮损伤。

【答案】 B

10.【题目】

判断题：

每次摘解风管后，无须及时挂好防尘堵。(　　)

【解析】 考查一次出乘作业标准。

因列车管上未装设管道滤尘器，施行紧急制动时，若列车管内存有煤渣等异物，便会随列车管的压力空气向放风阀口运动，可能造成放风阀口卡驻，导致放风阀口不能关闭，所以每次摘解风管后，须及时挂好防尘堵。

【答案】 ×

11.【题目】

选择题：

(1)JZ-7空气制动机自阀有过充位、运转位、(　　)、最大减压位、过量减压位、手柄取出位、紧急制动位7个作用位置。

A. 最小减压位　　B. 空气位　　C. 保压位

(2)JZ-7空气制动机单阀有单独缓解位、运转位、(　　)3个作用位置。

A. 制动区　　B. 缓解位　　C. 电空位

(3)在对列车施行制动时，JZ-7空气制动机(　　)使机车产生单独缓解作用。

A. 单阀单缓位　　B. 自阀过充位　　C. 单阀运转位

【解析】 考查JZ-7型制动机基本结构。

JZ-7空气制动机自阀有过充位、运转位、最小减压位、最大减压位、过量减压位、手柄取出位、紧急制动位7个作用位置。JZ-7空气制动机单阀有单独缓解位、运转位、制动区3个作用位置。在对列车施行制动时，JZ-7空气制动机单阀单缓位使机车产生单独缓解作用。

【答案】 (1)A;(2)A;(3)A

12.【题目】

判断题:

JZ-7 空气制动机自阀手柄由运转位直接移至手柄取出位进行换端操作,制动机不会产生制动,可能发生溜逸。( )

【解析】 考查 JZ-7 空气制动机自阀手柄换端操作。

JZ-7 自阀手柄由运转位直接移至手柄取出位时,中继阀立即自锁,列车管压力不会发生变化,制动机不会产生制动作用,即使制动缸原有压力空气,也会因单阀手柄移至运转位取出而全部排向大气,换端过程中极易发生机车自行溜走而造成事故。换端操作时,应将自阀手柄移至制动区的同时将单阀手柄移至运转位,待制动缸压力上升到 300 kPa 以上时,再将自、单阀手柄分别由手柄取出位取出,换装入另一端制动阀上,先将单阀手柄移至制动区,再将自阀手柄移回运转位。

【答案】 √

13.【题目】

选择题:

JZ-7 空气制动机,列车管定压为 500 kPa 时,常用全制动制动缸最大压力为( )kPa。

A. 120～150　　B. 240～260　　C. 340～360

【解析】 考查 JZ-7 型制动机性能要求。

《机车制动机 第 3 部分:空气制动机》(TB/T 2056.3—2019):列车管定压为 500 kPa 时,常用全制动制动缸最大压力为 340～360 kPa。

【答案】 C

14.【题目】

选择题:

JZ-7 型空气制动机列车管定压为 500 kPa 时,常用全制动制动缸升压时间应为( )s。

A. 1～2　　B. 2～5　　C. 5～8

【解析】 考查 JZ-7 型制动机性能要求。

《机车制动机 第 3 部分:空气制动机》(TB/T 2056.3—2019):列车管定压为 500 kPa 时,常用全制动制动缸升压时间应为 5～8 s。

【答案】 C

15.【题目】

选择题：

JZ-7 型空气制动机操纵自动制动阀手柄施行紧急制动：列车管从定压下降至零的时间小于(　　)s，紧急制度制动缸最高压力为 420～450 kPa；制动缸压力从零升至最高压力的时间为 3～7 s。

A. 1　　B. 2　　C. 3

【解析】 考查 JZ-7 型制动机的紧急制动。

《机车制动机　第 3 部分：空气制动机》(TB/T 2056.3—2019)：操纵自动制动阀手柄施行紧急制动，应满足下列要求：列车管从定压下降至零的时间小于 3 s，紧急制动制动缸最高压力为 420～450 kPa；制动缸压力从零升至最高压力的时间为 3～7 s。

【答案】 C

16.【题目】

选择题：

JZ-7 型空气制动机，将自动制动阀手柄置运转位。单独制动阀手柄置于制动区，阶段移动手柄，阶段制动或阶段缓解作用应稳定。单独制动阀手柄自运转位移置全制动位。制动缸压力从零升至 280 kPa 的时间不大于(　　)s。单独制动阀从全制动位快速移至运转位，制动缸压力从 300 kPa 降至 35 kPa 的时间不大于 4 s。

A. 1　　B. 2　　C. 3

【解析】 考查 JZ-7 型制动机的单独制动。

《机车制动机　第 3 部分：空气制动机》(TB/T 2056.3—2019)：制动缸压力从零升至 280 kPa 的时间不大于 3 s。单独制动阀从全制动位快速移至运转位，制动缸压力从 300 kPa 降至 35 kPa 的时间不大于 4 s。

【答案】 C

17.【题目】

选择题：

JZ-7 型空气制动机，双端操纵的机车应两端分别进行试验。非试验端的自动制动阀手柄置(　　)，单独制动阀手柄置运转位。

A. 手柄取出位　　B. 运转位　　C. 过充位

【解析】 考查 JZ-7 型制动机的操作。

《机车制动机　第 3 部分：空气制动机》(TB/T 2056.3—2019)附录 A：双端操

纵的机车应两端分别进行试验。非试验端的自动制动阀手柄置手柄取出位，单独制动阀手柄置运转位。

【答案】 A

18.【题目】

选择题：

JZ-7 型空气制动机，总风缸充风后，检查各总风管路漏泄量 1 min 不应超过(　　)kPa。

A. 5　　B. 30　　C. 20

【解析】 考查 JZ-7 型制动机装车试验。

《机车制动机　第 3 部分：空气制动机》(TB/T 2056.3—2019)附录 A：总风缸充风后，检查各总风管路漏泄量不应超过 20 kPa/min。

【答案】 C

19.【题目】

选择题：

YZ-1 型空气制动机，列车管规定压力为 500 kPa 时，常用全制动制动缸最高压力应为(　　)kPa。

A. 120～150　　B. 240～260　　C. 340～360

【解析】 考查 YZ-1 型空气制动机的技术性能。

YZ-1 型空气制动机，制动管规定压力为 500 kPa 时，常用全制动制动缸最高压力应为 340～360 kPa。

【答案】 C

20.【题目】

选择题：

YZ-1 型空气制动机制动管规定压力为 500 kPa 时，常用全制动制动缸升压时间应为(　　)s。

A. 1～2　　B. 2～5　　C. 6～9

【解析】 考查 YZ-1 型空气制动机的技术性能。

YZ-1 型空气制动机制动管规定压力为 500 kPa 时，均衡风缸压力由 500 kPa 降至 360 kPa 的时间为 5～7 s，制动缸压力由零升至最高压力值 340～360 kPa 的时间为 6～9 s。

【答案】 C

21.【题目】

选择题：

YZ-1 型空气制动机列车管压力自定压下降至零的时间不大于（　　）s。制动缸最高压力值为 420～460 kPa，制动缸压力由零升至最大值的时间不大于 9 s。

A. 1　　　　B. 2　　　　C. 3

【解析】 考查 YZ-1 型空气制动机的技术性能。

YZ-1 型空气制动机列车管自定压下降至零的时间不大于 3 s，制动缸最高压力值为 420～460 kPa，安全阀动作排风。制动缸压力由零升至最大值的时间不大于 9 s。

【答案】 C

22.【题目】

选择题：

YZ-1 型制动机的制动装置由（　　）、中继阀、紧急放风阀、电空阀以及工作风缸、双室风缸、制动缸等组成。

A. 空压机　　　　B. 分配阀　　　　C. 空气制动阀

【解析】 考查 YZ-1 型制动机的组成。

YZ-1 型空气制动机从总体组成结构可分为三个部分：供气系统、操纵机构及制动装置。制动装置由分配阀、中继阀、紧急放风阀、电空阀以及工作风缸、双室风缸、制动缸等组成。

【答案】 B

23.【题目】

选择题：

YZ-1 型空气制动机，空气制动阀设有“空气位”和“电空位”，当转换柱塞拨杆置于“空气位”时，空气制动阀作为自动制动阀（大闸）使用，并通过控制（　　）的压力变化来操纵列车的缓解与制动。

A. 总风缸　　　　B. 均衡风缸　　　　C. 列车管

【解析】 考查空气制动阀的作用。

空气制动阀设有“空气位”和“电空位”，当转换柱塞拨杆置于“空气位”时，空气制动阀作为自动制动阀（大闸）使用，并通过控制均衡风缸的压力变化来操纵列车的缓解与制动。当转换柱塞拨杆置于“电空位”时，空气制动阀作为单独制动阀（小闸）使用，直接控制作用管的压力变化，单独操纵大型养路机械的制动或缓解。

【答案】 B

24.【题目】

判断题：

YZ-1 型空气制动机，空气制动阀共有四个作用位置，按逆时针顺序排列为：运转位、缓解位、保压位及制动位。（　）

【解析】 考查空气制动阀的作用位置。

YZ-1 型空气制动机，空气制动阀共有四个作用位置，按逆时针顺序排列为：缓解位、运转位、保压位及制动位。

【答案】 ×

25.【题目】

判断题：

作业前，对于双端操作的 YZ-1 型制动机，应将操作端的自动制动阀（大闸）手柄置于缓解位，单独制动阀（小闸）手柄置于运转位。非操作端的自动制动阀（大闸）手柄置于运转位，单独制动阀（小闸）手柄置于缓解位。（　）

【解析】 考查 YZ-1 型制动机操纵。

作业前，对于双端操作的 YZ-1 型制动机，应将操作端的自动制动阀（大闸）手柄置于缓解位，单独制动阀（小闸）手柄置于运转位。非操作端的自动制动阀（大闸）手柄置于运转位，单独制动阀（小闸）手柄置于缓解位。

【答案】 √

26.【题目】

判断题：

同一辆车应装用相同结构形式与材质的闸瓦，无须考虑车上制动装置。（　）

【解析】 考查基础制动装置技术要求。

同一辆车应装用相同结构形式与材质的闸瓦，并与车上的风制动装置相匹配。

【答案】 ×

27.【题目】

判断题：

基础制动装置中的闸瓦插销可不安装闸瓦销环。（　）

【解析】 考查基础制动装置技术要求。

基础制动装置中的闸瓦插销必须安装闸瓦销环。

【答案】 ×

28.【题目】

判断题：

制动梁无须设置安全吊链。(　　)

【解析】 考查基础制动装置技术要求。

制动梁必须设置安全吊链。

【答案】 ×

29.【题目】

选择题：

在缓解状态下，闸瓦对车轮处于松弛状态，松弛状态下闸瓦中部与车轮踏面应有(　　)mm间隙。

A. 1～10　　B. 10～20　　C. 20～30

【解析】 考查闸瓦间隙。

在制动状态下，闸瓦与车轮踏面应接触良好；在缓解状态下，闸瓦对车轮处于松弛状态，松弛状态下闸瓦中部与车轮踏面应有1～10 mm间隙。

【答案】 A

30.【题目】

选择题：

(1)旁路制动时，制动缸有压力由零升至340 kPa的时间不大于(　　)s。

A. 1　　B. 2　　C. 4

(2)操纵旁路缓解时，制动缸压力缓至35 kPa的时间不大于(　　)s。

A. 1　　B. 2　　C. 5

【解析】 考查旁路制动的技术要求。

旁路制动时，制动缸有压力由零升至340 kPa的时间不大于4 s，最终压力为360 kPa；缓解时，制动缸压力缓至35 kPa的时间不大于5 s。

【答案】 (1)C；(2)C

31.【题目】

选择题：

压力继电器的作用是(　　)系统的压力。

A. 减少　　B. 增大　　C. 反映

【解析】 考查压力继电器的原理。

压力继电器的作用是反映系统的压力。通过监测液体或气体的压力，在压力超过或低于设定的阈值时触发继电器的开关操作，从而控制外部设备的运行或停止。

【答案】 C

32.【题目】

选择题：

塞门(含组合式集尘器塞门)开闭作用须灵活，扭矩不大于(　　)。

A. 5 N·m　　B. 10 N·m　　C. 15 N·m

【解析】 考查折角塞门的性能要求。

塞门(含组合式集尘器塞门)在开放位与关闭位之间转动手把，所需施加的扭矩不大于15 N·m。

【答案】 C

33.【题目】

选择题：

(1)“关门车”是指(　　)被关闭。

A. 折角塞门　　B. 列车管制动支管上的截断塞门　　C. 总风塞门

(2)货物列车的列车管定压为(　　)。

A. 550 kPa　　B. 600 kPa　　C. 500 kPa或600 kPa

(3)持续一定时间保压试验(在长大下坡道前方的列检作业场进行)：制动阀手把置于常用制动位，减压(　　)kPa后，手把位移至保压位置，在3 min之内不得发生自然缓解。

A. 50　　B. 100　　C. 140

判断题：

(4)列车制动机进行感度试验，全列车必须发生制动作用，并不得发生自然缓解。(　　)

【解析】 考查《铁路技术管理规程》《行规》关于制动试验的相关要求。

“关门车”：关闭制动支管的截断塞门，车辆能通风，但本身不起制动作用。

货物列车制动主管压力原则上为500 kPa，丰沙、唐包、京包、京原、京承、承隆、锦承、石太、邯长线及衔接的支线铁路的列车制动主管定压为600 kPa。

持续一定时间保压试验(在长大下坡道前方的列检作业场进行)：制动阀手把置于常用制动位，减压100 kPa后，手把位移至保压位置，在3 min之内不得发生自然缓解。

制动缓解感度试验:制动管压力达到定压时,将试验器置于常用制动位减压 50 kPa,全列车必须发生制动作用,保压 1 min,不得发生自然缓解,然后将试验器置缓解位充风缓解,全列车在 1 min 内缓解完毕。

【答案】 (1)B;(2)C;(3)B;(4)√

第六章 液压系统

1.【题目】

简答题:

液压传动具有哪些基本特点?

【解析】 考查液压传动的特点。

液压传动具有以下基本特点:

(1)以液体为传动介质来传递运动和动力;

(2)液压传动必须在密闭的容器内进行;

(3)依靠密闭容器的容积变化传递运动;

(4)依靠液体的静压力传递动力。

【答案】 见解析。

2.【题目】

判断题:

(1)液压泵、液压马达、液压缸是液压系统中的能量转换装置。( )

简答题:

(2)液压系统主要由哪几部分组成?

【解析】 考查液压系统的组成及各部分的功能。

(1)动力元件:液压泵——将原动机(电动机或内燃机)输入的机械能转换为液体的压力能,输出具有一定压力的油液。

(2)执行元件:液压缸、液压马达——将液压油的压力能转换成机械能,用以驱动工作机构的负载做功,实现往复直线运动、连续回转运动或摆动。

(3)控制元件:压力、方向、流量控制阀及其他控制元件——控制调节系统中从动力源到执行元件的液体压力、流量和方向,从而控制执行元件输出的力、速度和方向,以保证执行元件驱动工作机构完成预定的运动。

(4)辅助元件:油箱、过滤器、管路、压力表等——用来存放、提供和回收工作油液;滤除油液中的杂质,保证系统正常工作所需的油液清洁度;实现元件之间的连接及传输压力油液;显示系统压力等。

(5)工作介质:液压油。

【答案】 (1)√

(2)液压系统主要由动力元件、执行元件、控制元件、辅助元件、工作介质组成。

3.【题目】

选择题:

(1)液压油路中局部区段的最高温度不应超过(　　)。

A. 70 ℃　　　　B. 90 ℃　　　　C. 120 ℃

简答题:

(2)液压系统中油液温度过高会有哪些不良影响?

【解析】 考查液压油温度过高的相关影响。

液压系统油温过高将产生下列不良影响:

(1)使油液黏度降低,液压元件及系统内外泄漏增加,容积效率降低,执行元件速度变慢;同时,由于黏度降低,使相对运动表面的润滑性能变坏,增加磨损。

(2)使油液的氧化过程加快,导致油液变质;油中析出的沥青等沉淀物还会堵塞小孔和狭缝,影响系统的正常工作。

(3)使元件受热膨胀,可能导致配合间隙减小,因而影响阀芯的移动,甚至卡住。

(4)使密封胶圈迅速老化变质,丧失密封性能。因此,工作油温要保证适当,液压泵入口处的温度应在 55 ℃以下,油路中局部区段的最高温度不应超过 120 ℃。油箱的理想温度范围是 30～45 ℃,超过 55 ℃时,液压油的使用寿命将缩短;对于稠化油,可允许达到 85 ℃。

【答案】 (1)C;(2)见解析。

4.【题目】

简答题:

如何防止液压系统产生空穴和气蚀现象?

【解析】 考查防止空穴和气蚀现象的措施。

为了防止产生空穴和气蚀现象,一般可采取下列措施:

(1)减小流经小孔和间隙处的压力降;

(2)正确确定液压泵吸油管内径,对管内液体的流速加以限制,降低液压泵的吸油高度,尽量减小吸油管路中的压力损失,管接头良好密封,对于高压泵,可采用辅助泵供油;

(3)整个系统管路应尽可能直,避免急弯和局部窄缝等;

(4)提高元件抗气蚀能力。

【答案】 见解析。

5.【题目】

选择题:

(1)当系统的工作压力较高时,宜选用黏度(　　)的液压油。

A. 较低　　B. 中等　　C. 较高

(2)当系统的环境温度较高时,宜选用黏度(　　)的液压油。

A. 较低　　B. 中等　　C. 较高

(3)当温度下降时,油液的黏度(　　)。

A. 下降　　B. 增加　　C. 没有变化

【解析】 考查液压油的选用要求。

选择液压油时,黏度是一个重要指标,并以此决定液压油的规格或品种。有关黏度的确定一般可做如下考虑:

(1)液压系统的工作压力。工作压力较高时,宜选用黏度较高的液压油,因为高压时的泄漏问题比克服黏性阻力问题更为突出;反之,则选用黏度较低的液压油。

(2)液压系统的环境温度。当系统的环境温度较高时,宜选用黏度较高的液压油;反之,则选用黏度较低的液压油。

(3)工作部件的运动速度。当工作部件运动速度较高时,油流速度也很高,能量损失也随之增大,而漏油率相对减小,宜选用黏度较低的液压油;反之,流速低、相对漏油率较大,将对工作装置的运动速度产生影响,宜选用黏较高的液压油。

【答案】 (1)C;(2)C;(3)B

6.【题目】

填空题:

(1)按照输出排量是否可以调节,液压泵分为定量泵和(　　)泵。

简答题:

(2)按结构形式来分类,液压泵分为哪些类型?

【解析】 考查液压泵的分类。

按照结构形式的不同,液压泵分为齿轮泵、叶片泵、柱塞泵和螺杆泵等类型;按照输出油液的排量是否可以调节,分为定量泵和变量泵。

【答案】 (1)变量;(2)见解析。

7.【题目】

填空题：

(1)液压泵轴每旋转一周，按其几何尺寸计算而得到的排出液体体积称为液压泵的(　　)。

(2)排量可调节的液压马达称为变量马达，排量为常数的液压马达称为(　　)马达。

【解析】 考查液压泵排量的概念以及定量液压马达和变量马达的区别。

【答案】 (1)排量；(2)定量

8.【题目】

简答题：

齿轮泵的优点有哪些？

【解析】 考查齿轮泵的优点。

齿轮泵是液压系统常用的液压泵，其主要优点是：结构简单、紧凑，体积小，质量轻，转速高，自吸性能好，对油液污染不敏感，工作可靠，寿命长，便于维修及成本低等。

【答案】 见解析。

9.【题目】

填空题：

叶片泵按转子旋转一周完成吸油、排油的次数，分为(　　)和(　　)两种形式。

【解析】 考查叶片泵的分类。

单作用叶片泵转子旋转一周完成吸油、排油各一次，转子受到径向液压不平衡作用力，故又称为非平衡式泵；双作用叶片泵转子旋转一周完成吸油、排油各两次，泵的两个吸油区和排油区是径向对称的，作用在转子上的液压力径向平衡，故又称平衡式叶片泵。

【答案】 单作用；双作用

10.【题目】

填空题：

在一个双联泵体中，同一传动轴同时带动两个转子体，分别产生压力油并从两个不同的排油口分别排油，它们共用(　　)个吸油口。

【解析】 考查双联泵的原理。

双联叶片泵是由两个相互独立的叶片泵装在同一根驱动轴上所组成的。两个泵的外部油路相互独立，两个泵共同用一个吸油口，它们的油压口是各自独立的。

【答案】 一

11.【题目】

填空题：

液压泵的工作压力是指它的输出压力，其大小由(　　)决定。

【解析】 考查液压泵工作压力概念。

【答案】 负载

12.【题目】

填空题：

叶片式液压马达的叶片应(　　)放置。

【解析】 考查叶片式液压马达的放置要求。

由于液压马达一般要求能正、反转，所以叶片式液压马达的叶片要径向放置。

【答案】 径向

13.【题目】

简答题：

液压缸按结构分类可分为哪些？

【解析】 考查液压缸的结构分类。

液压缸按结构来分类，可分为柱塞式液压缸、活塞式液压缸、组合式液压缸、叶片式液压缸。

【答案】 见解析。

14.【题目】

简答题：

试述柱塞式液压缸的特点。

【解析】 考查柱塞式液压缸的特点。

柱塞缸的最大的特点是柱塞不与缸体接触，不形成配合面，因而对缸体内壁的精度要求很低，工艺性好，成本低；运动时，靠缸盖上的导向套来导向，特别适用于行程较长的场合。

【答案】 见解析。

15.【题目】

简答题：

液压缸的组成有哪些？

【解析】 考查液压缸的组成。

液压缸主要由缸体组件（缸体、缸盖等）、活塞组件（活塞、活塞杆等）、密封件、缓冲装置和排气装置等基本部分组成。缓冲装置和排气装置根据具体应用场合而定，其他部分必不可少。

【答案】 见解析。

16.【题目】

简答题：

(1)为什么在液压缸中需要设置缓冲装置？

(2)缓冲的一般原理是什么？

【解析】 考查液压缸中缓冲装置的功能和原理。

当液压缸拖动的运动部件的质量较大，运动速度较高时，具有很大的动能，为了防止活塞运动到缸体的终端时，与端盖发生机械碰撞，产生大的冲击和噪声，引起液压缸或被驱动件的破坏，在大型、高速或高精度的液压设备中，必须设置缓冲装置。

缓冲的一般原理是：当活塞快速运动到接近缸盖时，通过节流的方法增大回油阻力，使液压缸的排油腔产生足够的缓冲压力，活塞因运动受阻而减速，从而避免与缸盖快速相撞。

【答案】 见解析。

17.【题目】

简答题：

液压阀按功能分类可分为(　　)控制阀、(　　)控制阀、流量控制阀。

【解析】 考查液压阀的分类。

液压阀按功能分类可分为压力控制阀、方向控制阀、流量控制阀。

【答案】 压力；方向

18.【题目】

填空题：

方向控制阀按其用途不同，可分为(　　)、(　　)。

【解析】 考查方向控制阀的分类。

方向控制阀按其用途不同，可分为单向阀、换向阀。

【答案】 单向阀；换向阀

19.【题目】

简答题：

方向控制阀的作用是什么？

【解析】 考查方向控制阀的定义。

方向控制阀是用来控制和改变液压系统中油路通、断或油液流通方向，以满足液压执行元件起动、停止以及运动方向的变换等工作要求。方向控制阀的工作原理是利用阀芯相对阀体的移动来改变液压油的通路。

【答案】 见解析。

20.【题目】

填空题：

普通单向阀的作用是控制油液（　　），正向通过时应（　　），反向通过时应（　　）。

【解析】 考查单向阀的功能。

普通单向阀的作用是控制油液向一个方向流，正向通过时应导通，反向通过时应截止。

【答案】 向一个方向流；导通；截止

21.【题目】

判断题：

普通单向阀可以用作背压阀。（　　）

【解析】 考查单向阀的功能特点。

普通单向阀的弹簧刚度较小，以免油液流动时产生较大的压力降。一般单向阀的开启压力在0.035～0.05 MPa，通过额定流量时的压力损失不应超过0.1～0.3 MPa。若将单向阀中的弹簧换成较大刚度的弹簧，则阀的开启压力约为0.2～0.6 MPa，可将其置于回油路中做背压阀使用。

【答案】 ×

22.【题目】

简答题：

什么是节流调速回路？

【解析】 考查节流调速的功用。

液压系统采用定量泵供油,用流量控制阀改变输入执行元件的流量实现调速的回路称为节流调速回路。

【答案】 见解析。

23.【题目】

简答题:

什么是容积调速回路?

【解析】 考查容积调速的功用。

液压系统采用变量泵供油,通过改变泵的排量来改变输入执行元件的流量,从而实现调速的回路称为容积调速回路。

【答案】 见解析。

24.【题目】

简答题:

什么是滑阀的中位机能?

【解析】 考查滑阀中位机能的概念。

滑阀的中位机能是指换向阀中滑阀处于中间位置或原始位置时阀中各油口的连通形式,体现了换向阀的控制机能。

【答案】 见解析。

25.【题目】

简答题:

什么是换向阀的"位"与"通"?各油口在阀体什么位置?

【解析】 考查换向阀的"位"与"通"以及不同位时各油口的连通区别。

(1)换向阀的"位":为了改变液流方向,阀芯相对于阀体应有不同的工作位置,这个工作位置数叫做"位"。职能符号中的方格表示工作位置,三个格为三位,两个格为二位。换向阀有几个工作位置就相应的有几个格数,即位数。

(2)换向阀的"通":当阀芯相对于阀体运动时,可改变各油口之间的连通情况,从而改变液体的流动方向。通常把换向阀与液压系统油路相连的油口数(主油口)叫做"通"。

(3)换向阀的各油口在阀体上的位置:通常,进油口 P 位于阀体中间,与阀孔中间沉割槽相通;回油口 O 位于进油口 P 的侧面,与阀孔最边的沉割槽相通;工作油口 A、B 位于进油口 P 的上面,分别与进油口 P 两侧的沉割槽相通;泄漏口 L 位于最边位置。

【答案】 见解析。

26.【题目】

填空题：

溢流阀为(　　)压力控制，阀口常(　　)，先导阀弹簧腔的泄漏油与阀的出口相通。定值减压阀为(　　)压力控制，阀口常(　　)，先导阀弹簧腔的泄漏油必须(　　)。

【解析】 考查溢流阀的功能特性。

【答案】 进口；闭；出口；开；单独引回油箱

27.【题目】

选择题：

液压泵单位时间内排出油液的体积称为泵的流量。泵在额定转速和额定压力下的输出流量称为(　　)。

A. 实际流量　　　　B. 理论流量　　　　C. 额定流量

【解析】 考查泵的额定流量。

【答案】 C

28.【题目】

填空题：

调速阀由(　　)和节流阀(　　)而成，旁通型调速阀由(　　)和节流阀(　　)而成。

【解析】 考查的是调速阀的相关概念。

【答案】 定差减压阀；串联；差压式溢流阀；并联

29.【题目】

选择题：

变量轴向柱塞泵排量的改变是通过调整斜盘(　　)的大小来实现的。

A. 角度　　　　B. 方向　　　　C. 厚度

【解析】 考查变量柱塞泵的原理。

定量设备的摆角由壳体设定，因而为固定值。变量设备的摆角则在一定范围内无极可调。通过改变摆角，得到柱塞的不同行程，因而产生可调节的排量容积。

【答案】 A

30.【题目】

选择题：

减压阀工作时保持(　　)。

A. 进口压力不变　　B. 出口压力不变　　C. 进出口压力都不变

【解析】 考查减压阀工作原理。

减压阀利用出油口油液作用于阀芯上的液压力和弹簧力相平衡来控制阀芯移动,保持出口压力基本恒定。

【答案】 B

31.【题目】

选择题：

在用节流阀的旁油路节流调速回路中,其液压缸速度(　　)。

A. 随负载增大而增加　　B. 随负载减少而增加

C. 不受负载的影响

【解析】 考查旁路节流调速回路的工作原理。

节流阀安装在与液压缸并联的旁油路上,通过节流阀调节流回油箱的油液流量,以实现间接控制进入液压缸的流量,进而到达调速目的。

【答案】 B

32.【题目】

简答题：

试述进油路节流调速回路与回油路节流调速回路的不同之处。

【解析】 考查进、回油路节流调速回路的特点。

(1)回油路节流调速中,进油路无阻力而回油路有阻力,导致活塞突然向前运动,产生冲击;进油路节流调速回路中,进油路的节流阀对进入液压缸的液体产生阻力,可减缓冲击。

(2)回油路节流调速,可承受一定的负值载荷。

【答案】 见解析。

33.【题目】

简答题：

什么叫作差动液压缸?差动液压缸在实际应用中有什么优点?

【解析】 考查差动连接的相关功能。

差动液压缸由单活塞杆液压缸将压力油同时供给单活塞杆液压缸左右两腔，使活塞运动速度提高。差动液压缸在实际应用中可以实现差动快速运动，提高速度和效率。

【答案】 见解析。

34.【题目】

简答题：

液压缸为什么要密封？哪些部位需要密封？常见的密封圈有哪几种？

【解析】 考查液压缸密封的重要性、安装部位以及密封的种类。

不密封会引起内泄漏和外泄漏，容积效率低，泄漏严重时，系统压力上不去，无法工作，并且外泄漏会污染环境。

密封部位：活塞与缸筒，缸筒与端盖，活塞与活塞杆，活塞杆与端盖(或导向套)等。

常见的密封圈有O形、Y形、V形和滑环组合式等。

【答案】 见解析。

35.【题目】

简答题：

先导式溢流阀的远程控制油口分别接入油箱或另一远程调压阀时，会出现什么现象？

【解析】 考查先导式溢流阀在实际运用中的功能。

先导式溢流阀阀体上有一远程控制口K，当将此口通过二位二通阀接通油箱时，阀芯上腔的压力接近零，此时主阀芯在很小的压力作用下即可向上移动，且阀口开得最大，泵输出的液压油在很低的压力下通过阀口流回油箱，起卸荷作用。

如果将阀口接到另一个远程控制调压阀上，使打开远程控制调压阀的压力小于打开溢流阀先导阀的压力，则主阀芯上腔压力就由远程控制阀来决定，就可实现对系统的远程调压控制。

【答案】 见解析。

36.【题目】

简答题：

现有两个压力阀，由于铭牌脱落，分不清哪个是溢流阀，哪个是减压阀，又不希望把阀拆开，如何根据其特点做出正确判断？

【解析】 考查溢流阀和减压阀的外观区别。

从外观上看溢流阀有进油口、出油口和控制油口;减压阀不但有进油口、出油口和控制油口,还多一个外泄油口。

【答案】 见解析。

37.【题目】

选择题:

影响液压泵容积效率下降的主要原因是(　　)。

A. 工作压力　　B. 内泄漏　　C. 工作腔容积变化量

【解析】 考查影响液压泵容积效率的主要因素。

【答案】 B

38.【题目】

选择题:

节流阀用于控制油液的(　　)。

A. 流量　　B. 方向　　C. 压力

【解析】 考查节流阀的作用。

节流阀的作用是控制油液的流量。

【答案】 A

39.【题目】

选择题:

常用的电磁换向阀用于控制油液的(　　)。

A. 流量　　B. 方向　　C. 流量和方向

【解析】 考查电磁换向阀的作用。

电磁换向阀的作用是控制油液的方向。

【答案】 B

40.【题目】

选择题:

液压马达是将(　　)的液压元件。

A. 液压能转换成机械能　　B. 电能转换为液压能

C. 机械能转换成液压能

【解析】 考查液压马达的知识。

液压马达是将液压能转换为机械能的执行元件。

【答案】 A

41.【题目】

选择题：

液压泵输出油液的多少，主要取决于（　　）。

A. 额定压力　　B. 负载

C. 密封工作腔容积大小变化

【解析】 考查液压泵的原理。

【答案】 C

42.【题目】

简答题：

什么是电液伺服阀？

【解析】 考查电液伺服阀相关概念。

电液伺服阀将微小的控制电信号转换成相应的液压信号，并经放大，输出与控制电信号成比例的液压功率。

【答案】 见解析。

43.【题目】

填空题：

液压蓄能器是一种能够储存（　　），并在需要时将它释放出来的（　　），蓄能器在液压系统中有吸收压力和冲击压力的作用，使执行元件（　　）。

【解析】 考查液压蓄能器的作用。

液压蓄能器是一种能够储存液体压力能，并在需要时将它释放出来的能量储存装置，蓄能器在液压系统中有吸收压力和冲击压力的作用，使执行元件运动平稳。

【答案】 液体压力能；能量储存装置；运动平稳

44.【题目】

填空题：

滤清器根据用途不同，分为（　　）、（　　）和（　　）。

【解析】 考查滤清器的作用。

滤清器根据用途不同，分为吸油滤清器、回油滤清器和高压滤清器。

【答案】 吸油滤清器；回油滤清器；高压滤清器

45.【题目】

填空题：

(　　)用于观察和测量各工作点的工作压力，以达到调整和控制的目的。

【解析】 考查压力表的作用。

【答案】 压力表

46.【题目】

选择题：

负载大、功率大的机械设备上的液压系统可使用(　　)。

A. 齿轮泵　　B. 叶片泵　　C. 柱塞泵

【解析】 考查不同液压缸的区别。

【答案】 C

47.【题目】

选择题：

(1)当系统的流量减小时，油缸的运动速度就(　　)。

A. 变快　　B. 变慢　　C. 没有变化

(2)液压缸的运动速度取决于(　　)。

A. 压力和流量　　B. 流量　　C. 压力

【解析】 考查流量与速度的关系。

【答案】 (1)B；(2)B

48.【题目】

简答题：

O形密封圈在使用过程中，为什么会出现翻转、扭曲现象？可采取哪些措施加以解决？

【解析】 考查O形密封圈出现翻转、扭曲的原因以及解决办法。

(1)当被封闭的介质工作压力较高时，O形密封圈会因产生弹性变形而被挤进密封耦合面间的缝隙，引起O形密封圈翻转、扭曲而被损坏。

(2)为避免这种情况的产生，当动密封压力 $P \geqslant 7$ MPa 时或静密封压力 $P \geqslant 32$ MPa 时，应在O形密封圈低压侧安装挡圈，如为双向交替工作压力，则应在O形密封圈的两侧各安装一挡圈。

【答案】 见解析。

49.【题目】

简答题：

液压马达和液压泵有哪些相同点？

【解析】 考查液压马达和液压泵的相同点。

液压马达和液压泵的相同点：

(1)从原理上讲，液压马达与液压泵是可逆的，如果用电机带动时，输出的是液压能(压力和流量)，这就是液压泵；若输入压力油，输出的是机械能(转矩和转速)，则变成了液压马达。

(2)从结构上看，二者是相似的。

(3)从工作原理上看，二者均是利用密封工作容积的变化进行吸油和排油的。对于液压泵，工作容积增大时吸油，工作容积减小时排出高压油。对于液压马达，工作容积增大时进入高压油，工作容积减小时排出低压油。

【答案】 见解析。

50.【题目】

简答题：

液压管路主要由哪几部分组成？

【解析】 考查液压管路的组成。

液压管路主要由钢管、软管、接头和油路板(集成块)组成。

【答案】 见解析。

51.【题目】

选择题：

减压阀的进口压力为 40×10^5 Pa，调定压力为 60×10^5 Pa，减压阀的出口压力为(　　)Pa。

A. 40×10^5　　B. 60×10^5　　C. 100×10^5

【解析】 考查减压阀的实际应用。

进口压力低于调定压力，因此出口压力与进口压力一致。

【答案】 A

52.【题目】

选择题：

没有泄漏的情况下，泵在单位时间内所输出的油液体积称为(　　)。

A. 实际流量　　B. 公称流量　　C. 理论流量

【解析】 考查泵理论流量的概念。

没有泄漏的情况下,泵在单位时间内所输出的油液体积称为理论流量。

【答案】 C

53.【题目】

选择题:

为使减压回路可靠地工作,其最高调整压力应(　　)系统压力。

A. 大于　　B. 小于　　C. 等于

【解析】 考查减压阀的实际应用。

为保证调整后的压力保持相对稳定,最高调整压力应小于系统压力。

【答案】 B

54.【题目】

选择题:

(1)大流量的系统中,主换向阀应采用(　　)换向阀。

A. 电磁　　B. 电液　　C. 手动

判断题:

(2)因电磁吸力有限,对液动力较大的大流量换向阀则应选用液动换向阀或电液换向阀。(　　)

【解析】 考查电液换向阀的优点。

电液换向阀综合了电磁换向阀和液动换向阀的优点,具有控制方便、流量大的优点,适用于高压、大流量的场合。

【答案】 (1)B;(2)√

55.【题目】

简答题:

什么是液压泵的困油现象?

【解析】 考查液压泵的困油现象。

液压泵工作时,在吸、压油腔之间形成一个闭死容积,该容积的大小随着传动轴的旋转发生变化,导致压力冲击和气蚀的现象称为困油现象。

【答案】 见解析。

56.【题目】

选择题：

在液体流动中，因某点处的压力低于空气分离压而产生大量气泡的现象，称为(　　)。

A. 层流　　　　B. 液压冲击　　　　C. 气穴现象

【解析】 考查气穴现象的定义。

【答案】 C

57.【题目】

简答题：

比较节流阀和调速阀的主要异同点。

【解析】 考查节流阀和调速阀的主要不同。

(1)结构方面：调速阀由定差减压阀和节流阀组合而成，节流阀中没有定差减压阀。

(2)性能方面。

相同点：通过改变节流阀开口的大小都可以调节执行元件的速度。

不同点：当节流阀的开口调定后，负载的变化对其流量稳定性的影响较大。而当其中节流阀的开口调定后，调速阀中的定差减压阀则自动补偿负载变化的影响，使节流阀前后的压差基本为一定值，基本消除了负载变化对流量的影响。

【答案】 见解析。

58.【题目】

简答题：

容积式液压泵的共同工作原理是什么？

【解析】 考查容积式液压泵的工作原理。

容积式液压泵的共同工作原理：形成密闭工作容腔，密封容积交替变化，吸、压油腔隔开。

【答案】 见解析。

59.【题目】

简答题：

溢流阀的主要作用有哪些？

【解析】 考查溢流阀的功用。

溢流阀的主要作用:调压溢流,安全保护,使泵卸荷,远程调压,形成背压,多级调压。

【答案】 见解析。

60.【题目】

简答题:

液压系统中,当执行元件停止运动后,使泵卸荷有什么好处?

【解析】 考查泵卸荷状态下的优点。

在液压泵驱动电机不频繁启停的情况下,使液压泵在功率损失接近零的情况下运转,以减少功率损耗,降低系统发热,延长泵和电机的使用寿命。

【答案】 见解析。

61.【题目】

简答题:

什么是泵的排量、流量?什么是泵的容积效率、机械效率?

【解析】 考查泵的相关理论概念。

(1)泵的排量:液压泵每转一周,由其密封几何尺寸变化计算而得的排出液体的体积。

(2)泵的流量:单位时间内所排出的液体体积。

(3)泵的容积效率:泵的实际输出流量与理论流量的比值。

(4)泵的机械效率:泵的理论转矩与实际转矩的比值。

【答案】 见解析。

第七章 电气系统

1.【题目】

选择题:

捣固车柴油机启动后,蓄电池电压应在(　　)之间。

A. 18~20 V　　B. 20~24 V　　C. 24~28 V

【解析】 考查柴油机启动后蓄电池电压正常值。

蓄电池充电时,会在正极板表面生成氧气,当充电电压达到 2.35 V/格时,氧气会剧烈生成,大量氧气会使电池内部压力升高,导致失水。为了保证充电安全,能完全充电并避免失水,长时间的充电电压应略低于 2.35 V/格。目前多数厂家都选定 2.3 V/格。捣固车主电瓶共 12 格，得出 12×2.3 V＝27.6 V。

【答案】 C

2.【题目】

选择题：

捣固车的闸瓦报警信号：当闸瓦(　　)时，其相应的报警指示灯被点亮。

A. 抱紧状态　　B. 磨损超限　　C. 缓解状态

【解析】 考查闸瓦报警原理。

制动时，基础制动机械部件动作，在部件上固定钢丝拉绳，同行程开关相连，当闸瓦磨损到一定程度时，钢丝拉绳拉动行程开关旋转臂，输出电信号，报警灯被点亮。

【答案】 B

3.【题目】

选择题：

DCL-32K 捣固车网络控制系统，底层控制模块包括 DI 模块、AI 模块、(　　)。

A. DO 模块　　B. AO 模块　　C. 电源模块

【解析】 考查网络控制系统模块类型知识。

模块类型中，字母 A，代表模拟量；字母 D，代表数字量；字母 I，代表输入；字母 O，代表输出。

【答案】 A

4.【题目】

填空题：

DWL-48K 捣固车网络控制系统是基于(　　)总线的分布式网络控制系统。

【解析】 考查 CAN 总线的知识。

CAN 总线，即控制器局域网(controller area network)总线，是一种用于实时应用的串行通信协议总线，它可以使用双绞线来传输信号，是世界上应用最广泛的现场总线之一。捣固车网络控制系统采用单段网络长度不超过 50 m、单网网络节点小于 32 个的策略进行设计。整个系统网络采用分布式控制方式。

【答案】 CAN

5.【题目】

填空题：

大型养路机械网络控制系统的人机接口，主要指（　　）、键盘及底层模块的状态指示灯。

【解析】 考查输入输出接口知识。

接口主要是设备与设备、人与设备之间联系或识别的纽带，主要包含人机接口、机械接口及电气接口。

【答案】 显示模块

6.【题目】

判断题：

在大型养路机械网络控制系统运行情况下，模块正常工作时，作业电源指示灯（VCC）为闪烁状态。（　　）

【解析】 考查模块状态指示灯的标识和意义。

模块正常工作时，作业电源指示灯（VCC）常亮。

【答案】 ×

7.【题目】

选择题：

在大型养路机械网络控制系统中，（　　）主要控制电磁阀线圈、继电器、灯的开通或关断。

A. DI 模块　　B. DO 模块　　C. AI 模块

【解析】 考查 DO 模块的主要功能。

【答案】 B

8.【题目】

选择题：

在大型养路机械网络控制系统中，（　　）主要用于采集限位开关、压力开关、接近开关、行程开关等输出的数字量信号。

A. DO 模块　　B. 脉冲模块　　C. DI 模块

【解析】 考查 DI 模块的主要功能。

【答案】 C

9.【题目】

判断题：

在大型养路机械网络控制系统的模块参数设置中，正、负当量用于调整通道的零点偏移。(　　)

【解析】 考查模块参数设置。

在模块参数设置中，偏值用于调整通道的零点偏移，正、负当量用于调整通道的放大倍数。

【答案】 ×

10.【题目】

选择题：

DCL-32K 捣固车网络控制系统的主网络安装在主车体上，卫星小车子网络安装在卫星小车上，主网络与子网络之间通过(　　)进行连接。

A. AI 模块　　B. DO 模块　　C. 网关模块

【解析】 考查捣固车网络控制系统的知识。

网关模块，模块类型简称为 NG。网关是一个网络连接到另一个网络的"关口"，用来连接两种不同的网络。各网络内部与其他网络无关的信息不传送到其他网络上，只在本网络内部进行数据交换。

【答案】 C

11.【题目】

填空题：

在检查蓄电池蓄电情况时，可以通过按电喇叭，听声音来初步判断。若声音(　　)，表明蓄电充足。

【解析】 考查蓄电池容量的简单判断知识。

电喇叭是靠金属膜片的振动发出声音，由铁芯、磁性线圈、触点、衔铁、膜片等组成。一般发动机启动前，出现喇叭沙哑这种情况，多数是由于蓄电池亏电造成电喇叭工作电流下降，引起膜片振动频率和幅度变化。

【答案】 响而脆

12.【题目】

判断题：

打开大型养路机械蓄电池箱，检查其液面位置时，不可以吸烟。(　　)

【解析】 考查蓄电池的工作原理和使用注意事项。

蓄电池在充电中,一定情况下,一部分电流会使电解液中的水电解为氢气和氧气,并沿极板析出,充斥于电池室中,当室内的氢气达到一定比例时,遇明火可能发生爆炸,故在充电的蓄电池周边严禁烟火。

【答案】 √

13.【题目】

选择题:

拆卸大型养路机械蓄电池时,首先拆除电瓶(　　)。

A. 正极　　B. 负极

C. 正极或负极都可以

【解析】 考查拆卸大型养路机械蓄电池的顺序。

目前大型养路机械蓄电池的负极同车体一起接地。如果首先拆除正极,若扳手等工具不小心碰到了车体或与其连接的部件,发生短路,容易损坏蓄电池、工具或车载电器,所以在拆卸蓄电池时,优先断开负极。

【答案】 B

14.【题目】

选择题:

QS-650 清筛机柴油机启动用的启动电机分别由 2 台 12 V、(　　)左右的蓄电池串联供电。

A. 60 A·h　　B. 120 A·h　　C. 195 A·h

【解析】 考查 QS-650 清筛机柴油机启动用的启动电机的蓄电池容量。

A·h 是蓄电池容量的单位,是电池性能的重要指标。在电压为不变量时,其值越大就表示电池的容量越大。例如型号为 24 V、10 A·h 的蓄电池,代表的就是在 24 V 电压下,蓄电池放电电流为 1 A 时,可以连续放电 10 h。

【答案】 C

15.【题目】

选择题:

大型养路机械所用的充电发电机为三相硅整流发电机,其中向蓄电池组充电和向用电设备供电的是(　　)接线端子。

A. D+　　B. W　　C. B+

【解析】 考查发电机端子连接方式。

B+是发电机的正极输出端，接蓄电池正极及车上的用电器；W是发电机的一项输出，常用于计时信号或者发动机转速信号；D+是充电指示灯的接入端和控制端，也是发电机初始磁场输入端。接B+的线缆最粗。

【答案】 C

16.【题目】

选择题：

程控系统中的信号可分为输入信号、输出信号、定时信号和(　　)四类。

A. 极限信号　　B. 子程序信号　　C. 板选信号

【解析】 考查大机程控系统信号的知识。

程控系统，也就是程序控制系统，用来协调大机各部分动作，使其按照一定的顺序、一定的逻辑关系进行。子程序信号是逻辑运算的结果，用来指示机器的作业状态，暂存逻辑运算的结果，同时参与对输出信号的逻辑控制。

【答案】 B

17.【题目】

填空题：

在大型养路机械网络控制系统中，(　　)模块可产生并输出100 Hz脉冲信号，以同步网络中各底层模块应用程序的在线下载。

【解析】 考查网络控制系统脉冲信号输出原理。

脉冲信号是一种瞬态信号，通常在极短的时间内产生极高的能量峰值，通常由一个突然的、短暂的电压或电流变化所组成，这种变化可以由瞬时开关、脉冲发生器、脉冲放大器等器件产生。在大型养路机械网络控制系统中，脉冲信号用于时序控制，同步系统中的各个部件，以确保它们按照正确的顺序运行。

【答案】 脉冲驱动

18.【题目】

填空题：

捣固车的捣固深度给定电位器，其输出电压值随给定深度呈(　　)变化。

【解析】 考查捣固深度给定电位器数值与输出电压的关系。

两个变量之间的关系是一次函数关系的，即图像是直线，这样的两个变量之间的关系就是线性关系；如果不是一次函数关系的，即图像不是直线，就是“非线性关系”。例如，$y=kx$ 就是线性关系，$y=x^2$ 就是非线性关系。

【答案】 线性

19.【题目】

填空题：

捣固车作业时，捣固装置下插到下位时，(　　)色发光二极管亮。

【解析】 考查捣固装置升降控制电路信号指示的知识。

捣固装置上位、中位、下位位置检测信号分别用绿、黄、红灯表示。当捣固装置下降到给定深度以下 30 mm，即认为已到下位，红色 LED 亮。下位点随给定深度的变化而变化。

【答案】 红

20.【题目】

填空题：

捣固车的捣固装置升降控制系统是一个由电路、液压部件和传感器组成的(　　)控制系统。

【解析】 考查捣固装置升降电路的控制原理。

如果将控制系统的输出信号(执行效果)反馈到输入，使系统的控制基于实际值和期望值之间的差异，这种类型的电子控制方式为闭环控制。

捣固装置升降的实际位置由深度传感器检测，并反馈到输入电路中，执行机构(升降比例阀)的工作电流大小基于反馈的实际位置与给定深度值之间的差异。

【答案】 闭环

21.【题目】

填空题：

RGH20C 道岔打磨车各系统的功率控制采用(　　)技术。

【解析】 考查 RGH20C 道岔打磨车各系统的功率控制技术原理。

脉宽调制，即脉冲宽度调制，是在数字电路中达到模拟输出效果的一种手段。微处理器输出脉冲信号，有脉冲电压时为开，无脉冲电压时为关，通过调整开和关的时间比例(脉冲宽度)来调整功率输出。这种技术的优点是动态响应快、电源侧功率因数高、控制电路简单、成本低、对噪声的抵抗能力强。

【答案】 脉宽调制

22.【题目】

填空题：

RGH20C 道岔打磨车触摸屏失效后，可采用(　　)的方式应急。

【解析】 考查计算机控制系统中，I/O 设备的知识。

触摸屏和鼠标都是输入设备，但由于在信号电平、信号形式及时序等方面的差异，使得它们与 CPU 之间不能直接连接，而必须通过一个中间环节即 I/O 接口。通过 I/O 接口，使用鼠标可以实现触摸屏的输入功能。

【答案】 外接鼠标

23.【题目】

选择题：

DC-32K 捣固车以及 DCL-32K 捣固车的 ZF 变速箱控制电路中，设有换挡控制延时继电器，型号为 EL-T5390.02，它的延时时间约为（　　）。

A. 0.2 s　　B. 0.5 s　　C. 0.9 s

【解析】 考查 ZF 变速箱换挡时发动机降功的知识。

该延时继电器布置在 B28 箱中。当发动机转速在 1 250 r/min 以上时，如果有换挡情况发生，ZF 控制系统会输出相应信号，使停机电磁铁失电，切断柴油供油，发动机转速下降，同时油门电机拉线位移至怠速位。0.9 s 后，停机电磁铁重新得电，恢复供油，发动机利用惯性恢复正常运转。这就是发动机降功过程。

【答案】 C

24.【题目】

填空题：

GMC-96B 钢轨打磨车 A 车配置电气柜 QG4，其核心控制是（　　），它与 B 车的 B1PLC、B2PLC 组成列车牵引电气控制系统的核心。

【解析】 考查 GMC-96B 钢轨打磨车牵引电气控制系统组成。

APLC 由主机、扩展输入/输出模块、A/D 转换模块、通信模块等组成。采用 CCLINK 与 B1PLC、B2PLC 通信，实现高、低速工况走行控制等功能。

【答案】 APLC

25.【题目】

判断题：

GMC-96B 钢轨打磨车在 C1、C2、C4 车上各装有 1 台作业发电机组，为打磨作业设备提供 AC 380V 用电。（　　）

【解析】 考查 GMC-96B 钢轨打磨车供电系统知识。

其中：C1 车发电机组给 B1、C1 供电，C2 车发电机组给 C2、C3 供电，C4 车发电机组给 C4、B2 供电。打磨电机参数:18.5 kW、440 V、60 Hz。

【答案】 ×

26.【题目】

判断题:

GMC-96B 钢轨打磨车 A 车配置两台 CAT3512B 电喷柴油机,每台柴油机配置 1 台启动电机。(　　)

【解析】 考查 GMC-96B 钢轨打磨车 CAT 柴油机启动的知识。

每台 CAT 柴油机启动系统由蓄电池、隔离开关、蓄电池充电机、柴油机启动接触器盒、柴油机启动电动机(2 台并联)组成。

【答案】 ×

27.【题目】

选择题:

捣固装置比例方向控制阀线圈是(　　)元件。

A. 电阻　　B. 电容　　C. 电感

【解析】 考查比例电磁阀的工作原理。

电感是一种能将电能通过磁通量的形式储存起来的被动电子元件,通常为导线卷绕的样子,即线圈。当有电流通过线圈时,会从电流流过方向的右边产生磁场。比例方向控制阀的电磁铁由线圈、衔铁、推杆等组成。当有信号输入线圈时,线圈内磁场对衔铁产生作用力,衔铁在磁场中按信号电流的大小和方向成比例、连续地运动,再通过固联在一起的推杆运动,从而控制阀芯成比例运动。

【答案】 C

28.【题目】

填空题:

捣固车程控主机板通过地址总线、数据总线和(　　)与输入输出板、定时器板交换信息。

【解析】 考查程控系统数据传输的知识。

系统总线是计算机内部各组件间进行数据传输和通信的一种重要方式。按照功能特征,可将系统总线分为控制总线、地址总线和数据总线。其中控制总线,英文名称 control bus,简称 CB。控制总线主要用来传送控制信号和时序信号。

【答案】 控制总线

29.【题目】

填空题：

在DC-32K捣固车中，参与拨道的6路模拟信号分别经过极性变换、阻抗变换隔离后，进入一个(　　)，形成拨道的总模拟信号。

【解析】 考查拨道信号的形成原理。

运算放大器中的加法器是最基本的电路之一，用于将多个输入信号相加。一般情况下，加法器每个输入端的电阻值应该相等。该加法器由运算放大器及外围电路组成，具有放大作用，但必须保证这6路信号之间的相互比例。

【答案】 加法器

30.【题目】

选择题：

在深度给定400 mm时，DC-32K捣固装置深度给定电位器的输出电压为(　　)。

A. －8 V　　B. －10 V　　C. ＋8 V

【解析】 考查DC-32K捣固装置深度给定电位器的输出电压。

深度给定电位器的输出电压随着给定深度线性变化，当给定深度为400 mm时，其输出电压为－10 V。深度传感器的输出电压作为反馈信号，最大输出电压为±10 V，零点以上为负，零点以下为正。

【答案】 B

31.【题目】

选择题：

GTC-80车组采用美国康明斯QSM11型电控发动机，发动机的各种报警信号通过ECM(电子控制模块)控制，采用(　　)方式输出到操纵台总线仪表板的各报警指示灯上。

A. 全双工通信　　B. 并行通信　　C. 串行通信

【解析】 考查数据通信的知识。

在数据通信中，按每次传送的数据位数，通信方式可分为：并行通信和串行通信。串行通信技术，是指通信双方按位进行，遵守时序的一种通信方式，使用一条数据线，将数据一位一位地依次传输，每一位数据占据一个固定的时间长度。只需要少数几条线就可以在系统间交换信息，特别适用于计算机与计算机、计算机与外设之间的远距离通信。串行通信技术节省传输线，尤其是在远程通信时，这也是串行通信的主要优点；但与并行通信比，串行通信数据传送效率低。

【答案】 C

32.【题目】

填空题：

QS-650清筛机电路图中各种开关和继电器的触点在图上标识的位置，表示这些元件的(　　)状态。

【解析】 考查电路图中各种开关和继电器触点位置的含义。

我们常遇到的电路图有原理图、方框图、装配图和印版图等。原理图就是用来体现电子电路工作原理的一种电路图，由于它直接体现了电子电路的结构和工作原理，一般用在设计、分析电路中。分析电路时，通过识别图纸上所画的各种电路元件符号以及它们之间的连接方式，就可以了解电路的实际工作情况。像开关、继电器等均有可动部分的操作性器件，在电路图中均展示其未动作时的工作状态，即原始状态。例如，继电器常开触点处于断开状态，常闭触点处于闭合状态。

【答案】 原始

33.【题目】

填空题：

在不带电的情况下进行接地测量，DWL-48K的OA对车体的接地电阻不大于0.3 Ω，OD和1对车体接地电阻不大于(　　)Ω。

【解析】 考查接地电阻的知识。

接地电阻值体现电气装置与“地”接触的良好程度。接地电阻是用来衡量接地状态是否良好的一个重要参数，是电流由接地装置流入车体汇入大地所遇到的电阻。接地电阻越小越好；接地电阻大，会增大电压降，影响电气系统稳定和工作精度。

【答案】 1

34.【题目】

选择题：

捣固车TGCS轨道几何参数计算机，在作业中选择(　　)快捷键，可以直接移动当前位置线到某一位置，位置数值可以在窗口输入。

A. CTRL+P　　　　B. ALT+F4　　　　C. ALT+P

【解析】 考查TGCS轨道几何参数计算机的常用快捷键。

使用快捷键可以减少鼠标移动的次数，提高工作效率，从而节省时间。其中，ALT＋P 的“P”为“位置”的英文“position”的首字母。

【答案】 C

35.【题目】

选择题：

捣固车的变矩器报警电路不监视变矩器的（　　）信号。

A. 温度　　B. 过滤器　　C. 离合器

【解析】 考查监控系统报警信号的知识。

故障报警电路用于监视大型养路机械重要部件的运行状况。当这些部件出现故障或参数超限时，对应的报警灯被点亮，并产生声音报警。故障报警和设备监控对安全运用大型养路机械有着非常重要的意义。当变矩器的温度超限、油压不足或滤清器堵塞时，相应的报警灯被点亮，提示操作人员检查处理。

【答案】 C

36.【题目】

选择题：

捣固车作业时，夹持时间数字选择旋钮选择“3”时，那么设定的夹持时间为（　　）s。

A. 0.3　　B. 0.6　　C. 1

【解析】 考查捣固车作业参数设定的知识。

夹持时间数字选择旋钮，每单位 1 对应的时间为 0.2 s。数字选择旋钮选择“3”时，对应的时间 3×0.2 s＝0.6 s。捣固作业时，数字选择按钮选择应不小于“3”。如低于“3”，则作业后的线路精度可能无法得到有效保持，易发生变形。

【答案】 B

37.【题目】

选择题：

大型养路机械更换 28 V 发电机时，它的“B＋”端子同以下哪个选项接线？（　　）

A. 接车体　　B. 充电报警指示　　C. 电瓶正极和供电

【解析】 考查 28 V 发电机各端子接线的知识。

B＋端子，通过保险与电瓶的正极和供电系统连接；B－端子，接车体→搭地；D＋端子，接充电报警指示；W 端子，悬空或接发动机转速信号。

【答案】 C

38.【题目】

填空题：

DWL-48K 捣稳车启动后，由三台直流发电机(　　)供电，成为整车的总电源。

【解析】 考查整车总电源供电的知识。

DWL-48K 捣稳车安装有 3 台直流发电机，并联供电。其中 1 号发动机上安装一台 140 A 发电机，另外由液压马达驱动一台 55 A 和一台 120 A 发电机。

【答案】 并联

39.【题目】

选择题：

检查大型养路机械蓄电池电解液比重，在全充电后，其比重应为(　　)。

A. 1. 10　　B. 1. 25　　C. 1. 28～1. 30

【解析】 考查蓄电池电解液比重。

电解液比重是铅酸蓄电池的一个重要参数，它随着电量的变化而改变：充电时，电解液的比重逐渐升高，充满电以后变为 1. 28 g/ml 左右；放电时，比重逐渐降低，放完电以后变为 1. 00 g/ml。如果比重过低，蓄电池的容量和性能会受到影响；如果比重过高，则会导致蓄电池的损坏和寿命缩短。可以使用密度计等工具来测量电解液的比重，如果发现比重偏低或偏高，需要及时进行调整，以确保电池的正常工作和寿命。

【答案】 C

40.【题目】

选择题：

捣固车液压油路中，装有温控阀，当回油温度低于(　　)℃时，油液直接经滤清器回液压油箱。

A. 40　　B. 45　　C. 50

【解析】 考查捣固车液压油路温度控制原理。

后期的捣固车在设计上，当液压油回油温度低于 40 ℃时，电磁阀得电，关闭通往散热器的油路，油液直接经回油滤清器回油箱。当液压油回油温度高于 40 ℃时，温度传感器发出信号，电磁阀失电，打开通往散热器的油路，温度较高的油液经散热器冷却后，再通过回油滤清器回到油箱。

【答案】 A

41.【题目】

简答题：

DC-32K 捣固车自动拨道 Q1A 信号有效，需要具备哪些先决条件？

【解析】 考查 DC-32K 捣固车自动拨道 Q1A 信号有效的先决条件。

(1)测量系统左加载或右加载信号有效；

(2)两侧夹钳均夹住钢轨，夹钳上的感应开关接通，或者夹钳感应切除开关接通；

(3)拨道控制开关打开，捣固车作业时进行拨道。

【答案】 见解析。

42.【题目】

简答题：

什么是比例控制阀？

【解析】 考查比例控制阀的定义。

采用比例电磁铁将输入电信号转换成力或阀的机械位移，使阀的输出量(压力、流量)按照其输入量连续、成比例地进行控制的阀称为比例控制阀。

【答案】 见解析。

43.【题目】

简答题：

大型养路机械电流表指示很不稳定，假如是硅整流发电机故障引起的，其原因是什么？

【解析】 考查硅整流发电机故障引起的电流表指示很不稳定的原因。

(1)传动皮带过松，有打滑现象，发电机运转时转速不够；

(2)蓄电池与发电机之间的连接导线接触不可靠，或局部将要断裂；

(3)发电机内部接线不可靠，有松动现象。

(4)碳刷与滑环接触不良，或磨损严重。

【答案】 见解析。

44.【题目】

简答题：

RGH20C 道岔打磨车角度编码器的作用是什么？

【解析】 考查 RGH20C 道岔打磨车角度编码器的作用。

角度编码器输出打磨马达的角度情况，反馈到计算机，用来控制磨头的角度调整。

【答案】 见解析。

45.【题目】

简答题：

大型养路机械司机操纵面板中的 VDO 车速里程表显示速度与实际速度不一致时，如何调整？

【解析】 考查操纵面板中的调整方法。

按住 VDO 表头正面的按钮不放，打开钥匙开关，仪表液晶屏显示的内容在 3 种功能代码中滚动变化，时间间隔为 2 s。当显示的内容为“PULSE”时，松开按钮，即为选中此功能。之后，显示屏显示如“P50000”，3 s 后在显示屏闪烁时，通过按按钮来改变闪烁的数字(输入脉冲里程比的数值)，如 11000，此次校准结束。如仍有差异，可重复上述操作，根据数字变化趋势，进一步精调脉冲里程比的数值。

【答案】 见解析。

46.【题目】

简答题：

DC-32K 捣固车柴油机启动电路控制原理是什么？

【解析】 考查 DC-32K 捣固车柴油机启动电路控制原理。

将启动开关提至第 2 位，此时喷油电磁阀得电开始喷油，同时启动马达得电，启动离合器合上，于是柴油机启动；当松开启动开关，启动离合器脱离，由自保继电器保持油路通畅，柴油机继续运转。

【答案】 见解析。

47.【题目】

简答题：

DC-32K 捣固车左右捣固装置比例下插必须具备哪些先决条件？

【解析】 考查 DC-32K 捣固车左右捣固装置比例下插的先决条件。

(1)B2 箱上的捣固装置操纵开关工作位，机器在作业周期内进行捣固作业；

(2)只拨道不捣固信号无效；

(3)只用右(左)捣固装置信号无效；

(4)左(右)捣固装置已解锁；

(5)左(右)夯拍器未在提起位。

【答案】 见解析。

48.【题目】

简答题：

QS-650清筛机发动机运转时，为什么发电机充电指示灯会由熄灭变为发光？

【解析】 考查QS-650清筛机发动机运转时，发电机充电指示灯由熄灭变为发光的原因。

一旦发电机出现异常或故障，其输出电压下降到22 V以下时，这些指示灯会发光。发电机输出电压下降的幅度越大，指示灯越亮，操作者可以根据这一现象，停机检查故障。

【答案】 见解析。

第八章　检测系统

1.【题目】

填空题：

为了克服因振动而引起的颤抖，捣固车的抄平传感器在平衡框架轴的两端安装了阻尼油盒，油盒内加有黏度很高的硅油并装有(　　)。

【解析】 考查抄平传感器的结构和部件的功能。

为了保证捣固车作业精度，要求作业中各传感器处于稳定的状态，所以抄平传感器上设有阻尼器。阻尼器的作用主要是减振消能，能够使传感器可动部分迅速停止在稳定偏转位置上。

【答案】 阻尼块

2.【题目】

填空题：

在曲线作业时，捣固装置的纵向中心会偏离钢轨纵向中心，为了随时修正这种偏离，捣固车安装了捣固装置自动跟踪钢轨的(　　)机构。

【解析】 考查捣固装置跟踪控制系统的知识。

两个纵向中心，若有较大偏差，在捣镐插入道床时，会发生碰撞钢轨底或者线路设备的危险，这是绝对不允许的。横移跟踪机构是由位移检测感应开关、控制电路、执行机构组成的闭环控制系统。

【答案】 横移跟踪

3.【题目】

填空题：

捣固作业中使用(　　)，是为了克服张紧状态的钢轨在拨道作业后的反弹现象。

【解析】 考查超量拨道的作用。

当钢轨处于张紧状态，并有很大的弹性时，就需要使用超量拨道，如对重型钢轨的拨道作业。作业中，拨道系统将轨道拨到给定值时，还要继续增加一个过拨道值，即当实际拨道值等于给定值与附加的过拨道值的总和时，过压信号切除。此时，由于过压信号的切除，又出现了一个与前面方向相反的拨道信号，这个信号通过拨道电路的控制使轨道拨回至由给定拨道量指定的位置上，这样整个超量拨道过程就完成了。

【答案】 超量拨道

4.【题目】

填空题：

直接应用三点式拨道或四点式拨道作业，只能达到线路方向基本圆顺，不能完全消除线路方向偏差，整正后的线路仍有一定的方向偏差存在，故称为(　　)拨道作业。

【解析】 考查捣固车线路方向偏差检测原理。

作业中，A、B 检测点处在已经整正后的曲线上，而 D 点小车是在未整正的曲线上，因此 C 点检测出的方向偏差中包含着 D 点偏差的影响，所以整正后的线路方向仍有一定的方向偏差残留，简称为残留偏差。如果在作业前，先测量线路的方向偏差数据，作业中将其输入捣固车前端电路，则可以消除 D 点偏差的影响，实现精确法拨道作业。

【答案】 近似法

5.【题目】

填空题：

捣固车的检测装置有线路方向偏差检测装置、线路纵向高低检测装置、线路(　　)检测装置、激光矫正装置及记录装置。

【解析】 考查捣固车的检测装置种类。

对铁道线路进行拨道与起道抄平作业的目的是消除线路在使用中产生的轨

道方向，左、右水平，前后高低的偏差，使线路达到相关规则所要求的尺寸。其中线路横向水平检测装置由电子摆进行检测。

【答案】 横向水平

6.【题目】

填空题：

网络版 DCL-32 捣固车的线路方向偏差检测装置由四台检测小车、一根钢弦、两台(　　)及相应的仪表组成。

【解析】 考查网络版 DCL-32 捣固车的线路方向偏差检测装置组成。

两台矢距传感器分别固定在 B、C 检测小车上。矢距传感器主要用于测量线路曲线的矢距。由精密电位器取样位移产生的信号，其信号经滤波、放大及 A/D 转换后，转化成相应的数字信号，微控制器将数字信号处理后，以 CAN 总线的形式将数据发送。

【答案】 矢距传感器

7.【题目】

填空题：

DC-32 捣固车的线路纵向高低检测装置由(　　)台检测小车、两根钢弦、两台高低传感器及相应的仪表组成。

【解析】 考查 DC-32 捣固车线路纵向高低检测装置的组成。

捣固车的线路纵向高低采用单弦三点法检测原理。由安装在 B、D 小车的检测杆的顶端张紧一根弦线，高低传感器与 C 点小车的检测杆固定。当 C 点轨道相对弦线有高低变化时，高低弦线传感器的触杆在弦线的拉动下转动，将高低偏差转为电信号输出。

【答案】 三

8.【题目】

选择题：

捣固车检测小车以及各小车的预加载气缸与车体一般采用(　　)连接。

A. 铰接　　　　B. 焊接　　　　C. 平键

【解析】 考查机械部件不同连接方式的特点。

各检测小车需要具备收放升降和左右横移加载功能，在作业中，各小车与线路钢轨保持密贴压实。为满足以上要求，小车或气缸与车体的连接应该能实现轴向伸缩、折转，即各小车与车体以及加载气缸与车体之间不可以分离，但可以有条件地相对运动，所以采用铰接的方式连接。

【答案】 A

9.【题目】

选择题：

千分尺的精确度为(　　)。

A. 0.001 mm　　B. 0.002 mm　　C. 0.01 mm

【解析】 考查千分尺的精确度。

千分尺，即螺旋测微器，又称分厘卡，是一种测量工具，用于精密测量小尺度的长度。它的测量精度是 0.01 mm，可以估读到 0.001 mm。从原理上，可分为机械式千分尺和电子千分尺两类，机械式千分尺是依据螺旋放大的原理制成的。千分尺基本类型分为 3 种：外径千分尺，通常用来衡量球体、轴和块；内径千分尺，用来测量孔的直径；深度千分尺，用来测量槽的深度。

【答案】 C

10.【题目】

填空题：

车的起道抄平，实际上进行两个方向的起道作业：一是横向以实现对轨道(　　)的要求；二是纵向以实现对轨道线路纵向水平的要求。

【解析】 考查捣固车起道抄平的本质。

线路水平包括横向水平和纵向水平。起道抄平作业中，横向水平和纵向水平同时测量，同步起道，使作业后的线路的前后、左右偏差均符合相关规则要求。其中线路横向水平又称轨道左右水平，在曲线地段，外股钢轨要设置一定的超高，这也是通过起道作业实现的。

【答案】 超高

11.【题目】

填空题：

捣固车各测量小车的提升与锁定采用的是气动电磁阀控制，可采用手动开关直接控制气动阀的提升和锁定，同时也可以通过按压调节(　　)进行小车的提升和锁定控制。

【解析】 考查捣固车各测量小车的提升与锁定控制。

在气动电磁阀阀体上，设有测试旋钮(位于气阀的背面)。在系统压力正常的情况下，可以通过平口螺丝刀调节气动阀测试旋钮进行小车的提升和锁定控制。

在应急状态，可以跳过电气控制环节，手动升降测量小车。

【答案】 测试旋钮

12.【题目】

选择题：

捣固作业的下插深度，以镐掌上边缘距枕底(　　)mm 为合适。

A. 0～5　　B. 15～20　　C. 20～30

【解析】 考查捣固作业合适的下插深度。

捣固深度对枕下道砟的密实度有很大影响。太浅的捣固深度将使捣镐挤压轨枕侧面，而达不到压实效果，还将损坏轨枕和捣镐。太深的捣固将导致不平整和不密实。最佳深度取决于石砟大小，一般镐掌上方与轨枕底面间有 15～20 mm 空间。

【答案】 B

13.【题目】

填空题：

游标上有 50 个分格的游标卡尺，精度为(　　)mm。

【解析】 考查游标卡尺的精度读取。

游标卡尺，是一种测量长度、内外径、深度的量具，由主尺和附在主尺上能滑动的游标两部分构成。常用游标卡尺按其精度可分为 3 种：0.1 mm、0.05 mm 和 0.02 mm。精度为 0.02 mm 的游标卡尺的游标上有 50 个等分刻度，总长为 49 mm。一般来说，游标上有 n 个等分刻度，它们的总长度与尺身上 $(n-1)$ 个等分刻度的总长度相等。精度为 0.02 mm 的机械式游标卡尺由于受到本身结构精度和人的眼睛对两条刻线对准程度分辨力的限制，其精度不能再提高。

【答案】 0.02

14.【题目】

简答题：

DCL-32K 捣固车的线路横向水平检测及起道原理是什么？

【解析】 考查 DCL-32K 捣固车的线路横向水平检测及起道原理。

线路横向水平又称轨道左右水平。线路横向水平检测是由安装在 D 点检测小车上的水平传感器(俗称电子摆)测量起道前的轨道横向水平偏差的，其水平偏差信号输入起道控制电路，与设定的起道量进行比较，其差通过电液伺服阀控制起道油缸提起轨道，直到基准轨的起道高度达到设定值时起道动作停止。

【答案】 见解析。

15.【题目】

简答题：

WD-320动力稳定车双弦测量系统的检测原理是什么?

【解析】 考查WD-320动力稳定车双弦测量系统的检测原理。

双弦测量系统通过前后检测杆上的钢弦,带动安装在中间测量小车上的高度传感器,对左右钢轨的纵向高度进行检测,将给定下沉量与实际检测的下沉量的差值输入模拟控制装置,控制对轨道的下压力,使轨道达到预定的下沉量。

【答案】 见解析。

16.【题目】

选择题：

列车运行速度为120 km/h及以上线路,钢轨波磨深度超过(　　)时,应进行修理性打磨。

A. 0.2 mm　　B. 0.3 mm　　C. 0.4 mm

【解析】 考查钢轨打磨方式的选择条件。

修理性打磨是对钢轨已产生的轨头廓形不良、滚动接触疲劳、波浪磨耗及擦伤等病害进行的打磨,目的是修正轨头廓形,消除滚动接触疲劳裂纹、波浪磨耗及擦伤等病害。《普速铁路线路修理规则》第4.12.3条规定:疲劳裂纹、剥离掉块、波磨深度或肥边宽度超过0.3 mm等伤损时应进行修理性打磨(或铣磨)。

【答案】 B

17.【题目】

简答题：

DWL-48K捣稳车的3/4轴轴箱液压支撑如何调整?

【解析】 考查DWL-48K捣稳车的3/4轴轴箱液压支撑调整方法。

调整液压支撑时,捣固车必须停放在平直线路上。调整前首先要检查轴箱下边缘至下挡板之间的距离,应为12～15 mm。若其距离不符合上述要求,可以先调整下挡板与导框联结处的垫片厚度,调整方法如下:

(1)调整支撑油缸的压力油路,使活塞杆伸出;

(2)外旋油缸的调整螺母,使转向架构架上升,直到轴箱下边缘与下挡板之间有一张报纸可以顺利通过的间隙为止;

(3)调整螺母继续转动1/6周;

(4)定位板紧靠调整螺母的一边并紧固定位板,防止调整螺母松动。

【答案】 见解析。

第九章　气动系统

1.【题目】

判断题:

大型养路机械的空压机吸气口前一般要安装空气过滤器,空压机输出管路上则安装冷却器。(　　)

【解析】 考查空气压缩系统的组成和各部件的功能。

空压机吸气口前安装空气过滤器,能够大幅度延长压缩机的使用寿命。因为压缩气流中的尘埃、水分、油污等长时间积累可能损坏设备,影响正常运行。安装过滤器以后,能够有效去除杂质,延长设备寿命,并提高空气压缩机产出气体的质量。冷却器安装在空压机输出管路上,高温高湿的压缩空气经过冷却器散热片或冷却管道后,温度降低,压缩空气中的大部分水蒸气、油气冷凝成水滴、油滴,经油水分离器析出。

【答案】 √

2.【题目】

判断题:

气动系统中常用的有软管和硬管。硬管以钢管、紫铜管为主,常用于高温高压和固定不动的部件之间的连接。(　　)

【解析】 考查气动系统中管路材质的选择。

气动硬管,是指由硬质材料制成的用于传输气体的管道。它不仅可以提高气体传输的速度,还能够保证传输的稳定性和可靠性。选择合适的气动硬管材质非常重要。不锈钢材质气动硬管的特点是强度高、耐腐蚀性强、寿命长,但价格比一些其他材料高。铜合金材质的气动硬管适用于高温、高压、传输流体、水等有腐蚀性液体的场合。依据不同的场合,选择不同的材质来满足需求。

【答案】 √

3.【题目】

选择题:

GMC-96B 钢轨打磨车的总风压力应在(　　)kPa 之间。

A. 620～700　　　　　B. 660～720　　　　　C. 750～900

【解析】 考查GMC-96B钢轨打磨车的总风压力范围。

GMC-96B钢轨打磨车风源装置安装在A车上，包括螺杆空气压缩机、冷却器、双塔干燥器、高压安全阀、滤尘器和两个总风缸。它为整列车制动提供风源。与空气压缩机组配套使用的一个压力继电器的调整压力为750～900 kPa，允许误差为20 kPa。当总风缸内压力高于900 kPa时，压力继电器动作，切断电源，空气压缩机停止工作；当总风缸内压力降低到750 kPa时，接通电源，空气压缩机重新启动。

【答案】 C

4.【题目】

选择题：

CDC-16K道岔捣固车的作业风缸充到700 kPa，对气动系统进行泄漏检查，要求每分钟内压力下降不超过(　　)kPa。

A. 5　　　　　B. 10　　　　　C. 20

【解析】 考查CDC-16K道岔捣固车气动系统的泄漏检查。

气动系统的风源由发动机驱动空压机压缩空气而产生。为了实现供风的压力控制，在空气压缩机的出风口上，安装了压力调节器和压力控制阀。气动系统包括若干个气动回路，每个回路由气动管路、气动控制阀和气缸等组成。为了保证作业性能，气动管路和气动元件的密闭性要符合要求，泄漏量不超检修限度。

【答案】 C

5.【题目】

填空题：

气动三联件是多数气动设备必不可少的气源装置。大多数情况下，气动三联件组合使用，安装顺序分别为空气过滤器(油水分离器)、减压阀和(　　)。

【解析】 考查气动三联件的安装顺序。

气源三联件就是空气过滤器、减压阀和油雾器三种气源处理元件的组合。空气过滤器用于对气源的清洁，可过滤压缩空气中的水分，避免水分随气体进入装置。减压阀对气源进行稳压，使气源处于恒定状态，可减小因气源气压突变对阀门或执行器等硬件的损伤。油雾器对机体运动部件进行润滑，延长机体的使用寿命。安装时，要注意气体流动方向与本体上箭头所指方向是否一致，还要注意接管及接头牙型是否正确。

【答案】 油雾器

6.【题目】

填空题：

空气压缩机是气源装置的核心，用以将原动机输出的机械能转化为气体的压力能。大型养路机械上安装的空气压缩机主要有(　　)和螺杆式两类。

【解析】 考查空气压缩机的分类。

活塞式空压机有多种结构形式，按气缸的配置方式分有立式、卧式、对置式等，按压缩级数可分为单级式、双级式和多级式三种。活塞式空压机的优点是结构简单，使用寿命长，并且容易实现大容量和高压输出；缺点是振动大，噪声大，且因为排气为断续进行，输出有脉冲，所以需要储气罐或储风缸。

螺杆式压缩机是容积式压缩机的一种，空气的压缩由装置于机壳内互相平行啮合的阴阳转子的齿槽容积的变化完成。它具有可靠性高、振动小、噪声低、操作方便、易损件少、运行效率高的优点。

【答案】 活塞式

7.【题目】

填空题：

为了防止风源系统的超压，DWL-48K 捣稳车系统中设有安全阀，其动作压力为(　　)kPa。

【解析】 考查风源系统安全阀调定压力及作用。

正常情况下，风源系统压力由压力调节器调定。为了防止非常情况下系统压力超出安全限值，在系统管路上安装有安全阀。安全阀的调定值为 900 kPa，这样即使压力控制器失效，安全阀能自动限制系统的最高压力不超安全阀的压力调定值，起到安全保护的作用。

【答案】 900

8.【题目】

填空题：

大型养路机械供气系统一般包括压缩空气的生产、压力控制、净化处理和(　　)。

【解析】 考查大型养路机械供气系统的构成。

空气压缩机负载压缩空气的生产，压力调节器和控制器负责压缩空气的压力控制，集尘器和干燥器负责压缩空气的净化处理，储风缸负责压缩空气的储存。

【答案】 储存

9.【题目】

填空题：

在捣固车的供气系统中，作业风缸与总风缸之间的通路上安装有（　　），它控制气路只能单向流通。

【解析】 考查捣固车供气系统中作业风缸与总风缸的通路连接。

安装顺序阀时，注意阀体上的箭头所指的方向，应将输入端连在作业风缸侧，输出端连在总风缸侧。当作业风缸侧的空气压力高于350 kPa时，顺序阀开通，作业风缸侧的压力空气进入总风缸。顺序阀具有单向导通性，总风缸侧的压力空气不能进入作业风缸。因此，一旦出现作业风缸侧的管路或元件大量泄漏，仍能保证制动系统的用风和正常工作。

【答案】 顺序阀

10.【题目】

判断题：

大型养路机械气动系统管路上安装有压力开关，利用空气压力的变化实现气路的控制转换。（　　）

【解析】 考查气动系统管路压力开关的工作原理。

气路上的压力开关属于气动电器。压力开关可通过调整弹簧的弹力来改变气体压力的控制值。当接入的空气压力高于调定值时，克服弹簧的弹力，阀芯移动转换，输出电信号给相应的控制电路，实现电路的控制转换。

【答案】 ×

11.【题目】

填空题：

降低压缩空气湿度的措施有化学吸湿法、冷冻干燥法和（　　）法。

【解析】 考查降低压缩空气湿度的措施。

降低压缩空气湿度的措施有化学吸湿法、冷冻干燥法和吸附法。

其中，吸附法即采用硅胶、分子筛或活性氧化铝等吸附剂吸收压缩空气中的水蒸气，并按周期自动将吸附剂中的水分除掉。这种方法比较简单、经济，适用于动力机械上压缩空气的干燥。

【答案】 吸附

12.【题目】

填空题：

在压缩空气的有害杂质中，从压缩空气中析出的(　　)危害很大。

【解析】 考查压缩空气的有害杂质及其危害。

压缩空气在流经管道、风缸时，空气中的水蒸气将随着压缩空气温度的下降，大部分冷凝成为液态的凝结水析出。凝结水会腐蚀管道和阀类零件，影响零件的动作，造成制动机和气动回路工作异常。特别是在冬季，管道内的凝结水结冰会堵塞压力空气的传递，将导致某些功能失效，危及行车安全和作业安全。

【答案】 凝结水

13.【题目】

填空题：

在 QS-650K 清筛机的主风缸通往各用风系统的管道上，安装有(　　)，用以对压缩空气做进一步的净化处理，以防止压力空气中更细小的机械杂质和尘埃影响各部件的正常工作。

【解析】 考查 QS-650K 清筛机空气过滤器的作用。

空气过滤器的滤芯由青铜粉末冶金烧结而成，其滤尘效果较好。在安装空气过滤器时，要注意方向，其倾斜方向即为压力空气的流向。滤芯在运用中，须定期进行清洗。

【答案】 空气过滤器

14.【题目】

判断题：

大型养路机械气动管路上的油雾器是一种注油装置，安装时需要考虑方向。(　　)

【解析】 考查油雾器的安装方向。

油雾器能够将润滑油进行雾化并注入空气气流中，随压缩空气流入需要润滑的部位，达到润滑的目的。

油雾器应垂直安装，油杯在下方，且其上箭头方向即为空气气流动方向，入口和出口方向不得装反，以免丧失油雾功能。另外，油雾器须安装在分水滤气器之后，以防止水分进入油杯内发生乳化。

【答案】 √

第十章　检查保养

1.【题目】

填空题：

更换大型养路机械传动轴总成时，要求拆下的螺栓、螺母及锁定片应更换，须选用(　　)级高强度螺栓，螺母符合 DIN980 要求，螺栓扭矩符合相关规定的要求。

【解析】 考查更换大型养路机械传动轴总成的要求。

更换传动轴总成时，应将锁紧螺栓及螺母全部更换成新的，并在扭紧时使用扭矩扳手校准扭矩。

通常所说的 8.8 级和 10.9 级是指螺栓的性能等级。螺栓级别数字越大，含碳量越高，强度也就越高。10.9 级的定义为：10 代表 10×100＝1 000(MPa)，指螺栓的抗拉强度为 1 000 MPa；9 指屈强比值为 0.9，公称屈服强度达 1 000×0.9＝900(MPa)。另外，传动轴尼龙防松螺母是一种常见的紧固件，主要用于防止螺母在振动和冲击力的作用下松动。它的特点是内侧附有一个尼龙环，能够提供额外的摩擦力，使得螺母更加牢固，不易松动。在使用过程中，尼龙防松螺母会因为摩擦力的作用逐渐磨损，其防松效果降低。因此，在一定程度上，尼龙防松螺母是一次性使用的紧固件，不能无限制地重复使用。一般情况下，建议在需要拆卸时更换新的尼龙防松螺母。

【答案】 10.9

2.【题目】

填空题：

大型养路机械的日常保养工作应做到“四勤”：勤清洗、勤检查、勤紧固、勤调整，“二净”：(　　)，以减少零件的磨损。

【解析】 考查大型养路机械日常保养工作中的“二净”的内容。

“二净”即油净、空气净，油净包括燃油净、润滑油净。

燃油净：根据油品和保养周期更换燃油滤芯。

润滑油净：使用符合标准的润滑油，定期更换机油过滤器滤芯。

空气净：加强空气滤清器检查，确保进入气缸的空气干净。

【答案】 油净、空气净

3.【题目】

选择题：

捣固车的闸瓦间隙应在(　　)mm。

A. 1～3　　B. 10～20　　C. 3～10

【解析】 考查捣固车的闸瓦间隙。

闸瓦间隙是关系制动系统能否安全可靠及时动作的重要因素，直接影响行车安全和制动效率。如果闸瓦与车轮踏面的间隙过大，制动时闸瓦不能紧密贴合踏面，制动效率会降低，增大列车制动距离。

闸瓦间隙是指在完全缓解状态下，闸瓦与踏面的间距。为了使各转向架轮对闸瓦的作用力相等且动作同步，各闸瓦的间隙应尽量一致，而且闸瓦间隙是一个动态的参数，闸瓦托的偏摆、闸瓦的磨损、缓解弹簧的疲劳对其都有影响。

【答案】 C

4.【题目】

填空题：

捣固装置箱体的(　　)必须通畅，禁用其他螺栓替代。

【解析】 考查捣固装置箱体通气孔的作用。

捣固装置偏心轴主轴承箱需要配通气孔，通气孔的作用是平衡变速箱内外的气压。因为偏心轴在高速、重载运转时，随着温度的升高，轴承箱内部的压力增大，若通气孔被堵塞，则造成密封失效，油液加速变质，从而导致润滑油在压力作用下从骨架油封唇边挤出而泄漏。

【答案】 通气孔

5.【题目】

选择题：

DXC-500 大修列车的 DXCDL-03 车轴齿轮箱应运转平稳，无异响，箱体及轴承部位温度不得超过(　　)℃。

A. 95　　B. 105　　C. 120

【解析】 考查 DXC-500 大修列车 DXCDL-03 车轴齿轮箱箱体及轴承部位温度。

车轴齿轮箱是车轴上的齿轮减速箱。车轴齿轮箱的输入轴与液压马达的输出轴相连接，这样，液压马达输出的转速和扭矩，经过车轴齿轮箱的进一步减速和增大扭矩，使车轮沿轨道转动并产生轮周牵引力。工作中，车轴齿轮箱应运转平稳，无异响，箱体及轴承部位温度不得超过105 ℃。车轴齿轮箱若有异常需立即停机，通过观察盖检查各零部件的状况，严重时应开箱检查，对状态不良的零部件进行换件。

【答案】 B

6.【题目】

填空题：

DXC-500大修列车的DXCDL-03车轴齿轮箱润滑系统由(　　)强制润滑系统和飞溅润滑辅助润滑系统组成。

【解析】 考查DXC-500大修列车DXCDL-03车轴齿轮箱润滑系统的组成。

低速运转时，主要由齿轮油泵强制润滑系统提供润滑油，中高速运转时，齿轮油泵强制润滑系统和飞溅润滑辅助润滑系统共同作用为车轴齿轮箱提供润滑油。油泵驱动齿轮随车轴转动从而驱动齿轮油泵吸油，进油口处有滤网确保进入润滑系统的润滑油清洁，齿轮油泵的出油口通过支座与箱体上的油道连接，油道出油口设在各轴承座孔处为各轴承供油，在每个油口处设有限油螺塞，可调节各润滑点的出油量，确保各润滑点合理分配油量。

【答案】 齿轮油泵

7.【题目】

判断题：

螺栓紧固后，螺栓螺纹露出长度应不小于1个螺距，且不多于一个螺母的厚度。(　　)

【解析】 考查紧固螺栓的技术要求。

紧固件安装要求：螺母在紧固后，螺杆上的螺纹应伸出螺母边缘外1～3螺距，保证螺母的全部螺纹都能啮合。

由于在螺栓制造过程中，无论采用车削或是套扣的方法，靠近螺栓端面倒角处的螺纹一般没有啮合能力，因此用螺栓紧固后端部露出2～3个螺距最合适，并以此来规定螺栓的适宜长度。对于最长能到多少，各标准规定不一致，但螺栓太长，一是浪费材料；二是拧入拧出螺母需要拧更多圈，不方便装配；三是对于需要借助套筒来拧螺栓的地方，螺栓尾部突出太长时，套筒放置困难，给打力矩和装配带来困难。

【答案】 √

8.【题目】

选择题：

DWL-48K 捣镐镐掌高度不得小于(　　)mm，硬质合金捣镐的硬质合金片碎裂时，应更换捣镐。

A. 40　　　　B. 56　　　　C. 65

【解析】 考查的是 DWL-48K 捣镐镐掌高度范围。

捣固镐在插入道床的瞬间要承受很大的下插冲击力，振动夹持过程中，要承受振动力和夹持弯矩。因此，要求捣固镐有足够的强度、耐冲击、耐磨损，安装可靠。为了保证捣固质量，捣固镐的磨耗应不大于原有尺寸的 20%。

【答案】 B

9.【题目】

判断题：

作业风路的油雾器油杯中的油不足时应及时补足，油雾器出油量应控制在每次气动系统打开时，滴 1～2 滴。(　　)

【解析】 考查气动系统油雾器油杯出油量。

气动系统的润滑利用压缩空气作为载体，将润滑油带到气动元件中并实现润滑最大化。根据不同需求，通过上部可调针阀来调节滴油量。供油量随使用场合不同而不同，一般大约每 10 m^3 自由空气量供给 1 mL 的油量。

【答案】 √

10.【题目】

选择题：

当蓄电池电解液液面过低时，应补充添加(　　)。

A. 密度为 1.25 的电解液

B. 自来水

C. 蒸馏水

【解析】 考查蓄电池检查和保养知识。

每四周应该检查一次蓄电池电解液液面。当液面太低时，要添加蒸馏水(不能用普通的生活用水代替)。如电解液液面降低是由于电解液溢出的原因，可加入电解液。一般在蓄电池侧边有上、下限标线，供参考。

【答案】 C

11.【题目】

选择题：

捣固车保养中，需要(　　)向 D 点、B 点探测杆下端的滑动触头处或 C 点升降导套处加注润滑油。

A. 每日　　　　B. 每周　　　　C. 每月

【解析】 考查捣固车保养中的润滑点。

为了提高线路纵平的检测精度，探测杆下端与托板接触部分制成球面，托板应平整光滑，并经常涂抹油脂。

【答案】 B

12.【题目】

判断题：

DXC-500 大修列车的螺杆式空气压缩机更换皮带时，可以只更换有问题的皮带，不必全部更换。(　　)

【解析】 考查 DXC-500 大修列车螺杆式空气压缩机更换皮带的要求。

因为旧皮带的内径有发生磨损变大的可能性，新旧皮带混用时，张力不平衡，受力点全部落在新皮带上，而旧皮带会打滑，只能同时全部换新。

【答案】 ×

13.【题目】

选择题：

检查大型养路机械发电机皮带张紧状况时，在皮带中间用手指能压下(　　)mm 为正常。

A. 3～5　　　　B. 5～8　　　　C. 12～15

【解析】 考查大型养路机械发电机皮带松紧度。

带传动是机械传动中常用的一种传动方式，皮带松紧度对于传动效率和使用寿命有着重要的影响。过紧会导致皮带和轮毂的加剧磨损，过松则会导致皮带打滑和传动效率降低。

皮带的松紧度调整标准：用拇指压在两带轮中间的皮带上，施加一定的压力(一般为 40 N)，皮带的挠度应符合规定(一般为 12～15 mm)，否则应调整皮带松紧度。也可以用两手指夹住皮带使其扭转，扭转角度一般应在 90°以下。

发电机皮带松紧度的调整：松开张紧轮或发电机在移动支架上的固定螺栓，用撬棒向外或向内移动发电机即可改变皮带的松紧度。调整后，拧紧张紧轮或发电机移动支架的固定螺栓。

【答案】 C

14.【题目】

填空题：

日常保养中，对免维护蓄电池，要定期检查(　　)的颜色。

【解析】 考查日常保养中，对免维护蓄电池的定期检查内容。

免维护蓄电池是全密封的，不用添加蒸馏水或调节电解液的浓度，一般不会有电解液溢出到蓄电池表面，但需要定期检查电眼(内置电解质密度计指示器)的颜色。其主要原理是：电眼底部有小浮球，而蓄电池使用过程中电解液比重是变化的，比重变，浮球的高度就会变，通过折射后，电眼显示的状态就不同，从而达到判断存电状态的目的。

不同厂家的蓄电池电眼颜色可能不同，主要分三种状态：①绿色或者蓝色表示状态良好；②黑色或者红色表示需要充电；③白色表示电池需要更换。

【答案】 电眼

15.【题目】

填空题：

不得改变液压安全阀和气动安全阀的(　　)状态。

【解析】 考查液压安全阀和气动安全阀的作用。

液压或气动系统中的安全阀是一种用于保护系统的压力开关，可在系统超压时自动打开，释放过多压力，避免系统破坏或损坏设备，确保系统安全运行。在正常情况下，安全阀应该处于关闭状态，不能随便调整。系统中安全阀的安全压力一般在出厂前由厂家调定，非专业人员不得随意调整。只有当拆装维修以后或系统工作能力明显降低时，才能借助压力表或利用工作经验进行调整。

【答案】 调定

16.【题目】

填空题：

更换发动机机油应在发动机(　　)状态下进行。

【解析】 考查更换发动机机油的注意事项。

在低温下，机油的流动性变差、黏度增加，所以冷车时很难放油；热车时，机油的流动性好，在正常循环的情况下，部分残留在管路中的细小杂物被清除。因此，最好在发动机热机时更换机油。换机油前要预热：启动车辆后怠速状态下运转

5～10 min，让发动机水温达到正常温度即可。

【答案】 热机

17.【题目】

选择题：

有数据表明，液压系统的故障至少有（　　）是由于液压油不清洁造成的，因此，防止液压油污染是十分重要的。

A. 25％　　B. 50％　　C. 75％

【解析】 考查液压油清洁度的重要性。

液压油是液压系统的工作介质，液压油是否清洁，不仅影响液压系统的工作性能和液压元件的使用寿命，而且直接关系机械能否正常工作。液压系统的元件越来越精密，运动间隙越来越小，对油品污染的敏感度也越来越高，液压油污染是液压系统最主要的故障根源。研究表明，5 μm 的颗粒会引起严重磨损，大于15 μm 的颗粒则主要引起元件卡死，因此 5～15 μm 的颗粒危害最大，而 50～100 μm 的颗粒由于无法进入运动间隙，对磨损的影响却不大；人的肉眼能看到的最小颗粒为 80 μm。美国国家流体动力协会资料显示，液压油清洁度从 NAS 12 级改进到 ISO4406（15/12）即 NAS 6 级时，其系统的寿命可提高 5 倍。

【答案】 C

18.【题目】

填空题：

DWL 液压油箱初始加注大约 2 800 L 的壳牌（　　）号液压油。

【解析】 考查 DWL 液压油箱初始加注液压油牌号及容量。

液压油的牌号是按照 40 ℃下的运动黏度分类的，分为 10、15、22、32、46、68、100、150 八个黏度等级，根据油品的不同而有不同的牌号。T46 号液压油的黏度等级为 46。壳牌 T 系列液压油广泛应用于液压油及液力传递系统，特别是在那些温度变化范围大或要求黏度受温度变化影响小的场合。液压油液不足时，需补充相同牌号的液压油。

【答案】 T46

19.【题目】

填空题：

大型养路机械检修作业，在拆卸液压系统元件时，必须确认液压系统已（　　）。

【解析】 考查拆卸液压系统元件的先决条件。

液压系统不卸压会导致机器内部的压力一直存在。检修作业中，如果机器被意外打开，可能导致压力突然释放，机构发生运动，对操作人员造成伤害。

此外，喷出的高压液压油可能损伤皮肤或者带来更为严重的安全事故。

【答案】 卸压

20.【题目】

选择题：

GMC-96B 钢轨打磨车日常保养检查中，液压油箱上吸油过滤器的油污指示器应显示为(　　)色。

A. 白　　B. 黄　　C. 绿

【解析】 考查 GMC-96B 钢轨打磨车日常保养检查中，液压油箱上吸油过滤器的油污指示器的工作原理。

油污指示器的实质是真空压力表。它是由测量系统(包括接头、弹簧管、齿轮传动机构)、指示部分(包括指针、度盘)、表壳部分组成。其工作原理是基于弹性元件的弹簧管变形，产生的位移随压力发生变化。被测介质由接头进入弹簧管，借助连杆经齿轮传动机构的压力传递和放大，使指针在表盘上转动，指示出不同的压力区域。

【答案】 C

21.【题目】

填空题：

大型养路机械检修保养中，不要对仅由液压或压缩空气支撑的工件进行任何操作，应始终使用(　　)或适当的台架。

【解析】 考查检修保养的安全措施。

检修保养工作必须严格遵守安全生产规定，遵从安全操作规程，确保自己和他人的安全。设备处于检修状态时，必须有可靠的保险装置，落实保险措施。对仅由液压或压缩空气支撑的工件，应采用支撑物并将其固定，防止设备发生动作。

【答案】 垫块

22.【题目】

选择题：

SBCHP3 边坡道砟清筛机，发动机每运转(　　)h，需更换主液压回油管路过滤器。

A. 200　　　　　B. 250　　　　　C. 500

【解析】 考查SBCHP3边坡道砟清筛机更换主液压回油管路过滤器的周期。

回油管路过滤器安装在液压系统回油管路处，用来滤除油液中元件磨损的金属粉末及橡胶杂质等，使流回油箱中的油液保持清洁。该过滤器具有过滤精度高、通油能力大、原始压力损失小、纳污量大等优点。

【答案】 C

23.【题目】

判断题：

大型养路机械更换发动机柴油滤清器时，将滤清器拧得越紧越好。（　　）

【解析】 考查柴油滤清器的更换方法。

柴油滤清器的更换方法为：

安装前检查滤清器密封环，为滤清器注满清洁的柴油燃料，用清洁的柴油轻轻擦拭垫圈。

顺时针将滤清器旋转直至固定，略松一些，打开进油管球阀。

当燃油开始溢出滤清器时，用手拧紧。在扭矩数值的标准之下，只要自己拧紧滤清器后，再用扳手继续拧1/2～3/4圈以就可以了，之后检查是否有漏油现象。拧太紧容易损坏滤芯内部的密封圈，同时造成拆卸困难。

【答案】 ×

24.【题目】

填空题：

SBCHP3边坡道砟清筛机检修保养中，在拆下或绕过防护装置或其他安全装置作业时，必须执行（　　）制度。

【解析】 考查上锁和挂牌在设备维护过程中的重要作用。

上锁和挂牌规定旨在避免员工在设备维护过程中因势能或动能的释放受到伤害。除紧急情况外，每个上锁/挂牌装置只能由其挂起者移除。移除时，需确保能够安全操作设备，确保所有人都已远离设备运转危险区域。

【答案】 上锁和挂牌

25.【题目】

选择题：

大型养路机械一级修，液压油箱油位应在限度范围以内，油液不足时应用滤芯精度不低于（　　）μm的滤油机给油箱补充同一厂家相同牌号的液压油。

A. 50　　　　　　　　B. 25　　　　　　　　C. 10

【解析】 考查液压油加注及油品更换的知识。

由于新油的清洁度不一定达到液压系统部分元件(如伺服阀)的使用要求,所以新油必须通过高精度的过滤机过滤后才能注入液压系统。

过滤精度是指过滤器对不同尺寸颗粒污染物的滤除能力,常用绝对过滤精度、过滤比和过滤效率等指标来评定。

液压滤芯分高中低精度等级。2～5 μm 为高精度,10～15 μm 为中等精度,15～25 μm 为低精度。

液压油过滤网的目数对应相应的过滤精度,对过滤精度要求越高,目数就越大。如果净化要求过滤精度达到 5 μm,过滤网就需要 3 000 目,这个对过滤网的要求就很高了。工程机械上最常用的液压油滤芯名义过滤清度为 10 μm。

【答案】 C

26.【题目】

选择题:

GMC-96B 钢轨打磨车,须定期检查空气滤清器保养指示器。如果指示器出现(　　)色区域,需更换空气滤清器滤芯。更换完毕后,解锁保养指示器。

A. 红　　　　　　　　B. 黄　　　　　　　　C. 绿

【解析】 考查 GMC-96B 钢轨打磨车空气滤清器的工作原理。

空气滤清器保养指示器是通过颜色显示来表示空气滤清器中灰尘积累程度的一种装置,可确定需要更换滤清器的时机,以获得更优的滤清器性能。其原理是由于进气管道内负压,直接受到空气滤清器清洁度的影响。空滤干净,则负压小;反之,则负压增加。

空气滤清器保养指示器,包括外壳、滑标指标装置、波纹密封圈、复位按钮等。在滑标指示装置和外壳观察孔相对应的位置上,从上至下排列有红、黄、绿三色块。指示窗显示红色,说明进气严重受阻,必须更换空气滤清器。保养完毕,用手按一下防尘盖,滑标即通过弹簧的反弹而自动复位。

【答案】 A

27.【题目】

选择题:

DWL-48K 捣固车深度传感器钢丝弦线承受冲击、摩擦,工作频繁、条件恶劣,容易磨损,若发现有(　　)钢丝绳断裂,则应将整根钢丝弦线及时更换。

A. 一股　　　　　　　　B. 二股　　　　　　　　C. 三股

【解析】 考查DWL-48K捣固车深度传感器钢丝弦线的更换条件。

钢丝弦线是由多股钢丝缠绕而成的,如果钢丝绳断了一股,会导致绳子整体受力失去平衡,增加了其他股的负荷,同时由于断头的接触摩擦,长时间使用很容易造成绳子其他股受损,所以若发现有一股钢丝绳断裂,应将整根钢丝弦线及时更换。

【答案】 A

28.【题目】

填空题:

大型养路机械检修实行(　　)级修程。柴油机、发电机组及电传动系统关键部件按照制造商使用说明书规定的检修周期及检修内容实施。

【解析】 考查大型养路机械的修程。

大型养路机械检修实行五级修程,包括一、二、三、四、五级修。

【答案】 五

29.【题目】

填空题:

大型养路机械(　　)级修为整车年修,每年进行一次。

【解析】 考查五级修程对应的检修周期。

三级修是对整车进行维护性修理,应修复状态不良的零部件和总成,保持整车基本性能。

【答案】 三

30.【题目】

填空题:

GMC-96钢轨打磨列车和BS-1200、SBC-HP3边坡道砟清筛机的架车检查每(　　)年一次。

【解析】 考查架车检查的周期。

架车检查是采用成组电动架车机等工具设备将车体架高并推出走行部进行的检修作业。GMC-96钢轨打磨列车和BS-1200、SBC-HP3边坡道砟清筛机的架车检查每3年一次,其他大机架车检查每4年一次;车况状态不良时,应适当缩短架车检查周期。

【答案】 3

31.【题目】

选择题：

在大型养路机械一级修中，对轮对外观进行检查，车轮踏面剥离一处长度不得大于（　　）mm。

A. 20　　B. 30　　C. 40

【解析】 考查日常检查保养中轮对外观的检查标准。

大型养路机械在运行过程中，车轮承受热机械作用以及轮轨接触疲劳的负面影响。车轮踏面与钢轨接头间的冲击、闸瓦的强烈摩擦使踏面表面产生高温，冷却后表面金属组织变得脆而硬，造成裂纹并使踏面成片状剥落形成小凹坑或片状翘起，这种现象叫踏面剥离。根据产生形式和材料失效机制，车轮踏面剥离可分为接触疲劳剥离、制动剥离和局部擦伤剥离等不同类型。在一级修中，要检查车轮踏面擦伤、局部凹下、剥离情况，超限时应旋修处理。

【答案】 C

32.【题目】

选择题：

CDC-16K 道岔捣固车一级修中，检查制动缸活塞最大行程不超过（　　）mm，否则应调整。

A. 120　　B. 100　　C. 90

【解析】 考查一级修中 CDC-16K 道岔捣固车制动缸活塞最大行程。

制动时，制动缸活塞杆向外移动的距离叫作制动缸活塞行程。这个距离是由三个方面构成的：其一是缓解状态下的闸瓦间隙，其二是各传动杠杆销接处各圆销与圆销孔之间的间隙，其三是基础制动装置的各杆件在制动时产生的弹性变形。其中闸瓦间隙的变化对活塞行程影响最大。制动缸活塞行程过长，导致制动力降低，延长空走距离，影响制动效果。

【答案】 A

33.【题目】

填空题：

卡套式管接头在大型养路机械的油、气管路中应用很广，（　　）是保证卡套式管接头不泄漏的关键环节。

【解析】 考查卡套式管接头组成、原理及常见问题。

卡套式管接头由三部分组成：接头体、卡套、螺母。它具有连接牢靠、耐压能力高、密封性和反复性好、安装检修方便、工作安全可靠等特点，适用于油、气、水等介质管路连接。

卡套式管接头的工作原理是将钢管插入卡套内，利用卡套螺母锁紧，抵触卡套，卡套前端外侧与接头体锥面贴合，内刃均匀地咬入无缝钢管，形成有效密封。

常见的安装问题有：前后卡套方向或位置装错、钢管外表面刮伤或钢管不圆、钢管没有插到底、螺母没有拧紧、钢管太硬、卡套接头尺寸与管子尺寸不配套等。

【答案】 正确的装配

34.【题目】

选择题：

CDC-16K 道岔捣固车正常施工作业期间，需(　　)对柴油机至液力机械变速箱处的传动轴十字节进行脂润滑。

A. 每日　　　　B. 每周　　　　C. 每月

【解析】 考查 CDC-16K 道岔捣固车传动轴十字节的润滑周期。

润滑脂的作用主要是润滑、保护和密封，可降低机械摩擦、防止机械磨损和金属腐蚀以及密封防尘。机械零件的润滑周期主要取决于其工作条件，如转速、是否连续工作等。

【答案】 B

35.【题目】

填空题：

DWL-48K 捣稳车更换吸油滤清器滤芯时，需注意(　　)的锁闭是否有效，防止液压油过度泄漏。

【解析】 考查更换吸油滤清器滤芯的注意事项。

更换吸油滤清器滤芯时，将吸油滤清器盖子旋出 25 mm 就能够感觉到自封阀产生的压力。自封阀和吸油滤清器盖子螺纹旋入量是成比例关系的，在向外旋出 25 mm 后，自封阀应该已经关闭。可以使用微型测压软管测试自封阀功能，防止自封阀失效，造成液压油过度泄漏。

【答案】 自封阀

36.【题目】

填空题：

检查大型养路机械 13 号系列车钩，在闭锁位置时，钩锁铁的(　　)性能须良好。

【解析】 考查13号系列车钩的防跳性能。

所谓车钩的防跳性能，就是列车在运行中发生横向摆动、纵向拉伸、压缩以及由于线路的不平顺引起的垂直振动的情况下，防跳部分具有的防止车钩开锁的性能。

13号车钩在闭锁位置时使用锁铁托具，并使钩锁腿贴靠后壁，向上托起钩锁，不得开锁；同时，钩锁相对于钩舌座锁面的移动量不大于10 mm（上作用车钩）或18 mm（下作用车钩），且均不小于3 mm。

13号上作用式车钩防跳装置为三连件形式，比旧式车钩锁闭装置多了一节运动机构，可两级防跳。无论是列车加速时产生的后惯性力还是在列车制动时产生的前惯性力，防跳装置都能产生相应的防跳作用，使钩锁铁在车辆受到外力冲击后上下振动时，无法完全脱离钩舌的座锁立面，有效地防止了车钩自然分离现象。

【答案】 防跳

37.【题目】

判断题：

道依茨发动机干式空气滤清器的安全滤芯应该定期清洗。（　　）

【解析】 考查道依茨发动机干式空气滤清器安全滤芯的使用维护方法。

空气滤清器的作用是防止沙粒和尘土进入发动机进气系统，保护发动机的气缸、活塞及活塞环，延长发动机的使用寿命，并使发动机燃油充分燃烧。空气滤芯分外滤芯（主滤芯）和内滤芯（安全滤芯）。空气滤清器只在必要时进行清洁，使用压缩空气从里向外吹（最大压力不超500 kPa），清洁3～5次后必须更换，但最长使用时间不超12个月。安全滤芯只能更换，不能清洗。

【答案】 ×

38.【题目】

填空题：

捣固装置转速高，承受冲击力大，保证良好的润滑是正常工作的必要条件。必须按规定加注润滑油及润滑脂。规定使用的润滑油为N100抗磨液压油，润滑脂为（　　）号锂基脂。

【解析】 考查捣固装置选用润滑油、润滑脂的规格型号。

锂基脂的型号是根据它的锥入度来区分的，锥入度表示润滑脂的软硬程度，润滑脂从0号到6号，数字越大，润滑脂越硬，黏稠度越大。1号的锥入度为310～340；2号的锥入度为265～295；3号的锥入度为220～250。2号锂基润滑脂的黏度较低，适用于低温和高速运转的设备。

【答案】 2

39.【题目】

填空题：

更换捣镐作业时，绝对不允许敲击镐掌。因合金耐磨片受到猛烈冲击后，会有碎片破裂飞出造成人身伤害。敲击合金捣镐时必须穿戴(　　)。

【解析】 考查更换捣镐作业的注意事项。

耐磨合金指为满足特定的性能要求而有目的地加入其他元素的钢材。它是为提高机械零件耐磨性而开发出的合金，加入的元素称为合金元素。为了提高捣镐的耐磨性，采用在捣镐镐掌外包覆一层耐磨合金，但在提高捣镐硬度和耐磨性的同时，它的脆性也增加。

【答案】 护目镜

40.【题目】

填空题：

捣固车使用的WABCO双罐式空气干燥器的干燥剂，更换周期为(　　)年。

【解析】 考查捣固车使用的WABCO双罐式空气干燥器的干燥剂更换周期。

从空压机导入的高温高压空气，经过干燥剂颗粒处理(吸附手段)，实现对压缩空气的干燥。这种干燥剂颗粒是网状分子结构，可通过空气进行再生。它通过面积足够大的活性表面来吸收空气中的水分。

WABCO公司的空气干燥器装有两个粒状滤芯，有一部分干燥空气与干净空气被导入滤芯回收，在此过程中，空气压力降到正常的大气压，由于体积膨胀使这些回收的空气获得巨大的吸湿能力，并能通过排气口排出。无论采用何种吸附材料，其再生率都不可能长时间保持不变。因此，为保证压缩空气的干燥质量，定期更换吸附剂是必不可少的。

【答案】 2

41.【题目】

简答题：

试述发动机一级修的保养检查内容。

【解析】 考查发动机一级修的保养检查内容。

(1)检查发动机机油油位、防冻液液位，应在正常范围内。

(2)空气滤清器作用良好，安装牢固；滤清器的指示器显示正常。

(3)检查发电机皮带张紧度正常。

(4)启动电机、发电机安装牢固。

(5)柴油滤清器安装牢固,无漏油现象。

(6)蓄电池及启动电机连接线牢固。

(7)柴油箱油位合适,连接油管状态良好。

(8)空气压缩机进气软管状态良好。

【答案】 见解析。

42.【题目】

简答题:

液压油质量降低后对液压系统有哪些危害?

【解析】 考查液压油质量降低后对液压系统的危害。

液压油质量降低后,杂质增多,各项指标达不到要求,会对液压系统产生各种危害。主要的表现有:使零部件的节流小孔、节流缝隙受堵,影响整个液压系统的工作;加剧系统零部件的磨损,影响系统的工作效率;使密封件损坏、失效而出现漏油;使润滑功能失效,影响系统正常作业;滤清器受堵,产生噪声和振动。

【答案】 见解析。

43.【题目】

简答题:

简述液力变速箱一级修的检查保养内容。

【解析】 考查液力变速箱一级修的检查保养内容。

(1)检查液力变速箱油位。

(2)检查液力变速箱应无漏油现象。

(3)检查确认箱体、法兰盘无裂纹,各联结螺栓、螺母无松动、缺失。

(4)检查确认挡位切换动作灵活可靠;挡位指示正确,挡位状态与驾驶室信号灯显示一致。

(5)运行时液力变速箱运转无异响、异常振动,工作温度、压力不超限。

【答案】 见解析。

44.【题目】

简答题:

为什么油液分析是大型养路机械状态检测与故障诊断的主要技术项目?

【解析】 考查油液分析对大型养路机械状态检测与故障诊断的重要性。

因为油液分析技术是在不停机、不解体的情况下对机械设备进行状态监测与故障诊断。特别对于低速回转机械及往复机械,在利用振动和噪声监测技术判断故障较为困难时,油液分析技术更为有效。

【答案】 见解析。

45.【题目】

简答题:

什么是封存保养?

【解析】 考查封存保养的定义。

封存保养是机械在封存期间内的保养。封存保养每月进行一次,除完成日常检查保养的全部工作外,起动柴油机运转15~20 min;按作业工况,使各工作装置进行空载运转,使各摩擦零件表面保持一定的油膜。

【答案】 见解析。

46.【题目】

简答题:

大型养路机械在进行焊接(电弧焊)作业前必须特别确认哪些事项?

【解析】 考查大型养路机械在进行焊接(电弧焊)作业前须特别确认的事项。

(1)必须关闭发动机。

(2)主电源开关置于关闭状态。

(3)电弧焊机的接地端子尽可能接近焊接区域,并可靠接地。

(4)电弧焊机接地端子不得连接到活塞杆、液压蓄能器、液压泵、动连接部件(如轴承类连接)、液压油箱或柴油箱等。

【答案】 见解析。

47.【题目】

填空题:

偏心轴是捣固装置的重要组成零件。保养中,需检查偏心轴轴承运转有无异响,定期更换主轴承箱内的润滑油。在偏心轴两端各装有一个飞轮,用来增大偏心轴的(　　),使偏心轴运转稳定。

【解析】 考查偏心轴两端飞轮的工作原理。

飞轮是机械装置中一种常用的转动元件,用以储存能量,转化为动能以发挥特定的作用,像发动机启动或乘客电梯的缓冲作用等。飞轮的转动惯量是描述飞轮转动情况的模型参数,它描述的是飞轮在转动情况下的动能,主要包括转子的质量、转子的半径、转子的形状及其能释放出的能量。转动惯量较大的飞轮表现出较大的惯性，其转动过程的变化率较慢，可以起到缓冲、补偿的作用。

【答案】 转动惯量

48.【题目】

判断题：

在对车钩缓冲装置的检查保养中，需要对钩舌连挂部位定期涂油。(　　)

【解析】 考查在对车钩缓冲装置的检查保养。

钩舌连挂部位是前后车钩的牵引工作面、受力接触面，该部位禁止涂油。但钩体磨耗板与钩体、钩尾框与钩尾框托板、各销与销孔间、钩舌S形曲面及背面均需涂适量的干性润滑脂。

【答案】 ×

49.【题目】

选择题：

检查保养QS-650清筛机挖掘链的扒指，当其头部轴向长度小于(　　)mm时应更换。

A. 15　　B. 20　　C. 25

【解析】 考查QS-650清筛机挖掘链扒指的更换条件。

清筛机挖掘链扒指安装在扒板的轴孔中，并能够自由转动，这既减少了挖掘阻力，又可使扒指表面磨耗均匀。扒指工作时承受较大的不稳定冲击载荷和交变载荷。道床板结程度越高，道砟对扒指的冲击和推挤越大，扒指的磨损也就越快。扒指磨损严重会影响挖掘道砟的质量和效率。此外，扒指折断或因弯曲变形造成转动不灵活时也应更换。

【答案】 C

50.【题目】

填空题：

单元制动器是QS-650K清筛机制动装置中的重要部件，它直接关系行车安全，其技术状态应始终保持良好。为此，应定期对单元制动器做整体试验，确保间隙调整机构和(　　)单元动作正常。

【解析】 考查单元制动器的结构性能。

QS-650K清筛机配置的JDYZ-5型单元制动器，集成了常用空气制动和弹簧蓄能停放制动功能，因此它既能提供行车制动力，又能储蓄能量提供停放制动力。清筛机行驶时，蓄能缸处于充风状态，蓄能缸内弹簧压缩(即处于蓄能缓解状态)。

清筛机停放时，蓄能缸排风，缸内弹簧力使活塞运动，带动缸内螺纹配合的螺母与螺杆一起向制动缸运动。蓄能缸的弹簧力通过螺杆作用在制动缸的活塞上使闸瓦与车轮踏面接触实现停放制动。缓解时，系统向蓄能缸内充风，活塞上移，压缩弹簧，使螺杆总成上移到顶端，从而缓解。

【答案】 弹簧停放

51.【题目】

填空题：

对于 WY-100 物料车，须每周检查皮带输送机链条润滑油是否充足，不足时应补充(　　)。

【解析】 考查 WY-100 物料车皮带输送机链条润滑油的选用。

WY-100 物料车链条润滑不好，会使空心销链出现严重磨损，大大降低链条的使用寿命。因此，要求定期检查集中润滑油油位，保证链条润滑装置出油口出油正常，无堵塞现象。润滑油不足时，补充重负荷车辆齿轮油 85W/90。

【答案】 重负荷齿轮油

52.【题目】

选择题：

《大型养路机械修程修制管理规定》：每(　　)个月应对柴机油、液力变速箱(含液力机械变速箱)液力传动油、分动齿轮箱(含齿轮减速箱)润滑油、车轴齿轮箱润滑油进行取样分析。

A. 1　　　　B. 3　　　　C. 6

【解析】 考查油样分析周期。

《大型养路机械修程修制管理规定》：每 6 个月应对柴机油、液力变速箱(含液力机械变速箱)液力传动油、分动齿轮箱(含齿轮减速箱)润滑油、车轴齿轮箱润滑油进行取样，每年对液压油进行取样，并采用油样分析检测设备进行磨损元素、污染度及理化分析；磨合期、取样分析异常、技术状态异常等情况下应加密取样并加强跟踪监测。

【答案】 C

53.【题目】

填空题：

日常检查大型养路机械轮对，(　　)应清晰无错位。

【解析】 考查日常检查中大型养路机械轮对的检查内容。

在车轮与车轴接缝处的内侧，涂有一圈白铅油，在白铅油圈的三等分处，涂有三条长50 mm、宽20 mm的红油漆标记，与白铅油圈相互垂直，作为检查车轮与车轴松动的标记线，即弛缓线。日常及年修检查时，目测检查车轴与车轮的红色油漆条结合部位应无错位，车轮与车轴结合部位应无透油、透锈。

【答案】 弛缓线

54.【题目】

判断题：

RGH-20C道岔打磨车采用导框式轴箱结构。减振器顶子与轴箱间的接触面不需要涂抹润滑油。（　　）

【解析】 考查RGH-20C道岔打磨车减振器顶子与轴箱间的接触面是否需要涂抹润滑油。

轴箱导框、顶子、弹簧帽、弹簧、斜拉环和轴箱体共同组成减振器。顶子和轴箱间的摩擦力就是减振器的减振力，减振器能同时在横向和垂向起到减振作用。由于是靠顶子和轴箱间的摩擦力起减振作用，所以它们的接触面不需要涂抹润滑油。

【答案】 √

55.【题目】

判断题：

检查RGH-20C道岔打磨车走行系统，当转向架构架上的标准线和轴箱弹簧帽上的标线对齐时，减振器的顶子必须更换。（　　）

【解析】 考查RGH-20C道岔打磨车减振器的顶子更换条件。

转向架构架通过斜拉环、弹簧帽压缩弹簧，斜拉环的水平分力作用于顶子，顶子和轴箱间的摩擦力就是减振器的减振力，减振器能同时在横向和垂向起到减振作用。当转向架构架上的标准线和轴箱弹簧帽上的标线完全错开时，即为顶子磨损到限，所有顶子必须全部更换，否则减振器将失效并有可能影响行车安全。

【答案】 ×

56.【题目】

判断题：

对大型养路机械制动系统进行检修时，各橡胶件需要用汽油、煤油、三氯甲烷或香蕉水浸泡粘浸清洗。（　　）

【解析】 考查大型养路机械制动系统检修时，各橡胶件的清洗。

橡胶是一种高分子化合物，其分子链的柔韧性和可塑性，使之具有优异的弹性。但橡胶本身的分子链非常容易与烃类化合物(包括汽油、煤油等)的碳链结合在一起，从而引起物理性质的变化。这种变化表现为橡胶硬度增加、外观变色等，橡胶也会失去原来良好的物理性质和强度，所以制动系统的橡胶件不可以用汽油、煤油、三氯甲烷或香蕉水浸泡粘浸清洗。需要注意的是，不同类型的橡胶对于汽油的溶胀程度也有所不同。一些合成橡胶，如氟橡胶等，对于汽油的抗溶胀性能较好，而天然橡胶等则相对较差。

【答案】 ×

第三篇　轨道作业车专业知识

轨道作业车主要是指养护、维修、整修铁路线路的机械设备，是集机械、电气、液压、计算机及控制系统等专业技术于一体的自动化机械设备，其系统集成性强，对运用人员专业技术要求高。本篇利用实题演练的方式，将轨道作业车司机需掌握的专业知识呈现，内容涵盖轨道作业车概述、动力传动系统、走行系统、车钩缓冲装置、制动系统、电气系统、检查保养七个部分。

第一章　轨道车作业概述

1.【题目】

填空题：

(1)GC-270 型轨道车轴列式为(　　)。

(2)轨道车按轴列式分为轴列式为 B 的二轴车，轴列式为(　　)的四轴车和轴列式为 B—B 的四轴车，轴列式为 2—B 的四轴车四种。

选择题：

(3)下列(　　)不是轨道车的轴列式。

A. B　　B. 1A—A1　　C. A—B

【解析】 考查轨道车轴列式的分类。

轨道车按轴列式分为轴列式为 B 的二轴车，轴列式为 1A—A1 的四轴车和轴列式为 B—B 的四轴车，轴列式为 2—B 的四轴车四种。

【答案】 (1)1A—A1；(2)1A—A1；(3)C

2.【题目】

填空题：

轴列式为 2—B 的四轴轨道车的(　　)车轴的轮对为驱动轮。

【解析】 考查轨道车的驱动方式。

轴列式为 2—B 的四轴轨道车的第三、第四车轴的轮对为驱动轮。

【答案】 第三、第四

3.【题目】

填空题:

GCY-300Ⅱ型工务重型轨道车转向架为二轴通用型转向架,两转向架结构基本一致。一位端为不带车轴齿轮箱的非动力转向架,二位端为带车轴齿轮箱的(　　)。

【解析】 考查GCY-300Ⅱ型工务重型轨道车转向架的组成。

GCY-300Ⅱ型工务重型轨道车转向架为二轴通用型转向架,两转向架结构基本一致。一位端为不带车轴齿轮箱的非动力转向架,二位端为带车轴齿轮箱的动力转向架。

【答案】 动力转向架

4.【题目】

填空题:

接触网作业车按传动方式可分为机械传动和(　　)。

【解析】 考查接触网作业车的传动方式。

接触网作业车按传动方式可分为机械传动和液力传动。

【答案】 液力传动

5.【题目】

填空题:

轨道车换长是指轨道车全长除以(　　)m的换算长度。

【解析】 考查轨道车换长的定义。

轨道车换长是指轨道车全长除以11 m的换算长度。

【答案】 11

6.【题目】

填空题:

(　　)是指同一转向架最前位车轴和最后位车轴中心线之间的水平距离。

【解析】 考查轨道车转向架轴距的定义。

转向架轴距是指同一转向架最前位车轴和最后位车轴中心线之间的水平距离。

【答案】 转向架轴距

7.【题目】

填空题：

(　　)是转向架牵引销(或中心销)中心线之间的水平距离。

【解析】 考查轨道车车辆定距的定义。

车辆定距是转向架牵引销(或中心销)中心线之间的水平距离。

【答案】 车辆定距

8.【题目】

填空题：

轨道车及接触网作业车排障器调节板下缘距轨道上平面的距离应为(　　)mm。

【解析】 考查轨道车排障器距轨面的距离。

轨道车及接触网作业车排障器调节板下缘距轨道上平面的距离应为 90～130 mm。

【答案】 90～130

9.【题目】

填空题：

轨道车逆向运行时，百叶窗的状态应该是(　　)

【解析】 考查轨道车运行时百叶窗的状态。

轨道车逆向运行时，百叶窗的状态应该是关闭的。

【答案】 关闭的

10.【题目】

选择题：

(1)轨道平车方向一般以制动缸活塞杆推出的方向来确定，制动缸活塞杆推出方向为(　　)端。

A. Ⅰ　　　　B. 后　　　　C. Ⅱ

判断题：

(2)对于有几个制动缸的轨道平车，以人力制动机所在的一端为Ⅱ位端。(　　)

【解析】 考查如何确认轨道平车的方向。

轨道平车方向一般以制动缸活塞杆推出的方向来确定，制动缸活塞杆推出方向为Ⅰ端。对于有几个制动缸的轨道平车,以人力制动机所在的一端为Ⅰ位端。

【答案】 (1)A;(2)×

11.【题目】

选择题:

(1)GC-270 型轨道车传动方式为(　　)。

A. 机械传动　　B. 液力传动　　C. 电传动

(2)型号为 GCY-300Ⅱ的轨道车,其传动方式为(　　)。

A. 机械传动　　B. 液力传动　　C. 电传动

【解析】 考查轨道车的传动方式。

GC-270 型轨道车传动方式为机械传动。

型号为 GCY-300Ⅱ的轨道车,其传动方式为液力传动。

【答案】 (1)A;(2)B

12.【题目】

选择题:

(1)轨道车结构特点代号指轨道车传动方式代号。其中,机械传动不标号,液力传动用字母(　　)表示。

A. T　　B. Y　　C. D

(2)轨道车(　　)是指轨道车的传动方式代号。

A. 名称代号　　B. 结构特点代号　　C. 主要参数

【解析】 考查轨道车的结构特点代号。

轨道车结构特点代号是指轨道车的传动方式代号,机械传动不标,液力传动用字母 Y 表示,电力传动用字母 D 表示。

【答案】 (1)B;(2)B

13.【题目】

选择题:

(1)轨道车两端的车钩处在闭锁位置时,钩舌内侧面中心线之间的水平距离称为轨道车的(　　)。

A. 定距　　B. 全长　　C. 全轴距

判断题:

(2)轨道车的全长是指轨道车的两端钩舌内侧距离。(　　)

【解析】 考查轨道车全长的定义。

轨道车两端的车钩处在闭锁位置时，钩舌内侧面中心线之间的水平距离称为轨道车的全长。

【答案】 (1)B;(2)×

14.【题目】

选择题：

(1)轨道车及接触网作业车橡胶板扫石器的下缘距轨面应为(　　)mm。

A. 10～15　　B. 20～25　　C. 30～35

判断题：

(2)某一接触网作业车车体排障器橡胶扫石器的下缘距离轨道上平面 23 mm，符合运用规定。(　　)

【解析】 考查轨道作业车橡胶板扫石器的下缘距轨面的距离。

轨道车及接触网作业车橡胶板扫石器的下缘距轨面应为 20～25 mm。

【答案】 (1)B;(2)√

15.【题目】

选择题：

(1)轨道车排障器调节板下缘距轨道上平面的距离应为(　　)mm。

A. 90～130　　B. 100～140　　C. 110～150

判断题：

(2)某轨道车在出乘前检查中发现轨道车排障器调节板下缘距离轨道上平面 85 mm，符合运用要求。(　　)

【解析】 考查轨道车排障器调节板下缘距轨面上平面距离。

轨道车排障器调节板下缘距轨道上平面的距离应为 90～130 mm。

【答案】 (1)A;(2)×

16.【题目】

判断题：

轨道车上线运行按列车办理。(　　)

【解析】 考查轨道车上线运行的办理方式。

轨道车上线运行按列车办理。

【答案】 √

17.【题目】

判断题：

轨道车逆向运行时打开百叶窗，关闭侧风门，目的是让冷空气流过通风道冷却水箱。（　　）

【解析】 考查轨道车运行时百叶窗与侧风门的状态。

轨道车逆向运行时关闭百叶窗，打开侧风门，使冷空气流过通风道冷却水箱。

【答案】 ×

18.【题目】

判断题：

轨道车的方向一般以发动机方向来确定，靠近发动机自由端为Ⅱ位端。（　　）

【解析】 考查轨道车方向确认方式。

轨道车的方向一般以发动机方向来确定，靠近发动机自由端为前端（或Ⅰ位端）。

【答案】 ×

19.【题目】

判断题：

轨道车与接触网作业车轴箱编号为：轨道车前端右侧为1、3、5、7等，前端左侧为2、4、6、8等。（　　）

【解析】 考查轨道车轴箱编号。

轨道车与接触网作业车轴箱编号为：轨道车前端左侧为1、3、5、7等，前端右侧为2、4、6、8等。

【答案】 ×

20.【题目】

判断题：

当车辆编成一列车时，应按照列车的运行方向来规定列车前部和后部。（　　）

【解析】 考查如何确定列车前部和后部。

当车辆编成一列车时，应按照列车的运行方向来规定列车前部和后部。

【答案】 √

21.【题目】

填空题：

GCY-300Ⅱ型工务重型轨道车主要由车体、车架、转向架、动力传动装置、制动系统、(　　)、电气系统、空调、随车起重机等组成。

【解析】 考查GCY-300Ⅱ型工务重型轨道车的主要组成。

GCY-300Ⅱ型工务重型轨道车主要由车体、车架、转向架、动力传动装置、制动系统、液压系统、电气系统、空调、随车起重机等组成。

【答案】 液压系统

22.【题目】

填空题：

接触网作业车由动力传动系统、走行系统、车钩缓冲装置、电气控制系统、制动系统、车体、液压系统及(　　)等组成。

【解析】 考查接触网作业车的组成。

接触网作业车由动力传动系统、走行系统、车钩缓冲装置、电气控制系统、制动系统、车体、液压系统及液压升降回转作业平台等组成。

【答案】 液压升降回转作业平台

23.【题目】

判断题：

接触网作业车升降回转作业平台只能在下部控制平台的升降、回转。(　　)

【解析】 考查接触网作业车升降回转作业平台控制方式。

接触网作业车升降回转作业平台在上部和下部均可控制平台的升降、回转。

【答案】 ×

24.【题目】

填空题：

GCY-300Ⅱ重型轨道车(隧道检修)主要用于工务部门对铁路隧道壁进行检修、维护及保养，可兼作(　　)。

【解析】 考查隧道检查车的用途。

GCY-300Ⅱ重型轨道车(隧道检修)主要用于工务部门对铁路隧道壁进行检修、维护及保养，可兼作牵引车辆。

【答案】 牵引车辆

25.【题目】

填空题：

隧道检修作业平台设有区域选择、(　　)、低速走行、行车安全锁定等保护措施和功能，提升了作业的可靠性及安全性。

【解析】 考查隧道检查车的平台保护措施和功能。

隧道检修作业平台设有区域选择、紧急停车、低速走行、行车安全锁定等保护措施和功能，提升了作业的可靠性及安全性。

【答案】 紧急停车

26.【题目】

填空题：

隧道检查车由主车架、转向架、动力单元及辅助装置、电气系统、制动系统、司机室、液压系统、(　　)、车钩及缓冲装置等组成。

【解析】 考查隧道检查车的部件构成。

隧道检查车由主车架、转向架、动力单元及辅助装置、电气系统、制动系统、司机室、液压系统、隧道检修作业平台、车钩及缓冲装置等组成。

【答案】 隧道检修作业平台

27.【题目】

填空题：

隧道检修作业平台由一个主立柱和(　　)、两个悬臂、两个侧立柱和侧平台、活动扶梯、液压元件、电气元件等组成。

【解析】 考查隧道检查车作业平台的部件构成。

隧道检修作业平台由一个主立柱和主平台、两个悬臂、两个侧立柱和侧平台、活动扶梯、液压元件、电气元件等组成。

【答案】 主平台

28.【题目】

填空题：

隧道检查车作业平台主平台地板面距轨面最大高度为(　　)，侧平台地板面距轨面最大高度为 7.3 m。

【解析】 考查隧道检查车作业平台。

隧道检查车作业平台主平台地板面距轨面最大高度为4.2 m，侧平台地板面距轨面最大高度为7.3 m。

【答案】 4.2 m

29.【题目】

填空题：

隧道检查车作业平台间及与下部人员设相互(　　)。平台设有电动、气动工具接口。

【解析】 考查隧道检查车作业平台的主要设备。

隧道检查车作业平台间及与下部人员设相互通话联络设备。平台设有电动、气动工具接口。

【答案】 通话联络设备

30.【题目】

填空题：

隧道检查车三个平台各设一个紧急停止按钮，在紧急情况下按下任意一个按钮时，则所有机构(　　)。

【解析】 考查隧道检查车作业平台的应急处理。

三个平台各设一个紧急停止按钮，在紧急情况下按下任意一个按钮时，则所有机构均停止动作。

【答案】 均停止动作

第二章　动力传动系统

1.【题目】

填空题：

(1)(　　)：活塞顶部在气缸中与曲轴中心距离最远的位置。

(2)下止点：活塞顶部在气缸中与曲轴中心距离(　　)的位置。

【解析】 考查发动机气缸上止点、下止点的定义。

上止点：活塞顶部在气缸中与曲轴中线距离最远的位置。

下止点：活塞顶部在气缸中与曲轴中心距离最近的位置。

【答案】 (1)上止点；(2)最近

2.【题目】

填空题：

(　　)：曲轴与连杆下端的连接中心至曲轴中心的距离。

【解析】 考查发动机曲柄半径的定义。

曲柄半径：曲轴与连杆下端的连接中心至曲轴中心的距离。

【答案】 曲轴半径

3.【题目】

填空题：

活塞冲程：活塞从上止点运动至下止点之间的(　　)。

【解析】 考查发动机气缸活塞冲程的定义。

活塞冲程：又叫活塞行程，是活塞从上止点运动至下止点之间的距离。

【答案】 距离

4.【题目】

填空题：

活塞移动一个冲程，相当于曲轴转动(　　)。

【解析】 考查发动机活塞冲程与曲轴的关系。

活塞移动一个冲程，相当于曲轴转动180°(曲轴转角)。

【答案】 180°(曲轴转角)

5.【题目】

填空题：

发动机气缸总容积与燃烧室容积之比，称为(　　)。

【解析】 考查发动机压缩比的定义。

压缩比：发动机气缸总容积与燃烧室容积之比，称为压缩比。压缩比是发动机主要性能参数之一，表示缸内工作介质被压缩程度。压缩比越大，被压缩终点的压力、温度越高，发动机越易启动，热效率也就越高。

【答案】 压缩比

6.【题目】

填空题：

在发动机的工作循环中，在(　　)期间，进气门开启，排气门关闭。

【解析】　考查发动机进气冲程的工作过程。

进气冲程时进气门开启，排气门关闭；压缩冲程时进、排气门均关闭，气缸容积不断缩小；做功冲程时进、排气门均关闭；排气冲程时排气门打开，进气门仍关闭。当活塞移到上止点时，排气冲程结束（至此，曲轴共旋转两圈，即 720°）。

【答案】　进气冲程

7.【题目】

填空题：

曲柄连杆机构是发动机借以产生并传递动力的机构，通过它把活塞在气缸中的直线往复运动（推力）和（　　）运动（扭矩）有机地联系起来，并由此向外输出动力。

【解析】　考查曲柄连杆机构的工作过程。

曲柄连杆机构是发动机借以产生并传递动力的机构，通过它把活塞在气缸中的直线往复运动（推力）和曲轴的旋转运动（扭矩）有机地联系起来，并由此向外输出动力。曲柄连杆机构包括机体组、活塞连杆组、曲轴飞轮组等。

【答案】　曲轴的旋转

8.【题目】

判断题：

发动机配气机构的作用是根据发动机的工作顺序和工作过程，定时开启和关闭进、排气门，使新鲜空气进入气缸，并使废气从气缸内排出。（　　）

【解析】　考查发动机配气机构的作用。

发动机配气机构的作用是定时开启和关闭各气缸的进、排气门，使新鲜的可燃混合气得以及时进入气缸，废气得以及时从气缸排出。在压缩与做功冲程中，关闭气门保证燃烧室的密封。配气机构就是控制发动机进排气的机构，按照发动机每一气缸内所进行的工作循环和点火顺序的要求，控制发动机燃烧室进排气，包括进气量、进气时间、排气时间，由这些条件来调节、组织燃烧。

【答案】　√

9.【题目】

填空题：

配气机构大多采用顶置气门式配气机构，一般由气门组和（　　）组成。

【解析】　考查发动机配气机构的主要组成。

配气机构大多采用顶置气门式配气机构，一般由气门组和气门传动组组成。

【答案】 气门传动组

10.【题目】

填空题：

废气(　　)方式，是利用发动机排出的废气驱动涡轮，涡轮再带动离心式压缩机来提高进气压力。

【解析】 考查发动机废气涡轮增压方式的工作原理。

废气涡轮增压方式，是利用发动机排出的废气驱动涡轮，涡轮再带动离心式压缩机来提高进气压力。

【答案】 涡轮增压

11.【题目】

填空题：

(　　)的作用是过滤进入发动机气缸的空气，其须有高的滤清效率、高的储尘能力和高的使用寿命。

【解析】 考查发动机空气滤清器的作用。

空气滤清器的作用是过滤进入发动机气缸的空气，其须有高的滤清效率、高的储尘能力和高的使用寿命。

【答案】 空气滤清器

12.【题目】

填空题：

发动机燃油供给系统的作用就是按照发动机的工作要求，定时、(　　)和按顺序地向各缸燃烧室提供干净、清洁的燃油。

【解析】 考查发动机燃油供给系统的作用。

发动机燃油供给系统的作用就是按照发动机的工作要求，定时、定量和按顺序地向各缸燃烧室提供干净、清洁的燃油。

【答案】 定量

13.【题目】

判断题：

柴油滤清器的作用是除去柴油中的杂质和水分，提高柴油的洁净程度。

【解析】 考查发动机柴油滤清器的作用。

柴油滤清器的作用是除去柴油中的杂质和水分，提高柴油的洁净程度。

【答案】 √

14.【题目】

填空题：

润滑系统的基本作用就是将机油不断供给各零件的（　　），以减小零件的摩擦和磨损。

【解析】 考查发动机润滑系统的作用。

润滑系统的基本作用就是将机油不断供给各零件的摩擦面，以减小零件的摩擦和磨损。

【答案】 摩擦面

15.【题目】

填空题：

发动机润滑系统主要由（　　）、机油滤清器、机油冷却器、油底壳、润滑油道和一些阀门组成。

【解析】 考查发动机润滑系统的主要组成。

发动机润滑系统主要由机油泵、机油滤清器、机油冷却器、油底壳、润滑油道和一些阀门组成。

【答案】 机油泵

16.【题目】

填空题：

发动机常用的润滑方式有压力润滑和（　　）润滑。

【解析】 考查发动机常用的润滑方式。

发动机常用的润滑方式有压力润滑和飞溅润滑。

【答案】 飞溅

17.【题目】

填空题：

（1）发动机（　　）系统的主要作用就是将发动机工作中多余的热量散发出去，以保证发动机正常运行。

（2）发动机冷却方法分为（　　）和风冷。

（3）轨道车发动机通常使用（　　）发动机。

【解析】 考查发动机冷却系统的工作原理。

发动机的冷却方式有风冷和水冷两种。风冷是通过高速空气吹过高温零件，将发动机内多余的热量带走并散入大气中的一种冷却方式。水冷是通过循环冷却水带走发动机内部多余热量的一种冷却方式。发动机正常运行时，冷却水的温度范围一般在 80～90 ℃。轨道车通常使用水冷发动机。

【答案】 (1)冷却；(2)水冷；(3)水冷

18.【题目】

填空题：

(1)柴油按其性能用途分为(　　)柴油和重柴油两种。

(2)轨道车燃油必须采用(　　)柴油。

【解析】 考查轨道作业车发动机使用柴油的种类。

轨道车燃油必须采用轻柴油。在夏季可用 0 号轻柴油。

【答案】 (1)轻；(2)轻

19.【题目】

填空题：

发动机常用的冷却介质主要有(　　)和防冻液两种。

【解析】 考查发动机冷却介质的种类。

发动机常用的冷却介质主要有冷却水和防冻液两种。

【答案】 冷却水

20.【题目】

填空题：

当发动机水温超过(　　)℃或车辆运行时，切勿打开加水口盖，以免烫伤。

【解析】 考查检查发动机水箱的注意事项。

当发动机水温超过 50 ℃或车辆运行时，切勿打开加水口盖，以免烫伤。

【答案】 50

21.【题目】

填空题：

轨道车的发动机和(　　)之间的部件总称为传动系统。

【解析】 考查传动系统的定义。

轨道车的传动系统分为机械传动、液力传动和电传动三类。

轨道车机械传动系统主要是由离合器、变速箱、万向传动装置、固定轴、换向箱、车轴齿轮箱等传动元件组成。轨道车液力传动系统由液力传动箱、动力辅助系统、分动齿轮箱、万向传动装置、车轴齿轮箱等部件组成。

【答案】 驱动轮对

22.【题目】

填空题：

轨道车传动系统的功用之一是使发动机输出的转矩，(　　)并传给驱动轮对。

【解析】 考查轨道车传动系统的作用。

轨道车传动系统的功用之一是使发动机输出的转矩增大并传给驱动轮对。

【答案】 增大

23.【题目】

填空题：

采用机械传动的轨道车，其传动系统主要由离合器、变速箱、万向传动装置、固定轴、(　　)、车轴齿轮箱等传动元件组成。

【解析】 考查机械传动轨道车传动系统的主要组成。

轨道车机械传动系统主要由离合器、变速箱、万向传动装置、固定轴、换向箱、车轴齿轮箱等传动元件组成。

【答案】 换向箱

24.【题目】

填空题：

GCY-300Ⅱ型轨道车传动系统由(　　)、动力辅助系统、分动齿轮箱、万向传动装置、车轴齿轮箱等部件组成。

【解析】 考查轨道车液力传动系统的组成。

轨道车液力传动系统由液力传动箱、动力辅助系统、分动齿轮箱、万向传动装置、车轴齿轮箱等部件组成。

【答案】 液力传动箱

25.【题目】

填空题：

机械传动轨道车普遍采用摩擦片式离合器，主要有单片干式和(　　)。

【解析】 考查轨道车传动系统离合器的分类。

离合器是设置在发动机与变速箱之间的动力传递机构,它能使两者的动力得到可靠的接合或彻底的分离。离合器的主要作用:保证车辆平稳起步,换挡轻便平顺,防止传动系统过载。目前,车辆上用的离合器普遍采用摩擦片离合器,主要有单片干式和双片干式。轨道车大多采用常接合、弹簧压力的摩擦片式离合器。

【答案】 双片干式

26.【题目】

填空题:

机械传动轨道车正常行驶时,其离合器一般处于(　　)状态。

【解析】 考查轨道车正常行驶时离合器的工作状态。

车辆行驶时,离合器是接合的。

【答案】 接合

27.【题目】

填空题:

机械传动轨道车摩擦片式离合器一般由主动部分、(　　)、压紧机构及操纵机构四部分组成。

【解析】 考查机械传动轨道车传动系统离合器的主要组成。

摩擦片式离合器一般由主动部分、从动部分、压紧机构及操纵机构四部分组成。

【答案】 从动部分

28.【题目】

判断题:

机械传动轨道车,离合器踏板自由行程为 70 mm。(　　)

【解析】 考查机械传动轨道车传动系统离合器的主要参数。

离合器踏板自由行程在 40～60 mm。操作离合器时应注意以下几点:接合要柔和平稳,起步及换挡操作时发动机转速应适当降低;分离彻底迅速;合理使用半联动(半结合状态),一般尽量少用;正常行驶时,严禁把脚放在离合器踏板上;操纵机构中,相对回转运动的位置要进行经常的、合理的润滑;注意不要让离合器片沾油污;离合器应合理调整。

【答案】 ×

29.【题目】

填空题：

摩擦式离合器的常见传动故障有离合器起步发抖、离合器打滑和离合器（　　）。

【解析】 考查轨道车传动系统离合器的常见故障。

摩擦式离合器常见故障：离合器起步发抖，离合器打滑，离合器分离不彻底。

【答案】 分离不彻底

30.【题目】

判断题：

(1)机械传动轨道车，离合器摩擦片磨损严重时会造成离合器起步发抖。（　　）

(2)机械传动轨道车起步时，离合器压紧弹簧弹力不均匀或断裂会造成离合器起步发抖。（　　）

填空题：

(3)机械传动轨道车离合器踏板自由行程过大会造成离合器（　　）。

【解析】 考查机械传动轨道车传动系统离合器故障的主要表现。

机械传动轨道车，离合器摩擦片磨损严重时会造成离合器打滑。机械传动轨道车起步时，离合器压紧弹簧弹力不均匀或断裂会造成离合器起步发抖。机械传动轨道车离合器踏板自由行程过大会造成离合器分离不彻底。

【答案】 (1)×；(2)√；(3)分离不彻底

31.【题目】

判断题：

机械传动轨道车变速箱只有有级变速箱一种。（　　）

【解析】 考查机械传动轨道车传动系统变速箱的分类。

机械传动轨道车变速箱可分为有级变速箱和无级变速箱两种。

【答案】 ×

32.【题目】

填空题：

机械传动轨道车变速箱的变速操纵机构由换挡装置、（　　）装置和互锁装置组成。

【解析】 考查机械传动轨道车传动系统变速操纵机构的组成。

变速箱的变速操纵机构由换挡装置、自锁装置和互锁装置组成。换挡装置的作用是实现换挡；自锁装置可以防止自动挂挡或脱挡，保证挡位上全齿长啮合；互锁装置可以防止同时挂上两个挡位而造成机械破坏。

【答案】 自锁

33.【题目】

判断题：

机械传动轨道车换挡装置的作用是换挡。(　　)

【解析】 考查机械传动轨道车传动系统换挡装置的作用。

机械传动轨道车换挡装置的作用是换挡。

【答案】 √

34.【题目】

填空题：

万向传动装置的(　　)解决角度变化的问题。

【解析】 考查机械传动轨道车传动系统万向节的作用。

万向传动装置由万向节和可伸缩的传动轴组成。前者解决角度变化的问题，后者解决轴距变化的问题，能适应传动部件之间位置和距离的变化。

【答案】 万向节

35.【题目】

判断题：

轨道车车轴齿轮箱可将动力传递方向改变 90°，并将输入扭矩放大，驱动轮对，使轨道车行驶。(　　)

【解析】 考查轨道车传动系统车轴齿轮箱的作用。

车轴齿轮箱的功用是将动力传递方向改变 90°，并将输入扭矩放大，转速降低，驱动轮对，使轨道车行驶。车轴齿轮箱有单级齿轮箱和双级齿轮箱两种。

【答案】 √

36.【题目】

判断题：

单级车轴齿轮箱结构与双级车轴齿轮箱的最大不同是仅有一对螺旋圆锥齿轮减速。(　　)

【解析】 考查轨道车传动系统单双级车轴齿轮箱的不同。

双级车轴齿轮箱为二级减速，第一级为螺旋圆锥齿轮传动，第二级为直齿圆柱齿轮传动。单级车轴齿轮箱结构与双级车轴齿轮箱的最大不同是仅有一对螺旋圆锥齿轮减速，且被动圆锥齿轮直接安装在车轴上。

【答案】 √

37.【题目】

判断题：

机械传动轨道车停车时，应先摘挡，将油门手柄放至最高位，然后再施加制动。(　　)

【解析】 考查机械传动轨道车停车的工作流程。

车辆起步时应使用起步挡起步(空载时也可以用一挡起步)，禁止使用高挡位起步；换挡时应将油门手柄放到最低位，离合器踏板踩到位，出现响挡或无法挂挡时应再次踩下离合器踏板；停车时应先摘挡，将油门手柄放至最低位，然后再施加制动。

【答案】 ×

38.【题目】

判断题：

(1)液力传动是以液体作为工作介质，利用液体动能的变化来传递能量的传动形式。(　　)

填空题：

(2)液力传动主要元件有(　　)和液力变矩器。

【解析】 考查液力传动轨道车传动系统的工作原理及主要元件。

液力传动是以液体作为工作介质，利用液体动能的变化来传递能量的传动形式，主要元件有液力变矩器和液力耦合器。

【答案】 (1)√；(2)液力耦合器

39.【题目】

填空题：

液力变矩器主要由可旋转的(　　)、涡轮和固定不动的导轮等部件组成。

【解析】 考查液力传动轨道车传动系统液力变矩器的主要组成。

液力变矩器主要由泵轮、涡轮、导轮等部件组成。

【答案】 泵轮

40.【题目】

判断题：

液力耦合器能传递扭矩，也能改变扭矩的大小。(   )

【解析】 考查液力传动轨道车传动系统液力耦合器的作用。

液力耦合器只能传递扭矩，而不能改变扭矩的大小。液力变矩器除了能传递扭矩以外，还能在泵轮扭矩不变的情况下，随着涡轮转速的不同改变输出扭矩的数值，通常扭矩可增大。

【答案】 ×

41.【题目】

选择题：

发动机的压缩比越高，表示在压缩冲程结束时，气体的(   )。

A. 温度和压力越高　　B. 温度和压力越低

C. 温度越低而压力越高

【解析】 考查轨道车发动机压缩比与温度压力的关系。

发动机气缸总容积与燃烧室容积之比，称为压缩比。压缩比是发动机主要性能参数之一，表示缸内工作介质被压缩程度。压缩比越大，被压缩终点的压力、温度越高，发动机越易启动，热效率也就越高。

【答案】 A

42.【题目】

选择题：

活塞在上止点时，活塞顶上部的气缸容积，称为(   )。

A. 燃烧室容积　　B. 气缸总容积　　C. 工作容积

【解析】 考查轨道车发动机燃烧室容积的定义。

活塞在上止点时，活塞顶上部的气缸容积，称为燃烧室容积。

【答案】 A

43.【题目】

选择题：

发动机曲柄连杆机构包括(   )、活塞组、曲轴飞轮组等。

A. 油底壳　　B. 连杆组　　C. 机体组

【解析】 考查轨道车发动机曲柄连杆机构的组成。

曲柄连杆机构是发动机借以产生并传递动力的机构，通过它把活塞在气缸中的直线往复运动（推力）和曲轴的旋转运动（扭矩）有机地联系起来，并由此向外输出动力。曲柄连杆机构包括机体组、活塞连杆组、曲轴飞轮组等。

【答案】 C

44.【题目】

选择题：

理论上，进气冲程、压缩冲程、做功冲程、排气冲程各占（　　）°。

A. 30　　B. 60　　C. 180

【解析】 考查轨道车发动机四冲程的占比。

四冲程发动机是由进气、压缩、做功、排气四个冲程完成一个工作循环。进气冲程时进气门开启，排气门关闭；压缩冲程时进，排气门均关闭，气缸容积不断缩小；做功冲程时进、排气门均关闭；排气冲程时排气门打开，进气门仍关闭。当活塞移到上止点时，排气冲程结束（至此，曲轴共旋转两圈，即 720°）。

【答案】 C

45.【题目】

填空题：

为了使气缸最大限度地进气和排气，发动机的进、排气门都是提前开启，（　　）。

【解析】 考查轨道车发动机配气机构的工作原理。

配气机构就是进、排气门的实际开闭时刻和持续时间，通常用曲轴转角表示。发动机的进、排气门都是提前开启，滞后关闭，进、排气过程比一个冲程长一些。

【答案】 滞后关闭

46.【题目】

填空题：

发动机润滑系统的作用是用机油来保证各运动零件摩擦表面的（　　）。

【解析】 考查轨道车发动机润滑系统的作用。

发动机润滑系统的作用是用机油来保证各运动零件摩擦表面的润滑。

【答案】 润滑

47.【题目】

填空题：

发动机润滑系统中，（　　）装在机油泵前，防止较大的杂质进入机油泵。

【解析】 考查轨道车发动机集滤器的位置和作用。

发动机润滑系统中，集滤器装在机油泵前，防止较大的杂质进入机油泵。

【答案】 集滤器

48.【题目】

选择题：

检查轨道车发动机机油油量应在(　　)进行。

A. 启动前　　　　B. 启动后　　　　C. 刚停车时

【解析】 考查轨道车发动机机油油量的检查时机。

检查轨道车发动机机油油量应在启动前进行。

【答案】 A

49.【题目】

填空题：

发动机正常运行时，冷却水的温度范围一般在(　　)℃内。

【解析】 考查轨道车发动机正常运行时冷却水的温度范围。

发动机的冷却方式有水冷和风冷两种。风冷是通过高速空气吹过高温零件，将发动机内多余的热量带走并散入大气中的一种冷却方式。水冷是通过循环冷却水带走发动机内部多余热量的一种冷却方式。发动机正常运行时，冷却水的温度范围一般在80～90 ℃。轨道车通常采用水冷发动机。

【答案】 80～90

50.【题目】

填空题：

发动机启动装置主要包括起动电机、(　　)等。

【解析】 考查轨道车发动机启动装置的主要组成。

发动机启动装置主要包括起动电机、蓄电池等。

【答案】 蓄电池

51.【题目】

填空题：

一般情况下，发动机夏季使用(　　)号柴油。

【解析】 考查发动机使用柴油的型号。

轨道车燃油必须采用轻柴油。在夏季可用 0 号轻柴油。

【答案】 0

52.【题目】

填空题：

柴油加入油箱前，一定要充分沉淀，沉淀时间不少于（　　）h。

【解析】 考查发动机加注柴油的沉淀时间。

柴油加入油箱前，一定要充分沉淀，沉淀时间不少于 48 h。

【答案】 48

53.【题目】

判断题：

CD 级发动机机油主要用于在重负荷条件下工作的增压发动机的润滑。（　　）

【解析】 考查 CD 级发动机机油的使用时机。

CD 级发动机机油主要用于在重负荷条件下工作的增压发动机的润滑。

【答案】 √

54.【题目】

填空题：

新机或大修后的发动机，由于活塞、活塞环与气缸套未磨合好，机油上窜到燃烧室燃烧，使排气冒（　　）。

【解析】 考查发动机常见故障的表现方式。

新机或大修后的发动机，由于活塞、活塞环与气缸套未磨合好，机油上窜到燃烧室燃烧，使排气冒蓝烟。

【答案】 蓝烟

55.【题目】

填空题：

（1）冷态启动时，发动机过冷，燃烧温度低，柴油不易蒸发燃烧，发动机排气冒（　　）。

（2）发动机使用的低质燃料中含有水，会造成喷射柴油不完全燃烧而冒（　　）。

（3）气缸垫损坏，缸盖或缸套有裂纹，向气缸内漏水，导致发动机冒（　　）。

【解析】 考查发动机常见故障的表现方式。

冷态启动时，发动机过冷，燃烧温度低，柴油不易蒸发燃烧，发动机排气冒白烟。发动机使用的低质燃料中含有水，会造成喷射柴油不完全燃烧而冒白烟。气缸垫损坏，缸盖或缸套有裂纹，向气缸内漏水，导致发动机冒白烟。

【答案】 (1)白烟；(2)白烟；(3)白烟

56.【题目】

填空题：

(1)发动机进气温度高，导致进气量不足，燃烧恶化而冒出(　　)。

(2)空气滤清器脏污，对空气流的阻力增大，造成进气量不足而冒(　　)。

(3)废气涡轮增压器的压气机脏污会直接影响增压压力降低，引起发动机冒(　　)。

【解析】 考查发动机常见故障的表现方式。

发动机进气温度高，导致进气量不足，燃烧恶化而冒出黑烟。空气滤清器脏污，对空气流的阻力增大，造成进气量不足而冒黑烟。废气涡轮增压器的压气机脏污会直接影响增压压力降低，引起发动机冒黑烟。

【答案】 (1)黑烟；(2)黑烟；(3)黑烟

57.【题目】

填空题：

轨道车传动系统的作用之一是使发动机输出的转速(　　)，并传给驱动轮对。

【解析】 考查轨道车传动系统的作用。

传统系统的功用就是将发动机的动力按需要适当降低转速、增加转矩后传到动轮上，使之适应轨道车运行或作业的需要。

【答案】 降低

58.【题目】

选择题：

下列关于轨道车传动系统的说法错误的是(　　)。

A. 机械传动效率高　　B. 液力传动可实现无级变速

C. 大功率轨道车宜采用机械传动

【解析】 考查机械传动与液力传动的区别。

【答案】 C

59.【题目】

填空题：

在机械式传动系统中，离合器是设置在发动机与(　　)之间的动力传递机构。

【解析】 考查机械传动轨道车离合器的位置。

离合器是设置在发动机与变速箱之间的动力传递机构，它能使两者的动力得到可靠的接合或彻底的分离。

【答案】 变速箱

60.【题目】

选择题：

机械传动轨道车离合器的作用之一是(　　)。

A. 减小传动轴夹角　　　　B. 改变行驶方向

C. 保证平稳起步

【解析】 考查机械传动轨道车离合器的作用。

离合器的主要作用：保证车辆平稳起步，换挡轻便平顺，防止传动系统过载。目前，车辆上用的离合器普遍采用摩擦片离合器，主要有单片干式和双片干式。轨道车大多采用常接合、弹簧压力的摩擦片式离合器。

【答案】 C

61.【题目】

判断题：

机械传动轨道车运行时，司机可以将脚放在离合器踏板上。(　　)

【解析】 考查机械传动轨道车离合器的使用。

机械传动轨道车运行时，司机禁止将脚放在离合器踏板上。

【答案】 ×

62.【题目】

填空题：

采用机械传动轨的道车，当离合器摩擦片表面严重污染时，会造成离合器(　　)。

【解析】 考查机械传动轨道车摩擦式离合器常见故障。

摩擦式离合器常见故障:离合器起步发抖,离合器打滑,离合器分离不彻底。

【答案】 打滑

63.【题目】

判断题:

随着传动比的增大,传递的扭矩增大。( )

【解析】 考查传动比的定义。

随着传动比的增大,传递的扭矩增大。

【答案】 √

64.【题目】

填空题:

机械传动轨道车采用起步挡起步的原因是该挡位的传动比大、( )。

【解析】 考查机械传动轨道车采用起步挡起步的原因。

机械传动轨道车采用起步挡起步的原因是该挡位的传动比大、转矩大。

【答案】 转矩大

65.【题目】

选择题:

下列关于机械传动轨道车操作的说法正确的是( )。

A. 车辆起步时应使用二挡起步　　B. 换挡时,离合器踏板踩到底

C. 换挡时,禁止动油门手柄

【解析】 考查机械传动轨道车的操作。

车辆起步时应使用起步挡起步(空载时也可以用一挡起步),禁止使用高挡位起步;换挡时应将油门手柄放到最低位,离合器踏板踩到位,出现响挡或无法挂挡时应再次踩下离合器踏板;停车时应先摘挡,将油门手柄放至最低位,然后再施加制动。

【答案】 B

66.【题目】

填空题:

机械传动轨道车变速箱操纵机构的( )装置可以防止自动挂挡或脱挡,保证挡位上全齿长啮合。

【解析】 考查机械传动轨道车变速箱自锁装置的作用。

变速箱的变速操纵机构由换挡装置、自锁装置和互锁装置组成。换挡装置的作用是实现换挡；自锁装置可以防止自动挂挡或脱挡，保证挡位上全齿长啮合；互锁装置可以防止同时挂上两个挡位而造成机械破坏。

【答案】 自锁

67.【题目】

填空题：

机械传动轨道车变速箱操纵机构的（　　）装置可以防止同时挂上两个挡位而造成机械损坏。

【解析】 考查机械传动轨道车变速箱互锁装置的作用。

变速箱的变速操纵机构由换挡装置、自锁装置和互锁装置组成。换挡装置的作用是实现换挡；自锁装置可以防止自动挂挡或脱挡，保证挡位上全齿长啮合；互锁装置可以防止同时挂上两个挡位而造成机械破坏。

【答案】 互锁

68.【题目】

填空题：

机械传动轨道车万向传动装置的传动轴解决（　　）的问题。

【解析】 考查机械传动轨道车万向传动装置传动轴的作用。

万向传动装置由万向节和可伸缩的传动轴组成。前者解决角度变化的问题，后者解决轴距变化的问题，能适应传动部件之间的位置和距离的变化。

【答案】 轴距变化

69.【题目】

填空题：

机械传动轨道车中（　　）是轨道车传动系统的最后一个总成。

【解析】 考查机械传动轨道车车轴齿轮箱的位置。

轨道车机械传动系统主要由离合器、变速箱、万向传动装置、固定轴、换向箱、车轴齿轮箱等传动元件组成。

【答案】 车轴齿轮箱

70.【题目】

填空题：

机械传动轨道车传动系统中，（　　）具有改变轨道车行驶方向，把变速箱的动力分别传到前、后两个车轴齿轮箱的功能。

【解析】 考查机械传动轨道车换向箱的作用。

换向箱的作用是改变轨道车的行驶方向，把变速箱的动力分别传到前、后车轴齿轮箱和发电机。

【答案】 换向箱

71.【题目】

填空题：

GC-270 型轨道车双级车轴齿轮箱第一级传动采用(　　)齿轮传动。

【解析】 考查轨道车双级车轴齿轮箱的定义。

双级车轴齿轮箱为二级减速，第一级为螺旋圆锥齿轮传动，第二级为直齿圆柱齿轮传动。

【答案】 螺旋圆锥

72.【题目】

填空题：

与机械传动轨道车相比，液力传动轨道车具有(　　)的特点。

【解析】 考查液力传动与机械传动的区别。

液力传动的优点：可根据外阻力的变化，自动改变传动比和扭矩；减少换挡次数，减轻司机的劳动强度；缓和冲击，提高使用寿命。

【答案】 自动适应阻力变化

73.【题目】

填空题：

液力变矩器液体流动的路线是(　　)。

【解析】 考查液力变矩器液体流动的路线。

液力变矩器液体流动的路线是泵轮—涡轮—导轮—泵轮，液体在液力变矩器内循环流动不止，确保液力变矩器正常工作。

【答案】 泵轮—涡轮—导轮—泵轮

74.【题目】

填空题：

液力变矩器可以起增大扭矩的作用，所增大的扭矩为(　　)对液流的反作用扭矩。

【解析】　考查液力变矩器的作用。

液力变矩器可以起到增大扭矩的作用，所增大的扭矩即是导轮的反作用扭矩。

【答案】　导轮

75.【题目】

判断题：

轨道车均采用四冲程发动机。（　　）

【解析】　考查轨道车发动机的类型。

轨道车均采用四冲程发动机。

【答案】　√

76.【题目】

判断题：

一个工作循环，曲轴会完成一周(360°)完整的旋转。（　　）

【解析】　考查发动机一个工作循环曲柄连杆机构的工作方式。

进气冲程时进气门开启，排气门关闭；压缩冲程时进、排气门均关闭，气缸容积不断缩小；做功冲程时进、排气门均关闭；排气冲程时排气门打开，进气门仍关闭。当活塞移到上止点时，排气冲程结束(至此，曲轴共旋转两圈，即720°)。

【答案】　×

77.【题目】

判断题：

四冲程发动机的每一个工作循环中，做功冲程是产生动力的冲程，其余三个都是做功冲程的辅助冲程，是消耗动力的。（　　）

【解析】　考查发动机的工作循环。

四冲程发动机的每一个工作循环中，做功冲程是产生动力的冲程，其余三个都是做功冲程的辅助冲程，是消耗动力的。

【答案】　√

78.【题目】

判断题：

发动机工作循环开始(即发动机启动)时，不用外力可使曲轴转动。（　　）

【解析】　考查发动机工作循环开始的方式。

发动机工作循环开始(即发动机启动)时，需要用外力使曲轴转动。

【答案】 ×

79.【题目】

填空题：

多缸发动机工作过程中，气缸数越多，发动机的工作就越（　　）。

【解析】 考查发动机工作状态与气缸数的关系。

多缸发动机工作过程中，气缸数越多，发动机的工作就越平稳。

【答案】 平稳

80.【题目】

判断题：

发动机配气机构在工作过程中，根据各气缸的工作次序，定时地开启和关闭进、排气门。（　　）

【解析】 考查发动机配气机构的工作原理。

发动机配气机构在工作过程中，根据各气缸的工作次序，定时地开启和关闭进、排气门。

【答案】 √

81.【题目】

判断题：

轨道车发动机只在润滑系统中使用滤清器。（　　）

【解析】 考查轨道车滤清器的使用。

轨道车中，滤清器除在润滑系统中使用外，发动机进气系统使用空气滤清器，发动机燃油也须经过柴油滤清器过滤。

【答案】 ×

82.【题目】

填空题：

轨道车发动机在冬季应选择低黏度机油，夏季应选择（　　）。

【解析】 考查发动机怎样选用机油。

轨道车发动机在冬季应选择低黏度机油，夏季应选择高黏度机油。

【答案】 高黏度机油

83.【题目】

填空题：

加注机油的量，达到油标尺（　　）即可。

【解析】 考查发动机加注机油的标准。

加注机油的量，达到油标尺 L 至 H 之间即可。

【答案】 L 至 H 之间

84.【题目】

填空题：

避免在冷却液温度低于 60 ℃或高于（　　）℃情况下连续运转发动机，若在发动机运转时发生上述情况应尽快查找原因，予以排除。

【解析】 考查发动机使用的注意事项。

发动机正常运行时，冷却水的温度范围一般为 80～90 ℃。

【答案】 100

85.【题目】

判断题：

燃油供给系统中进入空气将使输油泵的供油不连续，造成发动机启动虽能发火，但启动不起来。（　　）

【解析】 考查发动机不能启动的原因。

燃油供给系统中进入空气将使输油泵的供油不连续，造成发动机启动虽能发火，但启动不起来。

【答案】 √

86.【题目】

判断题：

轨道车传动系统的功用之一是切断动力。（　　）

【解析】 考查轨道车传动系统的作用。

轨道车传动系统的功用之一是切断动力。

【答案】 √

87.【题目】

填空题：

电传动轨道车通常采用(　　)电传动系统。

【解析】 考查电传动轨道车使用的传动系统。

电传动轨道车通常采用交—直流电传动系统。

【答案】 交—直流

88.【题目】

填空题：

机械传动的轨道车，离合器操纵机构中，相对回转运动的位置要进行经常的、合理的(　　)。

【解析】 考查离合器的保养。

操作离合器时应注意以下几点：接合要柔和平稳，起步及换挡操作时发动机转速应适当降低；分离彻底迅速；合理使用半联动（半结合状态），一般尽量少用；正常行驶时，严禁把脚放在离合器踏板上；操纵机构中，相对回转运动的位置要进行经常的、合理的润滑；注意不要让离合器片沾油污；离合器应合理调整。

【答案】 润滑

89.【题目】

填空题：

在齿轮传动中，互相啮合的两个齿轮的转速与它们的齿数成(　　)。

【解析】 考查传动系统齿轮与转速的关系。

在齿轮传动中，互相啮合的两个齿轮的转速与它们的齿数成反比。

【答案】 反比

90.【题目】

填空题：

在齿轮传动中，随着传动比的增大，所传递的扭矩增大，转速(　　)。

【解析】 考查传动系统传动比与扭矩的关系。

在齿轮传动中，所传递的扭矩随着传动比的增大而提高，而转速则是随着传动比的增大而降低。

【答案】 降低

91.【题目】

填空题：

在多级齿轮传动中，(　　)等于各从动齿轮齿数的连乘积与各主动齿轮齿数的连乘积之比。

【解析】 考查总传动比的定义。

在多级齿轮传动中，总传动比等于各从动齿轮齿数的连乘积与各主动齿轮齿数的连乘积之比。

【答案】 总传动比

92.【题目】

判断题：

当机械传动轨道车变速箱挂上传动比较大的挡位时，行驶速度较高。(　　)

【解析】 考查传动系统传动比与速度的关系。

在齿轮传动中，所传递的扭矩随着传动比的增大而提高，而转速则是随着传动比的增大而降低。变速箱工作时，利用齿数不同的齿轮啮合传动，来改变其传动比，从而达到变速和变矩的目的，这就是变速箱变速的基本原理。

【答案】 ×

93.【题目】

简答题：

发动机润滑系统的保养包括哪些项目？

【解析】 考查发动机润滑系统的保养项目。

(1)保持机油面的正常高度，每次出车前要检查机油是否充足。

(2)检查机油压力的温度是否在允许范围内。

(3)定期更换机油。

(4)定期清洗更换机油滤清器的机油滤芯、机油滤网、密封圈等。

【答案】 见解析。

94.【题目】

简答题：

机油加注及更换注意事项有哪些？

【解析】 考查机油加注及更换注意事项。

(1)机油通过带过滤器的加油口注入发动机油底壳。

(2)加注机油的量,达到油标尺L至H之间即可。

(3)更换机油应在发动机热机状态下进行,但不得在发动机运转状态下进行。

(4)换油时,先将油底壳上的放油螺栓拧下,待全部机油流出后再重新拧紧,并从加油口倒入新机油。

(5)更换机油的油量视机型及油底壳的不同而不同,应以油标尺刻度为准。

(6)加油时容器必须清洁,加油完毕,拧紧注油口盖。

(7)应避免不同种类的机油混合。

【答案】 见解析。

95.【题目】

简答题:

冷却介质使用的注意事项有哪些?

【解析】 考查冷却介质使用的注意事项。

(1)每日保养和首次启动前要检查冷却液液面和泄漏情况。

(2)当发动机水温超过50 ℃或车辆运行时,切勿打开加水口盖,以免烫伤。

(3)避免在冷却液低于60 ℃或高于100 ℃情况下连续运转发动机,若在发动机运转时发生上述情况,应尽快查找原因,予以排除。

【答案】 见解析。

96.【题目】

简答题:

轨道车传动系统的主要作用有哪些?

【解析】 考查轨道车传动系统的主要作用。

(1)降低发动机输出转速,增大转矩。

(2)具有切断动力的功能。

(3)实现机械前进及后退。

【答案】 见解析。

97.【题目】

简答题:

离合器的主要作用有哪些?

【解析】 考查离合器的主要作用。

(1)保证车辆平稳起步。

(2)换挡轻便平顺。

(3)防止传动系统过载。

【答案】 见解析。

98.【题目】

简答题:

摩擦式离合器打滑的主要原因有哪些?

【解析】 考查摩擦式离合器打滑的主要原因。

(1)摩擦衬片表面被油污染。

(2)摩擦片磨损严重。

(3)飞轮表面烧坏或严重磨损。

(4)压紧弹簧压力不够或断裂。

(5)踏板自由行程过小。

【答案】 见解析。

99.【题目】

简答题:

摩擦式离合器的使用操作及保养要点?

【解析】 考查摩擦式离合器的使用操作及保养要点。

(1)接合要柔和平稳。

(2)分离彻底迅速。

(3)合理使用半联动(半接合状态),一般尽量少用。

(4)正常行驶时,严禁把脚放在离合器踏板上。

(5)操纵机构中,相对回转运动的位置要进行经常的、合理的润滑。

(6)注意不要让离合器片沾油污。

(7)离合器应合理调整。

【答案】 见解析。

100.【题目】

简答题:

与机械传动相比,采用液力传动的轨道车,其传动系统具有哪些优点?

【解析】 考查与机械传动相比,采用液力传动的轨道车,其传动系统的优点。

(1)可根据外阻力的变化,自动改变传动比和扭矩。

(2)减少换挡次数,减轻司机的劳动强度。

(3)缓和冲击,提高使用寿命。

【答案】 见解析。

第三章 走行系统

1.【题目】

判断题:

轨道车走行系统是支撑车体并在钢轨上行驶的部分,轨道车的全部质量均由它承受。(　　)

【解析】 考查轨道车走行系统的作用。

轨道车走行系统是支撑车体并在钢轨上行驶的部分,轨道车的全部质量均由它承受。

【答案】 √

2.【题目】

填空题:

构架是轨道车转向架的(　　),它将轨道车转向架的各个零部件连接起来组成一个整体。

【解析】 考查轨道车构架的作用。

构架是轨道车转向架的骨架,它将轨道车转向架的各个零部件连接起来组成一个整体。

【答案】 骨架

3.【题目】

填空题:

轨道车使用转向架能增加(　　),并放大制动缸产生的制动力,可以提高轨道车的制动能力。

【解析】 考查轨道车使用转向架的作用。

轨道车使用转向架能增加车轴的数量,并放大制动缸产生的制动力,可以提高轨道车的制动能力。

【答案】 车轴的数量

4.【题目】

填空题：

轮对由(　　)和车轮组成，是轨道车走行系统中最重要的部件之一。

【解析】 考查轮对的组成。

轮对由车轴和车轮组成，轨道车车轮出厂直径为 840 mm。

【答案】 车轴

5.【题目】

判断题：

为保证轨道车能够安全平稳运行，使用中，其车轮内侧距离为(1353±3)mm。(　　)

【解析】 考查轨道车车轮内侧距离。

为保证轨道车能够安全平稳运行，使用中，其车轮内侧距离为(1353±3)mm。

【答案】 √

6.【题目】

判断题：

为保证轨道车能够安全平稳运行，使用中，轨道车车轮磨损后，轮辋厚度不得小于 23 mm。(　　)

【解析】 考查轨道车轮辋厚度。

为保证轨道车能够安全平稳运行，使用中，轨道车车轮磨损后，轮辋厚度不得小于 23 mm。

【答案】 √

7.【题目】

判断题：

轨道车上下旁承相对移动的距离是由旁承的间隙决定的，运用过程中需要调整同一转向架左右旁承之间的间隙之和为 6～12 mm。(　　)

【解析】 考查同一转向架左右旁承间隙之和。

同一转向架左右旁承之间的间隙之和为 6～12 mm，不得小于 3 mm。

【答案】 √

8.【题目】

判断题：

轨道车运用过程中，应经常注意检查轴箱的温度，防止过热。(　　)

【解析】 考查轨道车运用时的注意事项。

轨道车运用过程中，应经常注意检查轴箱的温度，防止过热。停车时，注意检查轴箱外表温度，轴箱温度应符合标准。如温度太高或局部温度过高，应打开轴箱端盖，检查润滑油质、油量，滚动轴承、轴承支架的状态，根据不同情况判明原因后及时处理，要避免水、砂及其他脏物混入轴箱，保证其寿命。

【答案】 √

9.【题目】

填空题：

轨道车常采用牵引拉杆来连接车体与转向架，这种结构称为(　　)装置。

【解析】 考查牵引拉杆装置的定义。

轨道车常采用牵引拉杆来连接车体与转向架，这种结构称为牵引拉杆装置。

【答案】 牵引拉杆

10.【题目】

填空题：

轨道车转向架旁承装置主要采用橡胶堆旁承和(　　)。

【解析】 考查转向架旁承装置的分类。

橡胶堆旁承和常摩擦油浴式弹性旁承。旁承的作用是传递车架和转向架之间的垂向载荷，起到支撑车体车架的作用。

【答案】 常摩擦油浴式弹性旁承

11.【题目】

填空题：

轨道车转向架构架(　　)底面焊有轴箱侧挡。

【解析】 考查轨道车转向架构架侧梁。

转向架构架侧梁底面焊接有轴箱侧挡，转向架构架侧梁侧面焊有车体侧挡。

【答案】 侧梁

12.【题目】

填空题：

轨道车(　　)将轮对和构件连接在一起，把轨道车的重量传给轮对。

【解析】 考查轨道车轴箱装置的作用。

轨道车轴箱装置将轮对和构件连接在一起，把轨道车的重量传给轮对。

【答案】 轴箱装置

13.【题目】

填空题：

轨道车新轮出厂直径一般为(　　)mm。

【解析】 考查轨道车新轮出厂直径。

轮对由车轴和车轮组成，轨道车车轮出厂直径为 840 mm。

【答案】 840

14.【题目】

填空题：

轨道车转向架构架与轴箱之间设置了静挠度较大的一系悬挂装置，主要包括轴箱弹簧、(　　)等。

【解析】 考查轨道车一系悬挂装置的主要组成。

轨道车转向架构架与轴箱之间设置了静挠度较大的一系悬挂装置，主要包括轴箱弹簧、液压减振器等。

【答案】 液压减振器

15.【题目】

填空题：

轨道车车体与转向架之间主要设置了静挠度较小的二系悬挂装置，主要为(　　)。

【解析】 考查二系悬挂装置的主要组成。

轨道车车体与转向架之间主要设置了静挠度较小的二系悬挂装置，主要为旁承装置。

【答案】 旁承装置

16.【题目】

填空题：

轨道车单侧旁承与转向架间的间隙不得小于(　　)mm。

【解析】 考查轨道车单侧旁承与转向架间的间隙。

同一转向架左右旁承之间的间隙之和为6～12 mm,单侧旁承与转向架间的间隙不得小于3 mm。

【答案】 3

17.【题目】

判断题:

轨道车常采用牵引拉杆来连接车体与转向架。(　　)

【解析】 考查轨道车牵引拉杆的作用。

轨道车常采用牵引拉杆来连接车体与转向架。

【答案】 √

18.【题目】

填空题:

GC-270型轨道车与JW-4接触网作业车轴列式为(　　)。

【解析】 考查轨道车与接触网作业车轴列式。

GC-270型轨道车与JW-4接触网作业车轴列式为1A—A1。

【答案】 1A—A1

19.【题目】

判断题:

轨道车安装发动机端对应的转向架为第Ⅱ转向架。(　　)

【解析】 考查轨道车转向架的位置。

对转向架和轮对顺序做如下规定:轨道车Ⅰ端对应的转向架为第Ⅰ转向架,Ⅱ端对应的转向架为第Ⅱ转向架。安装在第Ⅰ转向架下,靠近Ⅰ端的轮对规定为第1轴,依次类推为第2轴、第3轴和第4轴。

【答案】 ×

20.【题目】

填空题:

轨道车检查时可利用(　　)来判断轴箱弹簧是否落实或有无断裂现象。

【解析】 考查如何检查弹簧是否落实或有无断裂现象。

利用锤击听音判断此弹簧是否落实或有无断裂现象。

【答案】 锤击听音

21.【题目】

填空题：

轨道车轴箱弹簧采用金属圆簧并联组合，内外两圈金属圆簧旋向必须(　　)。

【解析】 考查轨道车轴箱弹簧内外两圈金属圆簧旋向。

轴箱弹簧采用金属圆簧并联组合，内外两圈金属圆簧旋向必须相反。

【答案】 相反

22.【题目】

判断题：

轨道车运行过程中，液压减振器有明显温升是不正常现象。(　　)

【解析】 考查轨道车运行中的液压减振器。

液压减振器在轨道车运行过程中会有明显的温升现象。

【答案】 ×

23.【题目】

判断题：

(1)轨道车旁承间隙太大会导致车体与转向架之间不稳定。(　　)

填空题：

(2)轨道车运用中，当旁承的磨耗量较大时，须加(　　)，否则会导致蛇行运动严重。(　　)

【解析】 考查轨道车旁承间隙过大的影响。

旁承间隙太大会导致车体与转向架之间不稳定；间隙太小，不能保证轨道车圆滑地通过曲线，且不能有效地减小通过曲线时的阻力。当旁承的磨耗量较大时，须加调整垫。

【答案】 (1)√；(2)调整垫

24.【题目】

填空题：

轨道车牵引拉杆装置中拐臂销、连接杆销以及销套的间隙不得大于(　　)，否则需更换销或套。

【解析】 考查牵引拉杆装置中拐臂销、连接杆销以及销套的间隙的规定。

轨道车牵引拉杆装置中拐臂销、连接杆销以及销套的间隙不得大于1.5 mm，否则需更换销或套。

【答案】 1.5 mm

25.【题目】

简答题：

轨道车转向架由哪些部分组成？

【解析】 考查轨道车转向架的主要组成部分。

转向架主要由构架、轴箱、轮对、旁承、液压减振器、基础制动装置、牵引拉杆装置、砂箱组成。

【答案】 见解析。

26.【题目】

简答题：

如何检查轴箱装置？

【解析】 考查如何检查轴箱装置。

停车时，注意检查轴箱外表温度，轴箱温度应符合标准。如果温度太高或局部温度太高，应打开轴箱端盖，检查润滑油质、油量，滚动轴承、轴承支架的状态，根据不同情况判明原因后及时处理。要避免水、砂及其他脏污混入轴箱，保证其寿命。

【答案】 见解析。

第四章　车钩缓冲装置

1.【题目】

判断题：

轨道车车钩缓冲装置一般安装在车底架两端的牵引梁内。（　　）

【解析】 考查轨道车车钩缓冲装置的安装位置。

车钩缓冲装置一般组成一个整体安装在车底两端的牵引梁内。

【答案】 √

2.【题目】

填空题：

根据车钩的开启方式，可将车钩分为（　　）和下作用式两种。

【解析】 考查轨道车车钩的开启方式。

根据车钩的开启方式，可将车钩分为上作用式和下作用式两种。

【答案】 上作用式

3.【题目】

填空题：

(1)轨道车车钩具有闭锁、(　　)和全开三个工作状态，称为车钩的三态作用。

(2)车钩的三态作用是利用车钩提杆把钩锁销提起或落下，通过钩锁与(　　)的作用，使车钩处于闭锁、开锁和全开状态。

(3)车钩具有灵活的三态作用，车辆连接后两车钩均处于(　　)，以保证车辆运行过程中各车钩不能分离。

(4)轨道车车钩摘解时，两车钩中至少有一个车钩处于(　　)位置。

(5)13 号上、下作用式车钩能从下锁销孔处看到钩锁的足部，说明钩锁销已经达到了(　　)。

判断题：

(6)轨道车钩锁被提起，不再抵住钩舌尾部，钩舌可以转动，但不会自动转动，此时车钩处于开锁状态。(　　)

(7)轨道车车钩全开作用时，钩舌的张开依靠钩舌推铁的推动作用。(　　)

(8)开锁位置是一种闭而不锁的状态，钩锁被人为操纵顶起，解除了对钩舌的封闭，为摘车时的位置。(　　)

(9)开锁位置是车钩钩舌完全张开准备挂钩时的位置。(　　)

(10)车钩的三态作用(闭锁、开锁、全开)应灵活、准确、可靠。(　　)

【解析】 考查轨道车车钩的三态作用。

车钩的三态是指车钩工作时各零部件处于不同的位置，起着不同的作用，使车钩具有闭锁位、开锁位和全开位三个工作状态，称为车钩的三态作用。

车钩的三态作用是利用车钩提杆把钩锁销提起或落下，通过钩锁与钩舌推铁的作用，使车钩处于闭锁、开锁和全开状态(或称闭锁位置、开锁位置和全开位置)。

轨道车连接后各车钩应具有闭锁作用，两车钩均处于闭锁位置；摘解轨道车时，车钩应具有开锁作用即两连挂的车钩至少有一个应处于开锁位置；连挂轨道车时，至少有一个车钩处于全开位置。

13 号上、下作用式车钩能从下锁销孔处看到钩锁的足部，说明钩锁销已经达到了闭锁位置。

开锁位置是一种闭而不锁的状态，为摘车时的位置，钩舌可以转动，但不会自动转动。

全开位置是车钩钩舌完全张开准备挂钩时的位置。钩锁坐落在钩舌尾部上方不能落下。

【答案】 (1)开锁；(2)钩舌推铁；(3)闭锁位置；(4)开锁；(5)闭锁位置；(6)√；(7)√；(8)√；(9)×；(10)√

4.【题目】

填空题：

13号车钩的钩腔(　　)设有防跳台，防止由于钩锁的跳动引起自动脱钩现象的发生。

【解析】 考查防跳台的作用。

防跳台防止由于钩锁的跳动引起自动脱钩现象的发生。

【答案】 内侧

5.【题目】

填空题：

轨道车在(　　)要做好无动力车的防溜措施。

【解析】 考查轨道车摘解注意事项。

轨道车在摘解前要做好无动力车的防溜措施。

【答案】 摘解前

6.【题目】

填空题：

轨道车停在(　　)以上的坡道时，必须保持动力连挂，不得摘解。

【解析】 考查轨道车停车时的注意事项。

轨道车停在6‰以上的坡道时，必须保持动力连挂，不得摘解。

【答案】 6‰

7.【题目】

填空题：

(1)轨道车摘解应执行“一关前、二关后、三摘风管、四(　　)”的作业标准。

判断题：

(2)轨道车摘钩时，可扳动相连两车任何一方的车钩提杆，使钩锁上升成开锁位置。(　　)

(3)轨道车车钩连挂完毕后必须试拉，确认车钩处于连挂状态。(　　)

(4)连挂轨道车时，轨道车相互连接的车应至少有一个处于闭锁位。(　　)

【解析】 考查轨道车车钩摘解的作业标准。

摘解应执行“一关前、二关后、三摘风管、四提钩”的作业标准。

轨道车摘钩时，可扳动相连两车任何一方的车钩提杆，使钩锁上升成开锁位置。

必须先确认连挂车钩完好，一般情况下至少一个车钩呈全开状态。

【答案】 (1)提钩；(2)√；(3)√；(4)×

8.【题目】

填空题：

轨道车车钩连挂时，应按“一接风管、二开(　　)、三试风、四松手闸(或取铁鞋)”的顺序进行连接作业操作。

【解析】 考查轨道车车钩连挂的作业标准。

按照“一接风管、二开折角塞门、三试风、四松手闸(或取铁鞋)”的顺序进行连接作业操作。

【答案】 折角塞门

9.【题目】

判断题：

(1)轨道车在小半径曲线上进行连挂时，如果两车钩的纵向中心线偏离较大，连挂较为困难，可将两车钩均置于闭锁位置。(　　)

填空题：

(2)轨道车车钩连挂时，在距离被挂车(　　)m 前、(　　)m 处，必须两度停车。

(3)轨道车车钩连接后两车钩应均处于(　　)位置。

(4)轨道车车钩连挂时，轨道车应以不超过(　　)km/h 的速度接近被连挂车辆。

选择题：

(5)轨道车车钩连挂时，至少有一个车钩处于(　　)位置，以便另一车钩的钩舌进入其钩腕内，实现两车钩连接。

A. 闭锁　　　　　　　　B. 开锁　　　　　　　　C. 全开

【解析】 考查轨道车车钩连挂的注意事项。

在小半径曲线上进行连挂时，如果两车钩的纵向中心线偏离较大，连挂较为困难，可将两车钩均置于全开位置，同时可利用车钩钩身两侧间隙左右扳动车钩的钩头，使两车钩的中心线接近，确保连挂成功。

轨道车在被挂车 10 m 前、2 m 处，必须两度停车，然后以不超过 5 km/h 的速度接近被连挂车辆，连挂完毕后必须试拉，确认车钩处于连挂状态。

轨道车连接后各车钩应具有闭锁作用，两车钩均处于闭锁位置；摘解轨道车时，车钩应具有开锁作用即两连挂的车钩至少有一个应处于开锁位置；连挂轨道车时，至少有一个车钩处于全开位置。

【答案】 (1)×；(2)10，2；(3)闭锁；(4)5；(5)C

10.【题目】

判断题：

轨道车普遍采用下作用式车钩。(　　)

【解析】 考查轨道车车钩的作用方式。

根据车钩的开启方式，可将车钩分为上作用式和下作用式两种。

【答案】 ×

11.【题目】

填空题：

轨道车连挂后，必须确认两钩成完全连接状态，即确认两钩均处于(　　)。

【解析】 考查轨道车车钩的连挂状态。

轨道车连接后各车钩应具有闭锁作用，两车钩均处于闭锁位置；摘解轨道车时，车钩应具有开锁作用即两连挂的车钩至少有一个应处于开锁位置；连挂轨道车时，至少有一个车钩处于全开位置。

【答案】 闭锁状态

12.【题目】

判断题：

轨道车摘解时，两车钩必须都处于开锁位置，以便使两连车钩脱开。(　　)

【解析】 考查轨道车车钩的三态作用。

必须先确认连挂车钩完好，一般情况下至少一个车钩呈全开状态。

【答案】 ×

13.【题目】

填空题：

(1)轨道车在连挂后，应认真检查车钩钩锁是否到达(　　)，以避免假联结而造成车钩分离事故。

(2)轨道车车钩连挂过程由(　　)指挥司机完成。

(3)轨道车在被挂车 10 m 前、2 m 处，必须(　　)。

判断题：

(4)副司机在连挂轨道车时，应按"一关前、二关后、三摘风管、四提钩"的顺序操作。(　　)

【解析】 考查轨道车车钩连挂的注意事项。

轨道车在被挂车 10 m 前、2 m 处，必须两度停车，然后以不超过 5 km/h 的速度接近被连挂车辆，连挂完毕后必须试拉，确认车钩处于连挂状态。

连挂过程指定专人负责指挥。

按照"一接风管、二开折角塞门、三试风、四松手闸(或取铁鞋)"的顺序进行连接作业操作。

【答案】 (1)闭锁位置；(2)专人；(3)两度停车；(4)×

14.【题目】

简答题：

车钩缓冲装置的作用及组成。

【解析】 考查车钩缓冲装置的作用及组成。

车钩缓冲装置用来连接各车辆并使之彼此保持一定距离，同时传递、缓和列车在运行中或在调车时的纵向力和冲击力。车钩缓冲装置由车钩、缓冲器及其他附属零部件组成，车钩和钩尾框通过钩尾销连成一体。

【答案】 见解析。

15.【题目】

简答题：

什么是车钩的三态？

【解析】 考查车钩的三态的定义。

车钩的三态是指车钩工作时各零部件处于不同的位置，起着不同的作用，使车钩具有闭锁位、开锁位和全开位三个工作状态，成为车钩的三态作用。

【答案】 见解析。

16.【题目】

简答题：

车钩的三态作用是如何形成的?

【解析】 考查车钩的三态作用的形成。

车钩的三态作用是利用车钩提杆把钩锁提起或落下，通过钩锁与钩舌推铁的作用，使车钩处于开锁、闭锁和全开状态。

【答案】 见解析。

17.【题目】

简答题：

轨道车车钩摘解前有哪些注意事项?

【解析】 考查轨道车车钩摘解前的注意事项。

(1)轨道车在摘解前要做好无动力车的防溜措施。

(2)停在6‰以上的坡道时，必须保持动力连挂，不得摘解。

【答案】 见解析。

18.【题目】

简答题：

轨道车车钩摘解的要点。

【解析】 考查轨道车车钩摘解的要点。

(1)摘解前应使车钩呈压缩状态。

(2)摘解时，指定专人进行摘钩操作并指挥。

(3)摘解应执行“一关前、二关后、三摘风管、四提钩”的作业标准。

(4)摘钩时，可扳动相连两车任何一方的车钩提杆，使钩锁上升成开锁位置。

(5)司机按指挥移动动力车，使两钩分离。

【答案】 见解析。

19.【题目】

简答题：

轨道作业车车钩连挂的注意事项有哪些?

【解析】 考查轨道作业车车钩连挂的注意事项。

(1)连挂过程指定专人负责指挥。

(2)必须先确认连挂车钩完好，一般情况下至少一个车钩呈全开状态。

(3)轨道车在被挂车 10 m 前、2 m 处,必须两度停车,接触网作业车在距离被挂车 2 m 处必须一度停车,然后以不超过 5 km/h 的速度接近被连挂车辆,连挂完毕后必须试拉,确认车钩处于连挂状态。

(4)按照“一接风管、二开折角塞门、三试风、四松手闸(或取铁鞋)”的顺序进行连接作业操作。

(5)在小半径曲线上进行连挂时,如果两车钩的纵向中心线偏离较大,连挂较为困难,可将两车钩均置于全开位置,同时可利用车钩钩身两侧间隙左右扳动车钩的钩头,使两车钩的中心线接近,确保连挂成功。

【答案】 见解析。

第五章　制动系统

1.【题目】

填空题:

总风缸下部设有排水塞门用于排除风缸内积存的(　　)和杂质。

【解析】 考查排水塞门的作用。

总风缸下部设有排水塞门,用于排除风缸内积存的水分和杂质。

【答案】 水分

2.【题目】

判断题:

对已经施行制动的车辆解除或减弱其制动的作用,称为缓解。(　　)

【解析】 考查缓解的定义。

对已经施行制动的机车车辆解除或减弱其制动力的作用,称为缓解。

【答案】 √

3.【题目】

填空题:

轨道车上使用的是(　　)制动,又称踏面制动。

【解析】 考查轨道车制动方式。

轨道车上普遍使用闸瓦制动,闸瓦制动又称踏面制动。

【答案】 闸瓦

4.【题目】

填空题：

GC-270型轨道车上的(　　)由发动机直接驱动。

【解析】 考查GC-270型轨道车空压机的驱动方式。

GC-270型轨道本上的空压机由发动机直接驱动。

【答案】 空压机

5.【题目】

填空题：

制动主管贯通全车，用以输送(　　)并通过压力变化控制制动机的动作。

【解析】 考查制动主管的作用。

制动主管贯通全车，用以输送压力空气并通过压力变化控制制动机的动作。制动支管通过三通接头及截断塞门连接制动主管与分配阀等部件。

【答案】 压力空气

6.【题目】

填空题：

空气制动系统中的塞门主要包括(　　)塞门和截断塞门。

【解析】 考查空气制动系统中塞门的主要类型。

折角塞门在装在制动主管的两端，用于开通或遮断制动主管与制动软管之间的空气通路，以利于车辆的摘解工作。截断塞门的作用是开通或断开分配阀与制动主管之间的空气通路。

【答案】 折角

7.【题目】

填空题：

传递制动机所产生的力，并将该力(　　)后送给闸瓦的部分，称为基础制动装置。

【解析】 考查基础制动装置的定义。

制动装置由制动机、基础制动装置和人力制动机三部分组成。制动装置中可直接受司机操纵控制，从而产生制动力来源的部分，称为制动机。传递制动机所产生的力，并将该力扩大后送给闸瓦的部分，称为基础制动装置。

【答案】 扩大

8.【题目】

填空题：

按照闸瓦的配置，基础制动装置可分为单侧制动和(　　)制动两种。

【解析】 考查基础制动装置的分类。

按照闸瓦的配置，基础制动装置可分为单侧制动和双侧制动两种。

【答案】 双侧

9.【题目】

填空题：

(　　)以压力空气为原动力。

【解析】 考查空气制动机的原动力。

空气制动机以压力空气为原动力。

【答案】 空气制动机

10.【题目】

填空题：

闸瓦上下间隙调整装置用于调节闸瓦的(　　)，保证闸瓦弧面与车轮踏面接触均匀，防止闸瓦出现上下偏磨。

【解析】 考查闸瓦上下间隙调整装置的作用。

闸瓦上下间隙调整装置用于调节闸瓦的上下仰角，保证闸瓦弧面与车轮踏面接触均匀，防止闸瓦出现上下偏磨。

【答案】 上下仰角

11.【题目】

填空题：

长时间使用(　　)进行防溜时，应在车轮踏面处放置铁鞋。

【解析】 考查轨道车制动注意事项。

长时间使用人力制动机进行防溜时，应在车轮踏面处放置铁鞋。

【答案】 人力制动机

12.【题目】

填空题：

总风缸用于储存空压机产生的(　　)空气，供整个空气制动系统使用。

【解析】 考查总风缸的作用。

总风缸用于储存空压机产生的高压空气，供整个空气制动系统使用。

【答案】 高压

13.【题目】

填空题：

轨道车制动系统由空气制动系统、(　　)和人力制动机组成。

【解析】 考查轨道车制动系统的组成。

轨道车制动系统由空气制动系统、基础制动装置和人力制动机组成。

【答案】 基础制动装置

14.【题目】

填空题：

空气制动机通过改变空气压力来操纵(　　)。

【解析】 考查空气制动机的作用。

空气制动机通过改变空气压力来操纵控制列车。

【答案】 控制列车

15.【题目】

填空题：

在施行螺旋拉杆式人力制动时，将摇把向外抽出，(　　)转动摇把，拉紧钢丝绳，通过滑轮改变方向，产生制动作用。

【解析】 考查螺旋拉杆式人力制动方式。

在施行螺旋拉杆式人力制动时，将摇把向外抽出，顺时针转动摇把，拉紧钢丝绳，通过滑轮改变方向，产生制动作用。

【答案】 顺时针

16.【题目】

填空题：

基础制动装置是机车车辆制动系统的主要组成部分，是满足机车车辆制动距离要求及确保(　　)的重要装置。

【解析】 考查基础制动装置的作用。

基础制动装置是机车车辆制动系统的主要组成部分，是满足机车车辆制动距离要求及确保行车安全的重要装置。

【答案】 行车安全

17.【题目】

填空题：

由司机操纵控制制动装置产生的、与列车运行方向相反的，并可根据需要控制其大小的外力，称（　　）。

【解析】 考查制动力的定义。

由司机操纵控制制动装置产生的、与列车运行方向相反的，并可根据需要控制其大小的外力，称制动力。

【答案】 制动力

18.【题目】

填空题：

制动缸压力空气进入的一侧称为压力侧，另一侧称为（　　）侧。

【解析】 考查压力侧和无压力侧的区分。

制动缸压力空气进入的一侧称为压力侧，另一侧称为无压力侧。

【答案】 无压力

19.【题目】

填空题：

轨道车发生滑行时会擦伤车轮及（　　）。

【解析】 考查轨道车滑行的危害。

轨道车发生滑行时会擦伤车轮及钢轨。

【答案】 钢轨

20.【题目】

填空题：

将自阀手柄迅速从运转位移至紧急制动位即可实现列车的（　　）。

【解析】 考查如何实现列车的紧急制动。

紧急制动时将自阀手柄迅速从运转位移至紧急制动位即可实现列车的紧急制动，使用紧急制动后必须等车停稳才能缓解。施行紧急制动后至少要经 9 s 左右才能充风缓解。

【答案】 紧急制动

21.【题目】

填空题：

活塞行程是制动缸活塞杆从(　　)到制动位所移动的距离。

【解析】 考查活塞行程的定义。

轨道车在运用过程中，制动缸活塞行程会随着闸瓦的磨损发生变化，司机需定期对活塞行程进行调整。

【答案】 缓解位

22.【题目】

填空题：

基础制动装置主要由制动缸、制动传动装置、闸瓦及(　　)装置等组成。

【解析】 考查基础制动装置的主要组成。

基础制动装置主要由制动缸、制动传动装置、闸瓦及闸瓦间隙调整装置等组成。基础制动装置的作用是将制动缸产生的作用力传至各个闸瓦，通常还可以扩大作用力，并保证各闸瓦有较一致的闸瓦压力。

【答案】 闸瓦间隙调整

23.【题目】

填空题：

闸瓦间隙调整杆的作用是调整闸瓦弧面与(　　)之间的间隙。

【解析】 考查闸瓦间隙调整杆的作用。

闸瓦间隙调整杆的作用是调整闸瓦弧面与车轮踏面之间的间隙。

【答案】 车轮踏面

24.【题目】

填空题：

轨道车空气制动系统的基本作用包括(　　)、保压和缓解。

【解析】 考查轨道车空气制动系统的基本作用。

轨道车空气制动系统的基本作用包括制动、保压和缓解。

【答案】 制动

25.【题目】

填空题：

轨道车（　　）时，无火回送塞门应处于关闭位。

【解析】 考查轨道车本务操作时无火回送塞门的状态。

轨道车本务操纵时，无火回送塞门应处于关闭位。

【答案】 本务操纵

26.【题目】

填空题：

轨道车的客、货车转换阀必须置于（　　）位。

【解析】 考查轨道车的客、货车转换阀。

轨道车的客、货车转换阀必须置于货车位。

【答案】 货车

27.【题目】

填空题：

自阀运转位是列车缓解在充风及（　　）状态时所使用的位置。

【解析】 考查自阀运转位的定义。

自阀运转位是列车缓解在充风及正常运行状态时所使用的位置。

【答案】 正常运行

28.【题目】

填空题：

（1）单阀主要用于机车的（　　）与缓解，与列车的制动无关。

（2）单阀可直接控制（　　）阀，使机车制动和缓解。

判断题：

（3）单阀是为了操纵全列车的制动和缓解而设。（　　）

（4）单阀通过中继阀来控制作用阀而实现机车的制动和缓解。（　　）

（5）单阀不但可以操纵单机的制动和缓解，还可以用来操纵列车的制动和缓解。（　　）

【解析】 考查单阀的作用。

单阀主要用于机车的单独制动和缓解，实现自阀制动后机车的单独缓解作用，与自阀配合使用，可使机车制动与车辆制动交替进行。

作用阀是自阀和单阀的执行机构用来控制制动缸的充、排风，使机车得到制动或缓解作用。

单阀主要用于机车的单独制动和缓解。

单阀直接控制作用阀实现机车的单独制动，单阀控制分配阀的主阀部和作用阀实现机车的单独缓解。

【答案】 (1)单独制动;(2)作用;(3)×;(4)×;(5)×

29.【题目】

填空题：

单阀手柄在(　　)时，制动缸压力规定最高为300 kPa。

【解析】 考查制动缸压力最高为300 kPa时，单阀手柄的位置。

单阀全制动位制动缸最高压力300 kPa。

【答案】 全制动位

30.【题目】

填空题：

分配阀的作用是根据制动主管压力的变化来控制作用阀的动作，实现机车的(　　)与缓解作用。

【解析】 考查轨道车分配阀的作用。

分配阀根据制动主管压力的变化来控制作用阀的动作，也可利用单阀来控制分配阀的主阀部和作用阀，使机车单独缓解。

【答案】 制动

31.【题目】

填空题：

将自阀手柄从(　　)区移至运转位即可实现列车制动后的缓解。

【解析】 考查如何实现列车制动后的缓解。

将自阀手柄从制动区移至运转位即可实现列车制动后的缓解。

【答案】 制动

32.【题目】

填空题：

驾驶单机制动时，将(　　)由运转位移至制动区，使机车产生制动作用。

【解析】 考查单机制动时，如何使机车产生制动作用。

驾驶单机制动时，将单阀手柄由运转位移至制动区，使机车产生制动作用；将手柄在制动区内不断前移至全制动位，即可不断增加机车制动力。

【答案】 单阀手柄

33.【题目】

填空题：

制动装置由制动机、(　　)和人力制动机三部分组成。

【解析】 考查制动装置的组成。

制动装置由制动机、基础制动装置和人力制动机三部分组成。制动装置中可直接受司机操纵控制，从而产生制动力来源的部分，称为制动机。传递制动机所产生的力，并将该力扩大后送给闸瓦的部分，称为基础制动装置。

【答案】 基础制动装置

34.【题目】

填空题：

作用阀是(　　)和单阀的执行机构，用来控制制动缸的充、排风。

【解析】 考查作用阀的作用。

作用阀是自阀和单阀的执行机构，用来控制制动缸的充、排风，使机车得到制动或缓解作用。

【答案】 自阀

35.【题目】

填空题：

轨道车在运行中，若自阀减压制动后需要(　　)时，只需把单阀手柄推至单独缓解位。

【解析】 考查自阀减压制动后的单独缓解。

列车制动后单独缓解机车制动缸压力的操作：当自阀施行制动后欲单独缓解机车制动缸压力时，将单阀手柄移至单独缓解位，机车制动缸压力随之降低。

【答案】 单独缓解

36.【题目】

填空题：

轨道车制动后需要单独增加轨道车机车压力时，可将单阀手柄移至(　　)。

【解析】 考查轨道车制动后如何单独增加轨道车机车压力。

机车制动后需要单独增加机车制动缸压力时，将单阀手柄移向制动区，制动缸制动压力即可增加。

【答案】 制动区

37.【题目】

填空题：

将单阀手柄在制动区内不断前移至全制动位，即可不断增加机车（　　）。

【解析】 考查如何增加机车制动力。

驾驶单机制动时，将单阀手柄由运转位移至制动区，使机车产生制动作用；将手柄在制动区内不断前移至全制动位，即可不断增加机车制动力。

【答案】 制动力

38.【题目】

填空题：

作用风缸管变向阀用于转换自阀和（　　）对作用阀的控制，即自阀和单阀不能同时对作用阀产生动作。

【解析】 考查作用风缸管变向阀的作用。

作用风缸管变向阀用于转换自阀和单阀对作用阀的控制，即自阀和单阀不能同时对作用阀产生动作。

【答案】 单阀

39.【题目】

填空题：

（　　）是制动装置中可直接受司机操纵控制，从而产生制动力来源的部分。

【解析】 考查制动机的定义。

制动装置由制动机、基础制动装置和人力制动机三部分组成。制动装置中可直接受司机操纵控制，从而产生制动力来源的部分，称为制动机。传递制动机所产生的力，并将该力扩大后送给闸瓦的部分，称为基础制动装置。

【答案】 制动机

40.【题目】

选择题：

（　　）是一个综合反映列车制动装置性能和实际制动效果的主要指标。

A. 活塞行程　　B. 制动距离　　C. 闸瓦间隙

【解析】 考查制动距离的作用。

自施行制动时起，至列车(机车车辆)停车时止，列车(机车车辆)所走行的距离为制动距离。制动距离是综合反映列车制动装置性能和实际制动效果的重要指标。

【答案】 B

41.【题目】

选择题：

总风缸定压为 700～800 kPa 时，安全阀的开启压力为(　　)kPa。

A. 700　　B. 700±10　　C. 850±20

【解析】 考查总风缸定压为 700～800 kPa 时，安全阀的开启压力。

总风缸上设有安全阀，其作用是当压力调节阀发生故障、空压机的运转失去控制时，防止总风缸超压而发生爆炸危险。总风缸定压为 700～800 kPa 时，安全阀的开启压力为(850±20)kPa。

【答案】 C

42.【题目】

填空题：

自动排水过滤器是压力空气进入总风缸之前的第(　　)道空气干燥装置，具有自动排水功能。

【解析】 考查自动排水过滤器的作用。

自动排水过滤器是压力空气进入总风缸之前的第二道空气干燥装置，具有自动排水功能。

【答案】 二

43.【题目】

选择题：

轨道车总风缸和制动主管的定压分别为(　　)。

A. 600～900 kPa；500 kPa

B. 700～800 kPa；600 kPa

C. 700～800 kPa；500 kPa

【解析】 考查总风缸和制动主管的定压。

总风缸压力定压 700～800 kPa，制动主管压力定压 500 kPa。

【答案】 C

44.【题目】

填空题：

轨道车发生空转后，牵引力迅速(　　)，列车速度下降。

【解析】 考查列车空转的表现。

避免空转的措施：油门手柄不能提得太快；降低牵引力，禁止撒砂；进入长大上坡道前，尽可能提高运行速度。

【答案】 降低

45.【题目】

选择题：

(　　)装置是传送制动原动力并产生制动作用的装置。

A. 列车制动　　B. 机车制动　　C. 基础制动

【解析】 考查基础制动装置的定义。

【答案】 C

46.【题目】

选择题：

轨道车正常的闸瓦间隙为(　　)mm。

A. 1～3　　B. 5～10　　C. 2～4

【解析】 考查轨道车正常的闸瓦间隙。

轨道车正常的闸瓦间隙 5～10 mm、制动缸活塞行程为 70～120 mm，随着闸瓦的磨损，闸瓦间隙和活塞行程均会逐渐变大。

【答案】 B

47.【题目】

填空题：

轨道车上使用的低摩合成闸瓦的缺点是(　　)。

【解析】 考查轨道车使用的低摩合成闸瓦的缺点。

轨道车上使用的低摩合成闸瓦的缺点是容易掉块。

【答案】 容易掉块

48.【题目】

选择题：

轨道车在运用过程中，制动缸活塞行程会随着闸瓦的磨损发生变化，司机需定期对(　　)进行调整。

A. 制动缸活塞行程　　B. 制动主管压力　　C. 制动缸压力

【解析】 考查制动缸活塞行程调整相关规定。

轨道车在运用过程中，制动缸活塞行程会随着闸瓦的磨损发生变化，司机需定期对活塞行程进行调整。

【答案】 A

49.【题目】

选择题：

(　　)不是双侧基础制动装置的缺点。

A. 杆件多　　B. 结构复杂　　C. 轴承偏磨

【解析】 考查双侧基础制动装置的缺点。

轴承偏磨不是双侧基础制动装置的缺点。

【答案】 C

50.【题目】

选择题：

轨道车正常的制动缸活塞行程为(　　)mm。

A. 70～120　　B. 80～130　　C. 90～130

【解析】 考查轨道车正常的制动缸活塞行程规定。

轨道车正常的闸瓦间隙 5～10 mm、制动缸活塞行程为 70～120 mm，随着闸瓦的磨损，闸瓦间隙和活塞行程均会逐渐变大。

【答案】 A

51.【题目】

填空题：

当制动缸压力空气排入大气后，缓解弹簧依靠自身的反拨力将活塞推回，使机车(　　)。

【解析】 考查机车缓解的原理。

当制动缸压力空气排入大气后，缓解弹簧依靠自身的反拨力将活塞推回，使机车缓解。

【答案】 缓解

52.【题目】

选择题：

影响黏着力的因素主要有轮轨的表面状况和（　　）。

A. 车辆重量　　B. 制动方式　　C. 列车速度

【解析】 考查影响黏着力的因素。

影响黏着力的因素主要有轮轨的表面状况和列车速度。

【答案】 C

53.【题目】

选择题：

（　　）空气制动机是我国铁路内燃机车的主型制动机，在轨道车上有越来越多的应用。

A. S 型　　B. H-6 型　　C. JZ-7 型

【解析】 考查我国铁路内燃机车的主型制动机。

JZ-7 型空气制动机是我国铁路内燃机车的主型制动机，在轨道车上有越来越多的应用。

【答案】 C

54.【题目】

选择题：

自阀置于过充位，制动主管可获得比规定压力高（　　）kPa 的过充压力。

A. 10～20　　B. 30～40　　C. 45～55

【解析】 考查过充位的作用。

自阀置于过充位，制动主管可获得比规定压力高 30～40 kPa 的过充压力。

【答案】 B

55.【题目】

填空题：

单阀上有 3 根风管，分别是（　　）管、单独缓解管和单独作用管。

【解析】 考查单阀上的 3 根风管。

【答案】 撒砂

56.【题目】

填空题：

单阀没有设(　　)位。

【解析】 考查单阀作用位置。

单阀没有设过充位。

【答案】 过充

57.【题目】

选择题：

(1)当制动主管定压为 500 kPa 时，其最大有效减压量为(　　)kPa。

A. 130　　B. 140　　C. 150

(2)自阀手柄在最小减压位可使制动主管得到(　　)kPa 的最小有效减压量。

A. 55　　B. 40　　C. 50

【解析】 考查最大和最小有效减压量。

最小减压位：可使制动主管得到 50 kPa 的最小有效减压量。最大减压位：可使制动主管得到 140 kPa 的最大有效减压量。

【答案】 (1)B；(2)C

58.【题目】

选择题：

自阀紧急制动后，制动缸压力最高升至(　　)kPa。

A. 250～350　　B. 300～400　　C. 420～450

【解析】 考查自阀紧急制动后制动缸的最高压力。

紧急制动后，制动缸最高压力 420～450 kPa。

【答案】 C

59.【题目】

选择题：

紧急制动时，制动主管压力下降为 0 的时间要求为不超过(　　)s。

A. 3　　B. 4　　C. 5

【解析】 考查紧急制动时制动主管压力下降至 0 的时间。

紧急制动时制动主管压力下降至 0 的时间不超过 3 s。

【答案】 A

60.【题目】

选择题：

单阀在制动区从左向右移动，制动缸压力最高能达到（　　）kPa。

A. 250　　B. 300　　C. 350

【解析】 考查全制动位制动缸的最高压力。

全制动位制动缸的最高压力为 300 kPa。

【答案】 B

61.【题目】

填空题：

轨道车在（　　）时，如需频繁制动可以使用自阀的过量减压位。

【解析】 考查何时使用自阀的过量减压位。

过量减压位：当制动频繁或制动后不久，制动主管还没有恢复定压又需制动时所使用的位置，如，在长大下坡道实行制动时使用。

【答案】 长大下坡道

62.【题目】

选择题：

轨道车发生空转后，司机要及时采取的措施是（　　）。

A. 提高牵引力　　B. 降低牵引力　　C. 施行空气制动

【解析】 考查轨道车空转的应对措施。

在空转时应降低牵引力，禁止撒砂。

【答案】 B

63.【题目】

选择题：

空压机的工作受压力调节阀控制，当总风缸压力在（　　）kPa 范围内时，压力调节阀动作，空压机进气口封闭，进行无负荷空转。

A. 700～800　　B. 750～850　　C. 780～900

【解析】 考查空压机进气口封闭，进行无负荷空转的条件。

空压机的工作受压力调节阀控制，当总风缸压力在 700～800 kPa 范围内时，压力调节阀动作，空压机进气口封闭，进行无负荷空转。

【答案】 A

64.【题目】

填空题：

轨道车通过自阀上的调整阀调整手轮可以调整(　　)主管的定压。

【解析】 考查调整阀调整手轮的作用。

通过自阀上的调整阀调整手轮可以调整制动主管的定压。

【答案】 制动

65.【题目】

选择题：

轨道车司机在运行前必须认真检查制动机是否良好并充风试闸，总风缸压力由 0 到(800±20)kPa 的时间不大于(　　)min。

A. 4　　B. 5　　C. 3

【解析】 考查制动机操纵原则。

制动机操纵原则：运行前必须认真检查制动机是否良好并充风试闸，确认空气制动系统充风时间[即总风缸风压由 0 到(800±20)kPa]不大于 4 min，确认制动机良好，方可运行。

【答案】 A

66.【题目】

选择题：

单阀在全制动位时，制动缸自 0 升至(　　)kPa 的时间为 2～3 s。

A. 250　　B. 260　　C. 280

【解析】 考查单阀制动所需的时间。

单阀在全制动位时，制动缸自 0 升至 280 kPa 的时间为 2～3 s。

【答案】 C

67.【题目】

判断题：

轨道车司机在制动或减速时，应保持均匀减速，以避免和减少列车冲击，达到平稳操纵。(　　)

【解析】 考查制动或减速时的操作原则。

制动或减速时，应保持均匀减速，以避免和减少列车冲击，达到平稳操纵。

【答案】 √

68.【题目】

判断题：

单阀不仅能够操纵车辆本身，还能操纵全列车的制动和缓解。（　）

【解析】 考查自阀和单阀作用的区别。

自阀可操纵全列车的制动和缓解，而单阀只能操纵本车的制动和缓解。

【答案】 ×

69.【题目】

判断题：

机车车辆滑行时，制动力转化为车轮与钢轨的滑动摩擦力，其数值远远小于黏着力。（　）

【解析】 考查车辆滑行时滑动摩擦力与黏着力大小。

机车车辆滑行时，制动力转化为车轮与钢轨的滑动摩擦力，其数值远远小于黏着力。

【答案】 √

70.【题目】

判断题：

所有轨道车上的空压机都由发动机直接驱动。（　）

【解析】 考查空压机的驱动方式。

轨道车空压机的动力驱动方式常用的有两种，一种由发动机直接驱动，常用于普速铁路轨道车；另一种为发动机动力传至分动齿轮箱后，再由分动齿轮箱驱动空压机，常用于高速铁路轨道车。

【答案】 ×

71.【题目】

判断题：

总风缸安全阀的作用是当压力调节阀出现故障、空压机的运转失去控制时，防止总风缸超压而发生爆炸危险。（　）

【解析】 考查总风缸安全阀的作用。

总风缸上设有安全阀，其作用是当压力调节阀出现故障、空压机的运转失去控制时，防止总风缸超压而发生爆炸危险。

【答案】 √

72.【题目】

判断题：

截断塞门安装在制动主管的两端，它是用于开通或遮断制动主管与制动软管之间空气通路的塞门，以利于车辆的摘解工作。(　　)

【解析】 考查截断塞门的作用。

截断塞门的作用是开通或断开分配阀与制动主管之间的空气通路。

【答案】 ×

73.【题目】

填空题：

(　　)手柄与管路平行时为开通位置，垂直时为关闭位置。

【解析】 考查锥芯式截断塞门手柄位置与管路状态。

锥芯式截断塞门手柄与管路平行时为开通位置，垂直时为关闭位置。

【答案】 锥芯式截断塞门

74.【题目】

填空题：

列车运行途中，应尽量减少不必要的制动，以减少(　　)，延长使用寿命。

【解析】 考查如何延长轮瓦使用寿命。

列车运行途中，应尽量减少不必要的制动，以减少轮瓦磨损，延长使用寿命。

【答案】 轮瓦磨损

75.【题目】

判断题：

随着闸瓦的磨损，闸瓦间隙和活塞行程均会逐渐变大。(　　)

【解析】 考查闸瓦磨损后，闸瓦间隙和活塞行程如何变化。

随着闸瓦的磨损，闸瓦间隙和活塞行程均会逐渐变大。

【答案】 √

76.【题目】

判断题：

出车前、收车后司机应开放油水分离器开关，使油、水、杂质排出筒外。(　　)

【解析】 考查出车前、收车后司机的操作。

出车前、收车后司机应开放油水分离器开关,使油、水、杂质排出筒外。

【答案】 √

77.【题目】

判断题:

自动排水过滤器外部装设黑保护套筒,防止石砟飞溅撞击造成其损坏。( )

【解析】 考查自动排水过滤器外部装设的作用。

自动排水过滤器外部装设黑保护套筒,防止石砟飞溅撞击造成其损坏。

【答案】 √

78.【题目】

判断题:

当自动排水过滤器出现漏风不止的故障,应急处理时,将塞门关闭。( )

【解析】 考查自动排水过滤器出现漏风不止故障如何应急处理。

当自动排水过滤器出现漏风不止的故障,应急处理时,将塞门关闭。

【答案】 √

79.【题目】

判断题:

人力制动机产生的制动力比空气制动时的制动力要大得多。( )

【解析】 考查人力制动机和空气制动产生制动力的比较。

人力制动机以人力为原动力。人力制动机产生的制动力比空气制动时的制动力要小得多。

【答案】 ×

80.【题目】

判断题:

平车人力制动机不使用时,必须将带手轮部分的上转轴平放搁置在托架上。( )

【解析】 考查平车人力制动机不使用时应如何操作。

平车人力制动机不使用时,必须将带手轮部分的上转轴平放搁置在托架上。

【答案】 √

81.【题目】

判断题：

开通或关闭折角塞门后，必须使手柄完全落下。（　　）

【解析】 考查折角塞门的开通或关闭操作。

开通或关闭折角塞门后，必须使手柄完全落下。

【答案】 √

82.【题目】

判断题：

制动主管的过充量与自阀在过充位放的时间无关。（　　）

【解析】 考查制动主管的过充量与自阀在过充位放的时间有无关系。

制动主管的过充量与自阀在过充位放的时间无关。

【答案】 √

83.【题目】

判断题：

闸瓦横向间隙调整装置的作用是防止同一轮对上的闸瓦出现上下偏磨。（　　）

【解析】 考查闸瓦横向间隙调整装置的作用。

闸瓦横向间隙调整装置的作用是防止同一轮对上的闸瓦出现左右偏磨。

【答案】 ×

84.【题目】

判断题：

单侧制动的优点是结构简单、成本较低、检修与制造方便。（　　）

【解析】 考查单侧制动的优点。

单侧制动的优点是结构简单、成本较低、检修与制造方便。

【答案】 √

85.【题目】

填空题：

轨道平车人力制动机由（　　）、千斤、人力制动链轴等组成。

【解析】 考查轨道平车人力制动机的组成。

轨道平车人力制动机由棘轮、千斤、人力制动链轴等组成。

【答案】 棘轮

86.【题目】

判断题:

换端操纵时,自阀手柄可以从过量减压位取出。( )

【解析】 考查换端操纵时自阀手柄如何取出。

换端操纵时,自阀手柄移至手柄取出位取出。

【答案】 ×

87.【题目】

判断题:

无动力回送时,将分配阀上的常用限压阀压力调整为 250 kPa。( )

【解析】 考查无动力回送时,分配阀上的常用限压阀压力。

无动力回送时,将分配阀上的常用限压阀压力调整为 250 kPa。

【答案】 √

88.【题目】

判断题:

当轨道车在长大下坡道制动后不久,制动主管没有充满风而需要增加制动力时自阀应放至最大减压位。( )

【解析】 考查过量减压位的作用。

过量减压位:当制动频繁或制动后不久,制动主管还没有恢复定压又需制动时所使用的位置。

【答案】 ×

89.【题目】

判断题:

自阀移至最小减压位,制动主管最小有效减压量 70 kPa。( )

【解析】 考查最小减压位的作用。

最小减压位:可使制动主管得到 50 kPa 的最小有效减压量。

【答案】 ×

90.【题目】

判断题：

单阀运转位制动缸自 300 kPa 降至 35 kPa 的时间小于 6 s。(　　)

【解析】 考查单阀运转位制动缸自 300 kPa 降至 35 kPa 的时间。

单阀运转位制动缸自 300 kPa 降至 35 kPa 的时间小于 4 s。

【答案】 ×

91.【题目】

填空题：

自阀手柄停在制动区的(　　)可以实现制动后的保压。

【解析】 考查如何实现制动后的保压。

自阀手柄停在制动区的任意位置可以实现制动后的保压。

【答案】 任意位置

92.【题目】

判断题：

施行紧急制动后必须对基础制动装置、车钩进行检查，确认无误后方可运行。(　　)

【解析】 考查施行紧急制动后如何继续运行。

施行紧急制动后必须对基础制动装置、车钩进行检查，确认无误后方可运行。

【答案】 √

93.【题目】

判断题：

人力制动机是用人力转动手轮或手柄，以代替制动机产生制动力的动力来源。(　　)

【解析】 考查人力制动机的定义。

人力制动机是用人力转动手轮或手柄，以代替制动机产生制动力的动力来源。

【答案】 √

94.【题目】

判断题：

自阀施行紧急制动以后，至少要经 6 s 左右制动主管才能充风缓解。(　　)

【解析】 考查自阀施行紧急制动后的充风缓解。

自阀施行紧急制动以后，至少要经 9 s 左右制动主管才能充风缓解。

【答案】 ×

95.【题目】

填空题：

自阀可以控制机车均衡风缸的压力变化，再通过中继阀去控制制动主管的(　　)，从而实现机车、列车的制动、缓解和保压。

【解析】 考查自阀的作用。

自阀可以控制机车均衡风缸的压力变化，再通过中继阀去控制制动主管的充风和排风，从而实现机车、列车的制动、缓解和保压。

【答案】 充风和排风

96.【题目】

判断题：

将单阀手柄由制动区逐步移至运转位，机车制动缸压力随之降低直至为零。(　　)

【解析】 考查单阀手柄由制动区逐步移至运转位的效果。

将单阀手柄由制动区逐步移至运转位，机车制动缸压力随之降低直至为零。

【答案】 √

97.【题目】

判断题：

单阀能进行阶段制动和阶段缓解操纵。(　　)

【解析】 考查轨道车单阀的作用。

由于采用自动保压方式，单阀还可进行阶段制动和阶段缓解操纵。

【答案】 √

98.【题目】

判断题：

当单阀手柄置于制动区某一位置时，总风进入单独作用管，机车制动缸处于制动状态，机车制动。(　　)

【解析】 考查单阀手柄如何操作可以使机车制动。

当单阀手柄置于制动区某一位置时，总风进入单独作用管，机车制动缸处于制动状态，机车制动。

【答案】 √

99.【题目】

判断题：

在换端操纵时，司机把非操纵端单阀手柄移到运转位取出手柄。(　　)

【解析】 考查换端操纵时，如何取出非操纵端单阀手柄。

在换端操纵时，司机把非操纵端单阀手柄移到运转位取出手柄。

【答案】 √

100.【题目】

填空题：

自阀手柄在最小减压位与最大减压位之间移动，可获得不同的(　　)。

【解析】 考查自阀手柄在最小减压位与最大减压位之间移动时减压量的变化。

自阀手柄在最小减压位与最大减压位之间移动，可获得不同的减压量。

【答案】 减压量

101.【题目】

简答题：

避免空转的措施。

【解析】 考查避免空转的措施。

(1)起步或途中，油门手柄不能提得太快，加速不可过猛，有空转预兆时立即降低牵引力。

(2)在空转时应降低牵引力，禁止撒砂。

(3)掌握空转发生的规律，进入长大上坡道前，应尽可能提高运行速度，充分利用动能闯坡，防止因发生空转而造成坡停。

【答案】 见解析。

102.【题目】

简答题：

使用JZ-7型空气制动机的轨道车无火回送时，制动系统如何处理？

【解析】 考查使用JZ-7型空气制动机的轨道车无火回送时,制动系统应如何处理。

轨道车本务操纵时,无火回送塞门应处于关闭位(自牵引位)。无火回送时,自阀手柄应置于手柄取出位,并取出;单阀手柄置于运转位,无动力装置塞门应处于开放位(无火位),同时将分配阀上的常用限压阀压力调整为250 kPa。

【答案】 见解析。

103.【题目】

简答题:

轨道车基础制动装置主要由哪些部分组成?有什么作用?

【解析】 考查轨道车基础制动装置主要组成部分和作用。

基础制动装置主要由制动缸、制动传动装置、闸瓦及闸瓦间隙调整装置等组成。

基础制动装置的作用是将制动缸产生的作用力传至各个闸瓦,通常还可以扩大作用力,并保证各闸瓦有较一致的闸瓦压力。

【答案】 见解析。

104.【题目】

简答题:

自阀的作用是什么?自阀有哪几个作用位置?

【解析】 考查自阀的作用和自阀的作用位置。

自阀为了操纵全车的制动和缓解而设,通过对其手柄的操纵来完成制动机的各种作用或性能检查。

自阀有7个作用位置:过充位、运转位、最小减压位、最大减压位、过量减压位、手柄取出位和紧急制动位。

【答案】 见解析。

105.【题目】

简答题:

自阀的操纵方法。

【解析】 考查自阀的操纵方法。

(1)自阀通常在驾驶列车时使用,常用制动时将自阀手柄移至制动区,根据列车速度或停车距离将手柄往右移,确定适当的制动力,将自阀手柄停在制动区的某一位置,实现制动后的保压。

(2)将自阀手柄从制动区移至运转位,即可实现列车制动后的缓解。

(3)将自阀手柄迅速从运转位移至紧急制动位,即可实现列车的紧急制动。使用紧急制动后,必须等车停稳才能缓解,施行紧急制动后至少要经 9 s 后才能充风缓解。

【答案】 见解析。

106.【题目】

简答题:

单阀的作用是什么?有哪几个作用位置?

【解析】 考查单阀的作用和作用位置。

单阀主要用于机车的单独制动与缓解,与列车的制动无关,并可实现自阀制动后机车的单独缓解作用,与自阀配合使用,可使机车制动与车辆制动交替进行。

单阀有 3 个作用位置:单独缓解位、运转位、全制动位。

【答案】 见解析。

107.【题目】

简答题:

单阀的操纵方法。

【解析】 考查单阀的操纵方法。

(1)驾驶单机制动时,将单阀手柄由运转位移至制动区,使机车产生制动作用;将手柄在制动区内不断前移至全制动位,即可不断增加机车制动力。

(2)单机缓解时,将单阀手柄由制动区逐步移至运转区,机车制动缸压力随之降低直至为零。

(3)列车制动后,当自阀施行制动后欲单独缓解机车制动缸压力时,可将单独手柄移至单独缓解位,机车制动缸压力随之降低。

(4)机车制动后需要单独增加机车制动缸压力,将单独手柄移向制动区,制动缸制动压力即可增加。

【答案】 见解析。

108.【题目】

简答题:

JZ-7 型制动机作用阀的作用是什么?

【解析】 考查 JZ-7 型制动机作用阀的作用。

作用阀是自阀和单阀的执行机构,用来控制制动缸的充排风,使机车得到制动或缓解作用。

【答案】 见解析。

109.【题目】

简答题：

JZ-7 型制动机分配阀的作用是什么？

【解析】 考查 JZ-7 型制动机分配阀的作用。

分配阀根据制动主管压力的变化来控制作用阀的动作，实现机车的制动与缓解作用，也可利用单阀来控制分配阀的主阀部和作用阀，使机车单独缓解。

【答案】 见解析。

110.【题目】

简答题：

JZ-7 型制动机中继阀的作用是什么？

【解析】 考查 JZ-7 型制动机中继阀的作用。

中继阀受自阀的控制，根据均衡风缸的压力变化而动作，直接控制制动主管充排风和保压。

【答案】 见解析。

111.【题目】

简答题：

JZ-7 型制动机主要阀件的控制关系。

【解析】 考查 JZ-7 型制动机主要阀件的控制关系。

(1)自阀控制时：

自阀→均衡风缸→中继阀→制动主管压力变化→车辆制动机→机车分配阀→作用阀→制动阀。

(2)单阀控制时：

单阀→作用阀→制动缸(机车单独制动)→工作风缸→分配阀主阀部→作用阀→制动缸(机车单独缓解)。

【答案】 见解析。

112.【题目】

简答题：

JZ-7 型制动机司机操纵要求有哪些？

【解析】 考查JZ-7型制动机司机操纵要求。

(1)制动机只允许本务司机操纵。

(2)每台车只准使用一套自阀和单阀手柄。

(3)客货车转换阀置于货车位。

(4)自阀可操纵全列车的制动和缓解，而单阀只操纵本车的制动和缓解。

(5)本务司机应熟知制动机性能，并能检修、排除故障，具有实际操纵经验。

【答案】 见解析。

第六章　电气系统

1.【题目】

填空题：

轨道车电气系统主要由电源、(　　)、照明仪表装置、辅助装置及电路等组成。

【解析】 考查轨道车电气系统的主要组成。

轨道车电气系统主要由电源、控制电路、照明仪表装置、辅助装置及电路等组成。

【答案】 控制电路

2.【题目】

填空题：

轨道车电源主要有蓄电池和(　　)充电发电机两个电源。

【解析】 考查轨道车电源。

轨道车主要有蓄电池和发动机充电发电机两个电源。

【答案】 发动机

3.【题目】

填空题：

轨道车上使用的发动机充电发电机具有(　　)、整流和调节电压功能。

【解析】 考查轨道车发动机充电发动机的功能。

轨道车上使用的发动机充电发电机具有发电、整流和调节电压功能。

【答案】 发电

4.【题目】

填空题：

轨道车上设置的照明装置主要有(　　)、腰灯、头灯、信号灯、检修照明灯和仪表灯等。

【解析】 考查轨道车照明装置。

轨道车上设置的照明装置主要有顶棚灯、腰灯、头灯、信号灯、检修照明灯和仪表灯等。

【答案】 顶棚灯

5.【题目】

填空题：

轨道车辅助装置指的是(　　)、交流发电机组和交流 75 kW 发电机。

【解析】 考查轨道车辅助装置的定义。

轨道车辅助装置指的是交流供电系统、交流发电机组和交流 75 kW 发电机。

【答案】 交流供电系统

6.【题目】

填空题：

当轨道车上 75 kW 发电机挂挡机构挂不上时(即出现齿顶齿现象)，可以用点动挂挡开关进行(　　)。

【解析】 考查轨道车 75 kW 发电机挂挡注意事项。

当轨道车上 75 kW 发电机挂挡机构挂不上时(即出现齿顶齿现象)，可以用点动挂挡开关进行微动挂挡。

【答案】 微动挂挡

7.【题目】

填空题：

蓄电池按电极的材料和电解液的成分来分类，有酸性(铅-酸)和(　　)(镍-镉)蓄电池两种。

【解析】 考查蓄电池分类。

蓄电池按电极的材料和电解液的成分来分类，有酸性(铅-酸)和碱性(镍-镉)蓄电池两种。

【答案】 碱性

8.【题目】

填空题：

轴箱上的测速传感器在轨道车运行中能准确地反映该车的(　　)。

【解析】 考查轨道车测速传感器的作用。

通过轴箱上的测速传感器在轨道车运行中能准确地反映该车的行驶速度。

【答案】 行驶速度

9.【题目】

填空题：

轨道车发动机转速表的功能是显示发动机工作转速和(　　)。

【解析】 考查轨道车发动机转速表的功能。

轨道车发动机转速表的功能是显示发动机工作转速和工作小时。

【答案】 工作小时

10.【题目】

填空题：

(1)蓄电池接线柱涂有红色为(　　)。

(2)蓄电池接线柱涂有(　　)为负极。

【解析】 考查蓄电池接线柱正负极的分辨方法。

蓄电池接线柱涂有红色为正极，涂有黑色为负极。

【答案】 (1)正极；(2)黑色

11.【题目】

选择题：

轨道车采用的蓄电池，其单元额定电压为(　　)。

A. 2 V　　B. 6 V　　C. 12 V

【解析】 考查轨道车蓄电池的单元额定电压。

轨道车采用的蓄电池，其单元额定电压为 2 V。

【答案】 A

12.【题目】

选择题：

安装在轨道车挡风玻璃下方两侧，在夜间或雾天行驶时对近处照明的设备是(　　)。

A. 头灯　　B. 信号灯　　C. 腰灯

【解析】 考查轨道车夜间或雾天对信号灯的使用。

安装在轨道车挡风玻璃下方两侧,在夜间或雾天行驶时对近处照明的设备是腰灯。

【答案】 C

13.【题目】

选择题:

轨道车柴油发电机组每次启动应间隔(　　)s以上,连续3次不能启动应对机组进行检查。

A. 5　　B. 10　　C. 15

【解析】 考查轨道车发电机使用注意事项。

轨道车柴油发电机组每次启动应间隔15 s以上,连续3次不能启动应对机组进行检查。

【答案】 C

14.【题目】

选择题:

轨道车检查整流元件必须用万用表,选择直流电压挡位高于(　　)V的电源检测。

A. 30　　B. 100　　C. 250

【解析】 考查轨道车整流元件的检查要求。

轨道车检查整流元件必须用万用表,选择直流电压挡位高于30 V的电源检测。

【答案】 A

15.【题目】

填空题:

轨道车发动机启动工作时间不大于(　　)。

【解析】 考查轨道车发动机的使用。

轨道车发动机启动工作时间不大于10 s。

【答案】 10 s

16.【题目】

选择题：

GC-270(JW-4)型轨道车机油压力范围应为(　　)×100 kPa。

A. 1～2　　　　B. 2.5～4　　　　C. 4～6

【解析】 考查轨道车机油压力范围。

GC-270(JW-4)型轨道车机油压力范围应为(2.5～4)×100 kPa。

【答案】 B

17.【题目】

选择题：

轨道车发动机水温达到(　　)℃时，轨道车方可以全负荷工作。

A. 70　　　　B. 105　　　　C. 55

【解析】 考查轨道车全负荷工作时发动机水温。

轨道车发动机水温达到 70 ℃时，轨道车方可以全负荷工作。

【答案】 A

18.【题目】

判断题：

轨道车蓄电池是只能将化学能转化为电能的一种装置。(　　)

【解析】 考查轨道车蓄电池的功能。

轨道车蓄电池是将化学能转化为电能(放电)，将电能转化为化学能(充电)的一种装置。

【答案】 ×

19.【题目】

判断题：

轨道车起动电池多用酸性(铅-酸)蓄电池，它内阻小，维修成本低，其容量主要根据起动机的负载而定。(　　)

【解析】 考查轨道车使用的酸性蓄电池的优点。

轨轨道车起动电池多用酸性(铅-酸)蓄电池，它内阻小，维修成本低，其容量主要根据起动机的负载而定。

【答案】 √

20.【题目】

判断题：

轨道车充放电流表反映发电机向蓄电池充电或蓄电池放电的电流大小。（　）

【解析】 考查轨道车充放电流表的功能。

轨道车充放电流表反映发电机向蓄电池充电或蓄电池放电的电流大小。

【答案】 √

21.【题目】

填空题：

轨道车上的熔断器容量（　）随意改变规格大小。

【解析】 考查轨道车上熔断器的使用注意事项。

轨道车上的熔断器容量不得随意改变规格大小。

【答案】 不得

22.【题目】

判断题：

轨道车蓄电池长时间不使用时，应将电用尽再存放，否则会影响蓄电池使用寿命。（　）

【解析】 考查轨道车蓄电池存放注意事项。

轨道车蓄电池长时间不使用时，应充足电再存放，已充电搁置未用的蓄电池应每月充电一次，否则会影响蓄电池使用寿命。

【答案】 ×

23.【题目】

判断题：

轨道车发电机是将机械能转化为电能的一种装置。（　）

【解析】 考查轨道车发电机的定义。

轨道车发电机是将机械能转化为电能的一种装置。

【答案】 √

24.【题目】

判断题：

轨道车发动机起动电机为交流电动机，以柴油发电机组为电源。（　）

【解析】 考查轨道车发动机起动电机的供电方式。

轨道车发动机起动电机为直流电动机,以蓄电池为电源。

【答案】 ×

25.【题目】

判断题:

启动柴油发电机组前,禁止连接用电设备。(　　)

【解析】 考查轨道车柴油发电机组的使用。

启动柴油发电机组前,禁止连接任何用电设备。

【答案】 √

26.【题目】

简答题:

轨道车发动机充电发电机的主要功能是什么?

【解析】 考查轨道车发动机充电发电机的主要功能。

轨道车上使用的发动机充电发电机为整流调压一体式,具有发电、整流和调节电压功能。

【答案】 见解析。

第七章　检查保养

1.【题目】

填空题:

(1)(　　)保养在轨道车出车前后进行,以使轨道车保持良好的工作状态。

(2)日常检查时应检查轨道车发动机(　　)是否有漏风现象。

(3)日常检查时应检查轨道车制动缸(　　),活塞杆是否有弯曲、变形。

(4)目视法主要用于检查车辆各部件有无变形、泄漏、脱落及(　　)情况。

【解析】 考查日常检查保养内容。

日常检查保养是在轨道车出车前后进行,以清洁、调整、紧固、润滑为主要内容的预防性日常检查工作,以使轨道车保持良好的工作状态。

日常检查时应检查轨道车发动机进、排气支管是否有漏风现象。日常检查时应检查轨道车制动缸活塞行程,活塞杆是否有弯曲、变形。

目视法用于主要检查车辆各部件有无变形、泄漏、脱落及润滑情况。

【答案】 (1)日常检查;(2)进、排气支管;(3)活塞行程;(4)润滑

2.【题目】

填空题:

机械传动的轨道车,其离合器(　　)应在40～60 mm之间。

【解析】 考查离合器自由行程。

机械传动的轨道车,其离合器自由行程应在40～60 mm之间。

【答案】 自由行程

3.【题目】

填空题:

(1)轨道车检查保养时对不适宜(　　)的部件应用手动检查法。

(2)轨道车检查保养时,使用手触检查法检查容易发热的各轴箱、(　　)部件。

(3)轨道车检查保养时,测量法使用塞尺、直尺、卷尺及专用工具测量有关部件(　　)、距离、行程等限度尺寸。

(4)测试法使用万用表测试电压、(　　)、电流的数据,使用试灯测试电路中的断路、虚接等故障。

【解析】 考查轨道车检查保养的方法。

轨道车检查保养时对不适宜锤检法的部件应用手动检查法。

轨道车检查保养时,使用手触检查法检查容易发热的各轴箱、轴承部件。

轨道车检查保养时,测量法使用塞尺、直尺、卷尺及专用工具测量有关部件正常间隙、距离、行程等限度尺寸。

测试法使用万用表测试电压、电阻、电流的数据,使用试灯测试电路中的断路、虚接等故障。

【答案】 (1)锤检法;(2)轴承;(3)正常间隙;(4)电阻

4.【题目】

填空题:

日常检查时轨道车(　　)不得小于17 mm。

【解析】 考查轨道车走行部的检查保养规定。

日常检查时轨道车闸瓦厚度不得小于17 mm。

【答案】 闸瓦厚度

5.【题目】

填空题：

(1)轨道车定期检查时车钩的开度应符合(　　)时不大于 130 mm。

选择题：

(2)轨道车车钩在闭锁状态时，上作用式车钩提链的长度余量应在(　　)mm 范围内。

A. 20～40　　B. 30～50　　C. 40～60

(3)轨道车车钩的开度应符合全开位置时不大于(　　)mm。

A. 250　　B. 300　　C. 200

【解析】 考查轨道车车钩的检查保养规定。

轨道车定期检查时车钩的开度应符合闭锁位置时不大于 130 mm。轨道车车钩在闭锁状态时，上作用式车钩提链的长度余量应在 30～50 mm 范围内。轨道车车钩的开度应符合全开位置时不大于 250 mm。

【答案】 (1)闭锁位置；(2)B；(3)A

6.【题目】

选择题：

轨道车初次行驶(　　)km 后，换向箱和空气压缩机等应换油。

A. 300　　B. 400　　C. 500

【解析】 考查轨道车的检查保养规定。

轨道车初次行驶 500 km 后，换向箱和空气压缩机等应换油。

【答案】 C

7.【题目】

简答题：

轨道车日常保养的定义是什么？

【解析】 考查轨道车日常保养的定义。

日常检查保养是在轨道车出车前后，以清洁、调整、紧固、润滑为主要内容的预防性日常检查工作，以使车辆保持良好的工作状态。

【答案】 见解析。

8.【题目】

简答题：

日常检查保养中，发动机上部检查项目有哪些？

【解析】 考查日常检查保养中发动机上部检查的项目。

(1)检查水箱水位、各水管接头密封。

(2)检查发动机润滑油位、油质。

(3)检查和调整风扇、发电机皮带张紧度。

(4)检查发电机、起动机、喷油器等。

(5)检查发动机缸盖各螺栓紧固情况,检查气门室盖周围是否渗油。

(6)检查发动机进、排气支管是否有漏气现象。

【答案】 见解析。

9.【题目】

简答题:

日常检查中,发动机下部检查项目有哪些?

【解析】 考查日常检查中发动机下部检查的项目。

(1)检查燃油箱油量。

(2)检查燃油滤清器进出油管接头。

(3)检查水箱、发动机放水开关。

(4)检查排气管、消声器。

(5)检查空气滤清器。

【答案】 见解析。

10.【题目】

简答题:

轨道车日常保养时,传动系统应检查哪些内容?

【解析】 考查轨道车日常保养时传动系统检查的内容。

(1)检查试验离合器。

(2)检查试验变速箱各挡位。

(3)检查试验换向箱。

(4)检查传动轴各联结螺栓。

(5)检查车轴齿轮箱及悬挂。

【答案】 见解析。

11.【题目】

简答题:

轨道车车钩缓冲装置日常检查保养有哪些内容?

【解析】 考查轨道车车钩缓冲装置日常检查保养的内容。

(1)各部件均应无裂纹、变形及磨耗超限等情况。

(2)大钩摆动灵活。

(3)车钩三态作用良好。

【答案】 见解析。

12.【题目】

简答题:

轨道车日常检查保养时,空气制动系统检查有哪些内容?

【解析】 考查轨道车日常检查保养时空气制动系统检查的内容。

(1)检查各风压表显示是否正常。

(2)检查空气压缩机及皮带张紧度。

(3)检查各风缸及油水分离器。

(4)检查制动软管、水压试验标、卡子、胶圈、连接器、折角塞门、防尘堵。

【答案】 见解析。

13.【题目】

简答题:

轨道车日常检查保养时,车体及走行系统应检查哪些内容?

【解析】 考查轨道车日常检查保养时车体及走行系统检查的内容。

(1)检查车体、车架完好,标识清晰。

(2)检查排障器安装牢固。

(3)检查车轮踏面无剥离、碾堆、擦伤及超限。

(4)检查液压减振器无漏油。

(5)检查轮轴迟缓线。

(6)检查各联结螺栓、连接销、开口销、保险垫及各安全托(吊)架。

【答案】 见解析。

14.【题目】

简答题:

轨道车日常检查保养时,基础制动系统应检查哪些内容?

【解析】 考查轨道车日常检查保养时基础制动系统检查的内容。

(1)检查制动缸活塞行程,活塞杆是否有弯曲、变形。

(2)检查各杆件、穿销、开口销。

(3)检查闸瓦厚度均匀并不得小于17 mm,且不得有裂纹、偏磨。

【答案】 见解析。

15.【题目】

简答题:

轨道车车钩缓冲装置定期检查保养内容有哪些?

【解析】 考查轨道车车钩缓冲装置定期检查保养的内容。

(1)检查车钩的轨面高度、磨损与紧固情况,润滑钩舌、钩身、钩座等滑动面。

(2)各部件均应无裂纹、变形及磨耗超限等情况。

(3)车钩三态作用良好。

(4)车钩高度应符合标准[运用845～890 mm,出厂(880±10)mm]。

(5)车钩的开度应符合闭锁位置时不大于130 mm,全开位置时不大于250 mm。

(6)车钩在闭锁状态时,上作用式车钩提链的长度余量应在30～50 mm范围内。

【答案】 见解析。

16.【题目】

简答题:

轨道车换季保养的内容有哪些?

【解析】 考查轨道车换季保养的内容。

(1)更换发动机润滑油,夏季使用高黏度机油,冬季使用低黏度机油。

(2)检查调整蓄电池电解液密度。

(3)入夏前要清洗散热器及冷却系统,清除水垢。

(4)入冬前要对轨道车下部制动管路及阀体采取防寒措施,对发动机冷却系统采取防冻措施。

【答案】 见解析。